Venture
Governance
n the AI Era

AI時代の
ベンチャー
ガバナンス

馬渕邦美　丸山侑佑

日経BP

はじめに

　私（丸山 侑佑）は創業間もないスタートアップに入社し、取締役として約12年間、会社のNo.2を務めてきました。創業8期目に上場企業の仲間入りを果たすことができましたが、最初の数年間はベンチャーキャピタルからの資金調達、事業の方向転換を行うピボット、人材の流出、キャッシュアウトリスクなど、様々な出来事がありました。振り返ればこれまで数多くの修羅場があり、そのたびに経営陣で議論を繰り返し、ベンチャーキャピタルや先輩経営者にアドバイスをもらいながら、そして市場からのご意見を頂戴しながら、なんとか経営を続け、業績を伸ばし続けることができたと思っています。これはまさに、ステークホルダー（利害関係者）からの期待や助言を直に受けてきた「コーポレート・ガバナンス」そのものの体験だと思っています。

　ただ、上場前の私にとって「コーポレート・ガバナンス」とは、No.2として起業家であるCEOを支え、時にはけん制役として機能することだという程度の認識でした。上場を機に様々なステークホルダーの声や期待、解決しなければならない課題と出合い、そして何よりも業績に対する計り知れないプレッシャーを受け続けることで、少しずつではありますが、「コーポレート・ガバナンスとは何か、なぜ必要なのか」を理解するようになりました。

コーポレート・ガバナンスを社会から明確に要請されない未上場企業

　この原稿を書いている現在（2024年4月）、私は上場企業の副社長兼CGO（チーフ・ガバナンス・オフィサー）を務めています。CGOに就任する頃から現在に至るまで、会社法やコーポレート・ガバナンス・コードを可能な限り学んできました。まだまだ道半ばですが、学べば学ぶほど「コーポレート・ガバナンスがなぜ必要なのか」が明確になり、冬の時代と言われ伸び悩むスタートアップ企業や、ニュースをにぎわす有名企業の不祥事に触れるたび、「コーポレート・ガバナンスこそがこれらの企業に不足している戦略である」と強く感じています。

　未上場であれば、社会から明確にコーポレート・ガバナンスを要請されていません。スタートアップ企業、ベンチャー企業、同族経営の企業だけでなく、

世界的に有名な大企業であっても同じです。しかし、「コーポレート・ガバナンスは会社を健全に成長させるために必要不可欠な戦略的アプローチである」と強く認識する私にとって、「なぜこれからの産業発展を支えるかもしれないスタートアップに適用されないのか」「未上場とはいえ誰もが知る大会社に適用されないのはなぜか」、不思議でなりません。

東証グロース市場の企業も、未上場と同じレベル

　ここまで「未上場企業にもコーポレート・ガバナンスは必要な戦略である」とお伝えし、「未上場であること」を強調しましたが、成長企業や新興企業に門戸が開かれた東京証券取引所グロース（東証グロース）市場に上場する企業にも同じようにお伝えしたいと考えています。

　東証グロース市場に上場している場合、コーポレート・ガバナンスへの要請はありますが、課せられるのは基本原則に限られます。それは「株主の権利・平等性の確保」「株主以外のステークホルダーとの適切な協働」「適切な情報開示と透明性の確保」「取締役会等の責務」「株主との対話」といった5つであり、未上場企業であっても実際に対応しているレベルの原則です。例えば、少数株主を含むすべての株主に平等な権利行使環境を確保するという面においては、ベンチャーキャピタルをはじめ多くの投資家から出資を受けるスタートアップでは当然に株主総会の開催日に気を使い、事前に資料を提供します。対外的な情報開示や対話という面では投資家との定期的なミーティングとして「株主定例」を設けている会社もあり、また投資契約書にはリスク事象が発生した際に速やかに株主に報告しなければならない定めもあり、いわゆる上場企業の適時開示に相当すると考えられます。

　何を申し上げたいかというと、「コーポレート・ガバナンス」という観点でいえば、グロース市場の企業に求められることと、オーナー以外の第三者の外部株主をもつスタートアップ企業が実施していることは大して変わらず、コーポレート・ガバナンスに対する社会的要請が強くない同じ企業群として整理できるということです。

　本書ではこれらの企業群を「コーポレート・ガバナンス未要請企業群」と呼びます。話の流れから「ベンチャー企業」と書いている部分もありますが、

主な対象は「コーポレート・ガバナンス未要請企業群」であり、本書を読まれる皆様の所属する企業の状況に照らして読み進めてください。

本書を通じて、「コーポレート・ガバナンス未要請企業群」の経営者の皆様に、コーポレート・ガバナンスの必要性を感じてもらい、具体的にどのように考えればいいのかをお示ししたいと思っております。私は法律家でも公認会計士でもなく皆様と同じ経営者ですから、同じ目線で生々しくお伝えすることができると考えて執筆しました。

本書を読み進めていただく前に、コーポレート・ガバナンスに関する3つの誤解を解いておきたいと思います。実際、経営の現場ではコーポレート・ガバナンスという言葉の印象からか、誤解が存在し、それが正しい理解や浸透を妨げているように思えます。

コーポレート・ガバナンスの誤解1　守りの経営

誤解の1つめは、「コーポレート・ガバナンスとは守りの経営である」ということです。日本企業では古くから「企業統治」がなされ、その言葉がコーポレート・ガバナンスの日本語訳として使われるので、コーポレート・ガバナンスは不祥事を抱えた企業の解決策として提示されることが多く、結果として「守りの経営」を印象付けられてきたように思いますが、これは誤解です。コーポレート・ガバナンスの本質は、単に守ることではなく、攻め続けるために必要な土壌づくりであり、攻めるための力学そのものであると考えます。コーポレート・ガバナンス・コードにもその精神が強く反映されていますし、最近では東証グロース市場の上場企業に対して「事業計画および成長可能性に関する事項」の開示を求めており、企業価値の向上や業績成長に向けた監督行為そのものへの注目が高まっています。

コーポレート・ガバナンスの誤解2　上場企業に求められる義務

誤解の2つめは、「上場企業にだけ求められる『義務』である」ということです。経営とは数多くのトレードオフやコンフリクトを解消しながら、パーパスやビジョンに向かって意思決定を積み重ねる仕事です。トレードオフやコンフリクトは経営の規模が大きくなるにつれ増え続け、「ステークホルダー

の期待の衝突」と言い換えることもできます。経営のフィールドは「期待の衝突」が頻発する場所であり、その交通整理をし、方向性を指し示せるのは、唯一、経営者です。

　上場することにより株主が増えていきますが、ステークホルダーは株主だけではありません。上場はわかりやすいきっかけでしかなく、未上場であっても規模や業容の拡大によって関与するステークホルダーは増え、またそのステークホルダーにとって自社の経営判断の重要性が増してくることも十分に考えられます。コーポレート・ガバナンスとは上場企業に特化した義務のように理解しているなら、それは勘違いです。

コーポレート・ガバナンスの誤解3　真面目なだけの経営者が取り組むテーマ

　誤解の3つめは、「コーポレート・ガバナンスは真面目なだけの経営者が取り組むテーマである」ということです。実際はそうではなく、「会社を愛するすべての経営者にとって武器となる戦略」です。コーポレート・ガバナンスは、多くのステークホルダーに対してのリーダーシップの手段であり、その仕組みでもあります。

　創業から日の浅い会社は創業者が経営を続けていることが少なくありません。創業者やそれに準ずる経営者は誰よりも会社を大切に思い、行く末を案じているはずです。そういう経営者にとって、自身の言葉、考え、愛情をもって語り、守り、大切にし、伸ばし続けるための手段であると思います。決してお行儀よく対応しているだけの行為ではなく、会社を愛するが故に当然に行われる投資であると思います。

　ベンチャー企業は伸び続けなければいけないという期待があるように思います。ただ、いくら成長を続ける企業でも、財務基盤や内部管理体制は発展途上であることがほとんどです。それでも伸び続けなければいけないのです。リーダーである経営者は、今後もその期待に応え続けられるか不安に思っているでしょう。コーポレート・ガバナンスは、成長を使命とし、誰よりも会社を愛するベンチャー経営者にとって、何ものにも代え難い支えになります。そのことを、すべての経営者、そして経営者を支える幹部の皆さんに、お伝えしたいという思いでいっぱいです。

これからの企業経営に大きな影響を与える「AIなどの先端技術」

　コーポレート・ガバナンス・コードの導入、ESG投資ブームを機に年々高まりをみせるガバナンスへの期待、SDGsによる企業の持続可能性の追求、人的資本経営への注目など、企業を取り巻くガバナンス・ディスクロージャーは難易度が高まる一方です。それらの本質的な理解をせずに経営を続けることは、企業価値の低下や人材獲得の劣性化、不祥事の発生、業績の低迷など、あらゆるリスクを誘発しかねません。現在はそうした時代なのです。

　特に大きな影響を与えつつあるのが、「生成AI技術」の急速な進展です。生成AIを含む先端技術は、企業の業務や事業への利用のみでなく、その根幹にあるコーポレート・ガバナンスの在り方自体を変えます。実際、AI技術により生じる新たなリスクへの対応という「守り」が必要な一方で、AI技術はそれらのリスクを発見し、再発を防ぎ、さらに将来は予防ができ、さらに新たなビジネスモデル構築による成長など「攻め」の経営に貢献できる技術です。

　実際AI技術は、開発、提供、利用のいずれにおいてもスタートアップやベンチャー企業の果たす役割が大きく、リソースは限定されていても迅速でフレキシビリティーに富んだ経営が可能なベンチャー企業に適しています。

　本書ではAI技術がコーポレート・ガバナンスに与える影響について、踏み込んで解説しています。

本書の内容

　第1章と第2章では、昨今の企業不祥事の特徴やその不祥事とコーポレート・ガバナンスの関係性をひもときながら、コーポレート・ガバナンスへの投資の必要性をお伝えします。その中には、AI（人工知能）による新たなリスクの出現の事例、逆にAIなどの先端技術が不祥事の発見、再発予防につながる事例も示しています。

　第3章ではコーポレート・ガバナンスとは何かを、国内の制度や海外事例を交えながら基本的な知識として整理します。

　第4章から第7章は、企業経営におけるコーポレート・ガバナンスの実態に目を向け、コーポレート・ガバナンスへ投資する事例や、ガバナンスが機

能不全を起こし不祥事につながったベンチャー企業の事例、それらを踏まえベンチャー企業に取り入れていただきたいコーポレート・ガバナンスの考え方を整理します。特に第6章は、著者である私が経営者を務める企業の事例を取り上げ、他の章でもその経験や知見を生かした見解を示しています。

第8章から第10章は、AI時代におけるリスクマネジメントやコーポレート・ガバナンスの在り方を整理し、AI技術のようなパラダイムシフトを踏まえ、企業のガバナンスはどうあるべきか、その構造とプラクティスを深掘りし、新しい時代におけるベンチャーガバナンスに活路を見いだしたいと考えます。海外の先進事例や先進研究、汎用的なAIであるAGIを含む将来の方向性を踏まえ、AIなどの先端技術とその影響、コーポレート・ガバナンス視点でのベンチャー企業への影響や導入、必要な対応について述べています。

非常時にも安定した経営をなし続けるヒントになる

本書は、会社を愛し、会社を成長させたいと考えるすべての経営者にとって、コーポレート・ガバナンスに着手するための最初のヒントとして活用していただくことを想定しています。

「自分は不祥事なんて起こさない」「当社の経営陣は間違ったことをしない」——そう信じている人にこそ、本書は役立つのではないかと考えています。これほどにまで情報化社会となり、技術の進歩が激しく、社会課題にあふれた今、どれほど類いまれなセンスをもった経営者であっても、何の支えや指針もなく、失敗をせずにかじ取りし続けることは容易でありません。非常時にも安定した経営をなし続けるには、どのようなルール、どのような意思決定プロセス、どのような監督機能、どのような判断基準が必要なのか、本書はそうしたことを導いてくれます。

東京証券取引所プライム（東証プライム）市場を中心に、上場企業のコーポレート・ガバナンスはディスクロージャーの充実化とともに、実施レベルが格段に高まりつつあります。ニュースをにぎわす不祥事により、未上場企業にもコーポレート・ガバナンスが求められつつあります。このような時代だからこそ、自社のコーポレート・ガバナンスを改めて考えてほしい。スタートアップ企業やベンチャー企業であれば、本書を参考にしていただければ、

大変うれしく思います。

　コーポレート・ガバナンスに教科書のような正解はありませんが、ステークホルダーの期待に応えながら、パーパスや企業目標を効率的に実現しているのなら、そのコーポレート・ガバナンスは正解といっても構わないでしょう。他社の例を参考にしつつも、自社にあったコーポレート・ガバナンスとは何か、その問いに答える企業が増えることで、日本企業のコーポレート・ガバナンスは大きく前進すると思います。専門家ではないただの経営者によるガバナンス論が、経営の現場に少しでも役立てば幸いです。

筆者を代表して
ポート株式会社 取締役副社長CGO兼取締役会議長

丸山 侑佑

目次

企業不祥事の注目トピック

第 1 章

Venture Governance in the AI Era

1-1

国内：コーポレート・ガバナンス 未要請企業群の不祥事が相次ぐ

1-1-1　2023年に発覚した企業不祥事

（1）未上場企業、ベンチャー、スタートアップ、非営利組織の不正や不祥事

　大手回転寿司チェーンの経営陣による営業秘密侵害や大手中古車販売企業ビッグモーターによる保険金不正請求問題、旧ジャニーズ事務所創業者によるハラスメント問題、日大アメフト部による薬物使用と組織倫理の問題など、世間をにぎわすニュースは後を絶ちません。2023年末にはトヨタ自動車子会社であるダイハツ工業による全社的な不正行為が明らかになり、長期になると見られる工場の操業停止、下請け企業へ想定される大きな影響が報道されました。

　2023年に発覚した企業や自治体、団体などの不祥事に関し、全国1000人の男女（20 〜 60代）を対象に「イメージが悪化した出来事」について調べた調査（広報・メディア対応の専門誌『広報会議』が実施）によれば、上位10位に未上場企業が6社あり、うち2社は上場企業の100％子会社によるものでした（**図表1-1**）。残りの不祥事は、大学や上場企業の1部門によりますが、どちらかというと顧客の行為、また多様性配慮が結果として評判が悪かったといった要因です。このランキングは2023年1月〜 10月のもので、11月以降に発覚したダイハツ工業もトヨタ自動車の100％子会社であることを見れば、上場企業の100％子会社を含む未上場企業に不祥事が多いことは偶然とは思えません。

　図表1-1とは別の調査になりますが、経営コンサルタントなどに2023年の代表的企業不祥事を聞いたところ、大手企業の100％子会社が多くなっています（**図表1-2**、**図表1-1**と共通する事例は除いている）。

　最近の不正・不祥事の傾向として、未上場企業やベンチャー企業、さらに大学組織のような非営利組織で大きな問題が目立っています。本書では

図表1-1　2023年 イメージが悪化した不祥事ランキング（1月〜10月）

順位	組織名など （回答割合）	不祥事の内容	備考 （組織属性）
1位	ビッグモーター （45.5%）	保険金不正請求問題	未上場企業
2位	ジャニーズ事務所 （35.9%）	性加害	未上場企業
3位	回転寿司店など （26.2%）	客による迷惑動画	―
4位	日大アメフト部 （23.8%）	薬物事件と組織統治問題	非営利組織（大学）
5位	四谷大塚 （9.2%）	講師が教え子を盗撮し逮捕	ナガセ（東証スタンダード）が運営
6位	楽天モバイル （7.0%）	元部長ら水増し請求による詐欺で逮捕	楽天（東証プライム）の100%子会社
7位	ペットショップ Coo&RIKU（6.8%）	ずさんな管理を元従業員が告発	未上場企業（有限会社）
8位	近畿日本ツーリスト （6.7%）	コロナ関連事業で過大請求最大16億円	KNT-CTホールディングス100%子会社
9位	吉田屋 （4.7%）	販売した弁当により、500人を超える集団食中毒発生	未上場企業
10位	東急歌舞伎町タワー （4.1%）	「ジェンダーレストイレ」に抗議殺到	東急および東急レクリエーションが開発

出所：広報会議「1000人が選ぶ、イメージが悪化した『不祥事ランキング2023』」（https://prtimes.jp/main/html/rd/p/000000507.000002888.html）を参照して作成。インターネットを用いた同調査では、危機管理の専門家の意見をもとに、15件の企業・団体に関する不祥事（2023年1月〜10月に発覚）の中から、任意で3つまで「イメージが悪化した」項目を選択してもらいランキング化しています

図表1-2　経営コンサルタントなどに聞いた2023年の代表的企業不祥事
　　　　　（図表1-1に掲載した以外）

組織名など	不祥事の内容	備考（組織属性）
ダイハツ工業	国の認証取得の不正	トヨタ自動車の100%子会社
宝塚歌劇団 （阪急電鉄グループ）	いじめ転落死問題	阪急阪神ホールディングス傘下で阪急電鉄グループの一事業部
沢井製薬	製造後の薬の検査不正	サワイグループホールディングス（東証プライム）100%子会社

出所：公表情報より筆者作成

これらの企業・組織を「コーポレート・ガバナンス未要請企業群」と呼びます。東証プライムや東京証券取引所スタンダード（東証スタンダード）に上場している企業に比べ、「コーポレート・ガバナンス」に対する法規制が緩く、社会的な要請が強くないからです。なお、コーポレート・ガバナンスは第3章で詳しく解説します。

(2) 発生要因として「コーポレート・ガバナンス」が指摘される

　先に示した事例のうち、第三者委員会などによる報告書が公表されている対象について、発生原因、特に経営者の問題をまとめてみました（**図表1-3**）。

　図表1-3を見ると不祥事や不正の発生要因はかなり類似しており、共通して指摘されているのは、コーポレート・ガバナンスの機能不全、コンプライアンス意識、内部統制体制の不備といった点です。不正・不祥事は現場従業員の問題により生じることもありますが、直接的・間接的に企業全体、経営者の問題から生じることが多く、**図表1-3**からもそのように読み取れます。

　コーポレート・ガバナンスは一般に「攻め」と「守り」の要素があると解釈されており、「守り」の要素として内部統制やコンプライアンス（法令順守）を含んでいます。不正・不祥事の事例では、コーポレート・ガバナンスの特に守りの側面に十分に対応できていないといえるでしょう。

　コーポレート・ガバナンスといえば、一般に大企業だけの問題のように捉えられがちですが、実はそうではないことがわかります。コーポレート・ガバナンス未要請企業群の場合、特に以下のような要因が不祥事や不正を増加させます。

- 同族経営や創業経営者が社長を務め、株主と経営が未分離な体制
- ワンマン経営により不正や不祥事を阻止しづらい組織風土
- 東京証券取引所が求める「コーポレート・ガバナンス・コード」（後で詳述します）などによる縛りが少ないこと
- 上場親会社などの株主による未上場企業に対する過度なプレッシャー
- 新規事業などでのリソース不足による管理体制不備（企業買収の場合を含む）

図表1-3　2023年の主な不祥事に対する発生要因と経営面の問題

組織名など	発生原因	経営面の問題
ビッグモーター	・不合理な目標値設定 ・コンプライアンス意識の鈍麻 ・経営陣に盲従し忖度する企業風土	・社長、副社長中心の経営体制 ・内部統制体制の不備 ・適正手続を無視した降格処分の頻発 ・現場の声を吸い上げようとする意識欠如 ・人材の育成不足
旧ジャニーズ事務所	・ジャニーズJr.に対するずさんな管理体制 ・ハラスメントに関する不十分な研修 ・ジャニー氏の性嗜好異常 ・会社の不作為	・同族経営の弊害 ・取締役会の機能不全と取締役の監視・監督義務の懈怠（けたい） ・内部監査部門の不存在 ・内部通報制度の不十分さ ・基本的な社内規定の欠如 ・被害潜在化を招いた関係性の権力構造
近畿日本ツーリスト	・利益追求への強い志向の中で、各人の行為の妥当性および適法性に対する意識が希薄化 ・社内組織の各階層間における意思疎通が欠如	・適切な業務遂行を担保するための管理体制が極めて脆弱 ・現場の問題を躊躇（ちゅうちょ）なく経営陣に進言する風土が醸成されていなかったこと
ダイハツ工業	・ブラックボックス化した職場環境（チェック体制の不備など） ・法規の不十分な理解 ・現場担当者のコンプライアンス意識の希薄化（認証試験軽視） ・開発部門の組織風土	・現場任せで管理職が関与しない体制 ・過度にタイトで硬直的な開発スケジュールによるプレッシャー ・不正対応措置を講ぜず短期開発推進 ・レポーティングラインの機能不全（内部通報制度など）
沢井製薬	・2010年以降の試験での逸脱 ・安定性モニタリングを軽視する風潮のまん延 ・上司の指示を疑問視することなく従う風潮 ・試験担当者のGMP（医薬品および医薬部外品の製造管理および品質管理の基準）に関する理解の欠如	・上層部の認識の欠如 ・2017年の試験で、当時のリーダーからチーフ（非管理職）に実施の指示により開始 ・工場における実効的な監督体制の不備 ・品質保証体制の不備 ・品質管理部の業務過多および人員の不足 ・記録管理の不備

出所：各不祥事における第三者委員会報告書などから筆者作成

- 取締役や監査役の人材不足
- 内部通報制度を含むリスク管理体制の機能不全、形骸化

　コーポレート・ガバナンス未要請企業群で何が起きているのでしょうか。以下、ビッグモーターと旧ジャニーズ事務所の不祥事を掘り下げます。

1-1-2　ビッグモーターの不正・不祥事

（1）企業と不祥事の概要

　中古車販売大手のビッグモーターは、1976年に前社長の兼重宏行氏が出身地である山口県岩国市で個人創業したのが始まりで、1980年2月に社名を現社名に変更しました。ビッグアセットを親会社とするビッグモーターグループの中核を担う事業会社で、ビッグモーターの100％子会社としてビーエムホールディングスとビーエムハナテンの2社があり、いずれも自動車板金・塗装事業を営んでいます。ビッグモーターは着実に業容を拡大し、2021年2月時点では資本金4億円、店舗数258店、従業員数6000人、売上高5200億円に成長し、業界での売上高シェアは約15％（2022年時点）となり、同社のホームページで「買取台数6年連続日本一」と喧伝していました。ただ、企業規模は大きいのですが、未上場企業でした。

　ビッグモーターは、顧客の車両を損傷（ヘッドライトのカバーを割る、ドライバーで車体をひっかくなど）させて保険金を水増し請求するなどの不正を行い、事件化しました。2023年6月26日には外部の特別調査委員会による調査結果が公表され、店舗前の街路樹の伐採やパワハラの横行など、様々な問題が次々と明らかにされました。2023年7月26日、ビッグモーターの兼重社長と息子である副社長は辞任します。さらに、ビッグモーターによる保険金不正請求を認識しながら、損保ジャパンが取引を継続していたことなどが明らかにされ、「見抜けなかった」以上の問題が浮上し、金融庁による本格的な調査がなされています。

　国土交通省は、ビッグモーターの一連の不正に対して、2023年7月から2024年3月まで全国130の事業場に対して監査を実施し、3月29日にその結果

を公表。行政処分などの結果および同種事案の再発防止策をとりまとめています。「法令違反なし」とされた事業場は、全130事業場のうち5事業所、率にしてわずか3.8%だったとされています。同社は伊藤忠商事が買収し、今後事業を引き継いで再建が進められていくと見られます。

(2) 不正・不祥事が発生した要因

ビッグモーターの不正には、**図表1-4**に示す多様な要因が関係していると考えられます。まず、同社は会社を所有する株主と業務執行をする代表取締役が一体化し、社長と息子である副社長を中心とする経営陣による実質ワンマン経営、同族経営だったことが挙げられます。また、未上場企業ではあっても会社法上では大会社ですが、取締役会は実質開催されず、コンプライアンス担当の取締役は存在せず、監査役は十分に機能していなかったと思われます。社外取締役は法規制上必要なく、実際に置かれていませんでした。

以上の状況を含めて、ガバナンスやコンプライアンスの体制が不十分であり、コーポレート・ガバナンスや基本的なコンプライアンス意識が経営者、従業員の双方に欠如していたと言えます。事業目標として過大な売上や1車あたりの修理工賃設定があり、それが無理なノルマとなり、不当な保険金請求につながったと言えます。

保険金請求にあたっては同社内のみの問題ではなく、損保会社と一体化し、現場のみでなく損保会社の本社経営陣の判断の間違いにつながったという面もあります。ステークホルダーとの関係は重要とはいえ、一番重要な顧客が軽視され、社会的不正につながった面も見逃せません。

さらに、社内で問題が起こった際の通報、対応なども機能していませんでした。コンプライアンス的な問題が起こったときの代表取締役への伝達（一般的に内部通報に対して正規ルートによる報告といいます）、内部通報制度の活用、経営者が関与する不正に対する監査役などへのデュアルレポーティング体制の確立、監査機関による差し止め請求などの対応がされず、現場の声が伝達される途中でもみ消されるなど、多くの問題があったため、より早期に問題を解決することができませんでした。

以上のように、法令、社会規範、企業倫理を順守する意識が企業全体で欠

図表1-4　ビッグモーターの不正につながるコーポレート・ガバナンス関連要因

項目	概要	コーポレート・ガバナンス関連の問題
組織の特徴	・未上場企業だが、期末負債額200億円を超え、会社法上は大会社	・上場企業ではないので、コーポレート・ガバナンス・コードに対応する義務が生じない
株主と意思決定	・ビッグモーターの株主はビッグアセット1社のみ	・ビッグアセットの代表取締役は、随時ビッグモーターの株主総会を開催し、取締役選解任が可能
取締役、取締役会	・取締役会設置会社としての対応が不十分	・コンプライアンス担当取締役は未設定 ・社外取締役は義務付けられず、いなかった ・取締役会開催の記録なし（会社法で規定されている「四半期に1回の取締役会開催義務」違反）
監査役	・機関設計上少なくとも監査役1人と会計監査人の設置は必要 ・監査役1人、会計監査人を選定	・会社規模に比し、脆弱なガバナンス形態 ・取締役会の記録にはないが、業務監査は行われず、現場点検程度と推定される
情報伝達	・問題発生時の代表取締役などへの伝達、そのための体制	・コンプライアンス違反や大きな問題が発生しても、代表取締役への伝達不十分
内部通報制度、仕組み	・従業員300人以上の企業には内部に公益通報体制を構築する義務（公益通報者保護法） ・内部通報受付窓口らしきものはあったが、ハラスメント事案限定	・通報時の調査主体や調査方法などの規定なし ・内部通報処理の仕組みがなく、経営トップが掌握できず、不都合な情報が社外に流出 ・消費者庁は同社に対し、内部通報体制に不備があるとし、公益通報者保護法に基づく報告要求
事業計画、事業目標	・不合理な目標値設定	・売上至上主義、1車あたりの過大な販売修理費目標値設定
企業風土、意識構造	・経営陣に盲従し忖度する企業風土 ・コンプライアンス意識の欠如 ・現場の声を聞く意識の欠如	・困難な目標値設定、不適切な降格処分など、不条理な上命下服の企業風土醸成 ・法令、社会規範、企業倫理を順守する意識欠如
人材育成の不足	・経営者に適した人材育成が不足 ・現場従業員の育成が不十分	・現場従業員、配置転換に伴う教育、研修の不足
人事制度	・適正手続を無視した不適切な降格処分の頻発	・工場長からフロントなどへの降格 ・賞罰委員会に諮って決定する就業規則の有名無実化
現場マネジメント	・不正の半数以上は上司からの指示	・アンケートでは、半数以上が工場からの指示により不正行為をしたと回答
取引企業との関係	・損保企業に対する不適切な請求 ・損保企業によるビッグモーターへの査定権限付与 ・社員から情報提供後の損保企業に対する調査結果の改ざん ・損保企業側の問題	・金融庁はビッグモーターと代理店契約を結んでいた損保ジャパンなど4社に対し、保険業法に基づく「報告徴求命令」を発出 ・損保企業出向者からの本社への情報提供に対する損保企業本社、経営者の意思決定の問題

出所：外部の特別調査委員会による調査結果などの公表情報より筆者作成

如し、不正を生みやすい、黙認されやすい企業風土が醸成されたと言えます。ノルマ未達成などで工場長から降格されることが多かったとされますが、本来透明性と公正性の観点から賞罰委員会に諮って決定することが実質無視され、就業規則の有名無実化も進んでいたとされます。このような組織では、従業員のモチベーションも低下し、倫理観をもった従業員であっても声を上げることはできなかったのではないでしょうか。

　問題発覚後同社の業績は低迷し、主力行である銀行の融資や買収などが進みつつありますが、多くのステークホルダーに負の影響を与えています。多様なステークホルダーの権利や期待に応えるため、コーポレート・ガバナンスに対する社会的な要請のない企業群であってもガバナンスを大切にし、適切なコンプライアンス体制を構築することが必要であると考えます。

　ベンチャー企業をはじめとする創業間もない会社においては、所有と経営が未分離であることは珍しくありません。業績不振や外部からのプレッシャーなどにより、不正・不祥事を引き起こす可能性はすべての会社に存在します。だからこそ、所有と経営が未分離な会社はガバナンス上の不健全ポイントを見極め、トップ自らが乱心し得ない、乱心しても制御できる体制を整備する必要があります。

1-1-3　旧ジャニーズ事務所の不正・不祥事

(1) 企業と不祥事の概要

　ジャニーズ事務所は1962年、ジャニー喜多川氏により個人事業として創業された芸能プロダクションです。その後、1975年1月に株式会社として法人化され、1980年代に入ると人気男性アイドルグループを立て続けに生み出し、芸能プロダクションとしての影響力が増していきました。2019年7月にジャニー喜多川氏が享年87歳で死去し、2021年8月にはジャニー氏の姉であるメリー喜多川氏も享年93歳で死去します。それ以降、メリー氏の娘（ジャニー氏の姪）である藤島ジュリー景子氏がトップを務める体制へと移行しました。同事務所の社員数は直近190人程度で、多くの関連会社を有していました。

日本最大の男性アイドル所属芸能プロダクションであるジャニーズ事務所において、元社長である故ジャニー喜多川氏が1950年代に性加害を行って以降、1970年代前半から2010年代半ばまでの間、多数のジャニーズJr.に対し、長期間にわたって広範に性加害を繰り返していた事実が認められています。また、ジャニーズ事務所は、故ジャニー氏の性加害に関する週刊文春の特集とそれに関する裁判、暴露本の出版、英国国営放送BBCからの取材要請などがありましたが、故ジャニー氏の性加害の事実を調査するなどの適切な対応をしなかったことが認められました。

　事件が広く報じられるきっかけになったのは、2023年3月にBBCのドキュメンタリー番組が故ジャニー氏による性加害問題を取り上げたことです。その後、同年4月に元ジャニーズJr.として活動した人が日本外国特派員協会において記者会見を開き、2012年から2016年にかけて15〜20回ほど性的被害を受けたと主張・表明しました。国連の人権理事会も同年7月から日本で調査を開始し、8月4日に記者会見を開き、調査した範囲だけで数百人に対する性的加害・虐待が行われる疑惑が明らかになったとしました。

　ジャニーズ事務所は当初、事実認定について明らかにしませんでしたが、2023年9月7日に初めて記者会見を行い、藤島ジュリー景子社長が故ジャニー氏による性加害の事実を認めて謝罪した上で引責辞任し、新たに東山紀之氏が新社長に就任しました。執筆時点では、被害者に対する補償を尽くしている段階と見られますが、従前の体制からの脱却など問題が山積しています。

　なお、外部専門家による再発防止特別チームが編成され、2023年5月26日から、被害者およびジャニーズ事務所関係者などのヒアリング（41人）、関係資料の精査、専門窓口の設置などの方法で調査を実施し、同年8月29日に調査報告書が提出されています。

　2024年3月には、再びBBCにより、ジャニー氏の他にも事務所スタッフ2人が性加害を行っていたことが報道され、未解決の問題も残っています。

(2) 不正・不祥事が発生した要因

　旧ジャニーズ事務所の不祥事につながるコーポレート・ガバナンス関連の要因を表にまとめました（**図表1-5**）。

図表1-5　旧ジャニーズ事務所の不祥事につながるコーポレート・ガバナンス関連要因

項目	概要	コーポレート・ガバナンス関連の問題
組織の特徴	・未上場企業 ・取締役会設置会社	・コーポレート・ガバナンス・コード対象外と考えられる
株主と意思決定	・自社株はジャニーズ創業一族のみが保有	・自社株は、1975年時ジャニー氏の保有率30%だったが、1980年以降50%、残りはメリー氏が保有。ジュリー氏は2019年以後50%、2021年メリー氏死去後100%保有
取締役、取締役会	・代表取締役は創業者一族の同族経営企業 ・取締役会、定期的かつ継続的な会議体は存在せず	・創業者一族以外の者も取締役に就任していたが、宣伝業務などのみの担当 ・ジャニー氏在任当時は、社外取締役など外部の第三者の役員就任なし ・最近でも取締役会を開催することはせず、取締役会議事録を作成する方法で対応
監査役	・監査役機能が不十分	・監査役が置かれているが、会計監査権限に限られており、業務監査権限は有していなかった
コンプライアンス部門、担当	・コンプライアンス部門がない、担当者がいない	・ジャニー氏の体制下では、コンプライアンスを専門に担当する部署は存在しなかった
社内規定	・社内規定がない	・決裁権限規定、取締役などの会議体に関する規定、コンプライアンス規定など、企業が一般的に定めている基本的な社内規定が制定されていなかった
内部通報制度	・内部通報制度がなく、機能が存在せず	・過去に内部通報制度は存在せず、2023年4月に「J's Hotline」という内部通報制度を設置、内部通報規定も制定
コンプライアンス、ガバナンス計画	・コーポレート・ガバナンス、コンプライアンス体制の整備・実践	・2023年、「コンプライアンス体制の整備・実践」を掲げ、「コーポレート・ガバナンス基本原則」策定 ・2023年、コンプライアンス推進室とコンプライアンス委員会を設立
企業風土、意識構造	・ジャニー氏の行動を黙殺する企業風土	・周囲もジャニー氏の行動を黙殺する不文律形成、仕組み、習慣化
人材採用	・ジャニー氏が個人で決定 ・不透明な採用、通知プロセス	・採用はジャニー氏本人が最終的に適性を判断しており、明確な採用基準はなく、基本的にはオーディションの結果を選考対象者に告げることもなかった
人材育成、研修	・コンプライアンス、ハラスメントなどに対する研修の実績はあるが不十分	・ジャニーズJr.に対するコンプライアンス研修、他に過去ハラスメント、不祥事関連の研修などを実施 ・2023年、「ジャニーズJr.活動指針」を策定 ・ジャニー氏以外に事務所スタッフ2人も性加害
人材との契約、支払い	・過去は契約書締結が不十分	・ジャニー氏の選考・採用時は、ジャニーズJr.と事務所との間で所属関係について契約書締結なし
メディアなどとの依存的な関係	・メディア、スポンサー企業など、特定のステークホルダーとの依存的な関係	・過去の様々な暴露本や裁判でジャニー氏による性加害が明らかにされていたが、メディアが黙殺

出所：外部の特別調査委員会による調査結果などの公表情報より筆者作成

故ジャニー氏および故メリー氏の存命中は両氏が、また、両氏の死去後はジュリー氏が、それぞれ創業者一族として旧ジャニーズ事務所の経営全般を担っていました。故ジャニー氏在任当時は社外取締役など外部の第三者を役員に就任させることもなく、旧ジャニーズ事務所は創業者一族（特に故ジャニー氏と故メリー氏）が絶大な権力を掌握する典型的な同族経営企業でした。この点においてはビッグモーター社同様に所有と経営の未分離状態を踏まえ、監査機関や内部統制に注力するなど、透明性と健全性を自ら確保する意識が必要であったと思います。

　コーポレート・ガバナンスやコンプライアンス体制の不十分さが全般に指摘でき、特に故ジャニー氏存命中はそれが顕著でした。ジャニーズ事務所の取締役会は、法律上、性加害を行った代表取締役社長たる故ジャニー氏を監督する職務を担い、問題を指摘して説明を求め、状況次第では解職や警察への通報をすべきでした（旧商法260条1項、会社法362条2項2号・3号）。しかし、取締役会は開催されず、仮に開催しても企業風土から、取締役の職務は果たされなかったと考えられます。監査役についても、会計監査機能に限定され、業務監査機能は有していませんでした。

　2023年1月にコンプライアンスに関する全面広告を新聞に掲示し、同年2月にコンプライアンス委員会を設置するなど、ようやく内部統制システムの構築に向けて動き始めましたが、故ジャニー氏の性加害疑惑と関係するかは不明でした。また、相変わらず取締役会は開催されませんでした。ジャニーズ事務所という会社との委任関係において善管注意義務などを負う取締役は、善管注意義務の一環として、前代表取締役社長である故ジャニー氏による性加害の事実を徹底的に調査し、原因を究明し、その再発防止を図るとともに、被害者に対する救済を行い、膿を出し切る義務を負っていたという見方もされています。

　2023年1月にはコンプライアンス推進室を設置していますが、内部監査部門を設置していませんでした。現在、多くの企業が内部監査部門を設置して業務の適正性や効率性を評価しており、旧ジャニーズ事務所クラスの企業であれば、その組織規模を踏まえると、内部監査部門を設置してしかるべきだったと考えられます。しかしながら、内部監査機能を設置しても、監査にあた

る役職員の倫理観の醸成や監査プロセスの実行性の確保、監査役などへの報告の透明性の確保、監査役などによる取締役会への進言といった対処がなければ単に不祥事の火を消すにすぎず、本質的に企業が変わるとは思えません。

さらに、決裁権限規定や取締役会などの会議体の開催に関する規定、コンプライアンス規定などの基本的な社内規定を設けていませんでした。このような基本的な社内規定は、上場企業をはじめとする社会的責任の大きな企業では一般的に整備されており、ガバナンスの機能不全防止、コンプライアンス経営の推進の基礎となります。

2023年4月には、内部通報に関する内部規定を制定するとともに、内部通報制度を設置しました。経営管理本部コンプライアンス推進室（2人の法務部員が兼任）が通報を確認して法令違反の場合は代表取締役社長に報告し、それ以外は通報者に確認して各担当部署に報告するとされています。具体的な制度はわかりませんが、経営者が関与する不祥事が発生したことを踏まえると、社外役員や外部の弁護士事務所に通報可能な透明性の高い制度設計が期待されます。内部通報制度を実効性のあるものにするには、通報者の保護体制や問題に対処する体制の整備などが欠かせず、内部監査機能同様に設置するだけでは実効性を有しません。

芸能プロダクションである旧ジャニーズ事務所にとって人材採用や人材育成は重要ですが、レッスンや公演・テレビ番組に登用するプロセスの多くは故ジャニー氏個人に依存していたとされ、そこに大きな問題があったと考えられます。立場の弱い少年たちの人権を尊重しようという意識が希薄であり、それが今回の不祥事の大きな要因になっています。こうした不祥事を防ぐには、経営層を含めてハラスメントに対する教育や意識改革が欠かせません。ただ、2020年に行われたチーフマネジャー以上を対象にした外部講師によるハラスメント研修とアンガーマネジメント研修でも、異性間だけでなく同性間でもセクシュアルハラスメントや性加害が行われ得ることを意識した内容にはなっていなかったとされています。

旧ジャニーズ事務所の不祥事に関しては、マスメディアやスポンサーの側の問題も指摘できます。ジャニー氏の性加害の問題は、2000年初頭、ジャニーズ事務所が文芸春秋に対して名誉毀損による損害賠償請求で提訴し、最終的

に敗訴して性加害の事実が認定されているにもかかわらず、このような訴訟結果すらまともに報道されませんでした。2023年3月にBBCが特集番組を報道し、その後、元ジャニーズJr.が性加害の被害申告の記者会見を開くまで、多くのマスメディアが正面から取り上げてこなかったと言えます。

　故ジャニー氏による性加害は、遅くとも1970年代前半には芸能界関係者には広く知られていたとされます。エンターテインメント業界、広告業界、スポンサーの側にも、故ジャニー氏の性加害問題の責任の一端はあると言えるかもしれません。コーポレート・ガバナンスは、多様なステークホルダーの期待を受け止め、企業が目指す姿に対して、透明性と公平性を確保する意思決定の仕組みです。ステークホルダーからの要請や指摘が乏しかったとするならば、日本社会全体としてガバナンスやコンプライアンスに関する意識を一層高める必要さえ考えさせられる事件であったと思います。

　コーポレート・ガバナンス未要請企業群としては、仮に所有と経営が未分離で株主という重要なステークホルダーの意思が尊重されていようとも、現代におけるコーポレート・ガバナンスは株主だけではなく、従業員や取引先、消費者、地域社会などの意見に耳を傾けリーダーシップを発揮する必要があります。事業環境を支える複数のステークホルダーの存在を認識し、株主同様にその期待を理解していく必要があります。所有と経営の未分離はコーポレート・ガバナンスを弱体化させる大きな要因です。故に、自らが過ちを起こさないよう監査機関や内部通報制度を整備するとともに、それらの実効性を確保するために、透明性や公正性を重視した制度設計を心がける必要があります。

1-1-4　ビッグモーターと旧ジャニーズ事務所に共通する コーポレート・ガバナンスの問題

　ビッグモーターは中古自動車販売に対する保険金不正請求であり、旧ジャニーズ事務所は若い男性タレントに対する性加害やハラスメントです。業界や不祥事の内容は大きく異なるように見えますが、コーポレート・ガバナンスやコンプライアンスの問題として見た場合、その要因において多くの類似

点を有しており、そのため発生防止や発生時の対応方法などは実はかなり類似しています。

　以下、2つの不祥事のコーポレート・ガバナンス視点での類似点を挙げ、コーポレート・ガバナンス未要請企業群全般の問題として整理します。

（1）未上場企業で創業一族が株主、経営を行う企業であること

　ビッグモーターも旧ジャニーズ事務所も、未上場企業です。未上場企業はコーポレート・ガバナンスに関する法規制や社会的な要請が厳しくありません。また、両社とも創業一族が株式を独占して代表取締役に就いており、会社を所有する株主と業務執行をする代表取締役が一体化し、監視機能も働かない状況でした。このような状況は、経営者が倫理観に欠ける判断や行動を実行した際、それを止める機能を有さず、場合によっては経営者に忖度する文化すら醸成しかねません。

　このような所有と経営の不分離は、未上場中小企業や創業間もないベンチャー企業などのコーポレート・ガバナンス未要請企業群でも発生し得ることです。

（2）取締役会、取締役、監査役の機能不全

　両社とも取締役会設置会社ですが、会社法上3カ月に1回以上は必要である取締役会は開催されず、取締役会議事録作成で代替されていました。取締役の責務といえるリスク管理や相互監督がなされていたとは言えず、不祥事発生につながっています。両社の場合、社外取締役の配置義務はなく、不祥事発生時には両社とも存在していませんでした。監査役は会計監査権限に限られていたとされ、業務監査権限は十分とはいえず、取締役の責務を監査する機能は果たされていませんでした。つまり、取締役会や取締役、監査役といった監督、監査を行う機関が機能不全を起こしており、経営者（または全社ぐるみ）の不祥事の発生を可能にしたものと考えます。

　ベンチャー企業では、気が合う知人や事業シナジーのある取引先の重役などを取締役や監査役に任命することがあります。特に大株主経営者が存在する場合、監督機能は困難になりがちです。だからこそ、ベンチャー企業にお

いても監督、監査機能として十分な人選が求められます。

（3）コンプライアンス体制や意識が不十分

　ビッグモーターではコンプライアンス推進組織や担当役員の設置がほぼなく、旧ジャニーズ事務所がそれらを整備したのは問題発生後で、社会的に取り上げられる直前でした。ビッグモーターでは降格人事が日常化し、賞罰委員会に諮って決定する就業規則などの社内規定が有名無実化していました。旧ジャニーズ事務所では、決裁権限規定や取締役会などの会議体の開催に関する規定、コーポレート・ガバナンスやコンプライアンス、内部統制に関連する基本的な社内規定を設けていませんでした。

　内部通報制度は両社とも整備されておらず、旧ジャニーズ事務所が整備したのは2023年になってからです。ビッグモーターには内部通報窓口らしきものはあったとされますが、消費者庁は同社に対し内部通報体制に不備があるとし、公益通報者保護法に基づく報告要求を出していました。内部通報制度が機能するには通報者の保護や企業風土の醸成も必要で、両社ともそれらが満たされていない面もあると考えられます。

　各種規定や通報制度の整備、そしてその実効性の確保はコンプライアンス経営の根幹であり、企業の自浄作用と言えます。現代では企業規模の大小にかかわらず、企業の不正・不祥事が全く発生しないゼロコミットは容易ではないと考えます。それでも、経営者自らが規定や通報制度の整備など、未然防止や発生後の早期対処に向けた社内環境や社員教育にコミットしなければなりません。

（4）人的資本の軽視

　両社とも、創業一族以外の経営層や現場マネジメントを行う人材などの育成が不十分だったと言えます。ビッグモーターの場合、過大な目標のノルマがあり、達成できない場合の降格人事や上司の命令が不正を生み出したと言えます。旧ジャニーズ事務所は、性加害を行ったのは故ジャニー氏のみだったと考えられていましたが、さらに事務所スタッフ2人の性加害も明らかにされ、性加害を許さない人材の育成は必要でした。

コーポレート・ガバナンス未要請企業群にとって人材確保は経営上の重要課題です。人材獲得競争が激しくなる現代では、従業員はステークホルダーであり、重要な資本であると認識しなければ競争に勝つことはできないと思います。

(5) 特定のステークホルダーとの依存的な関係

両社とも、本来同調関係になく、独立した関係であるべきステークホルダーとの間で、経済的・構造的な要因によって依存関係になり、それが不正の温床になっていました。ビッグモーターは損害保険会社と、旧ジャニーズ事務所はマスメディアなどとの特定のステークホルダーとの依存的な関係により、他のステークホルダーや社会全体に大きなマイナスを与えています。

中古車販売業界やエンターテインメント業界では他社も同様の問題を指摘されており、業界全体での対応が必要な可能性があります。例えば、業務提携した相手方が高い倫理観を維持できていれば健全なけん制機能となりますが、そうでない場合は不祥事を発生させる要因となります。ステークホルダーと健全なリレーションを築けるかどうかは、直接業務執行しない社外取締役や監査機関が客観的な視点から評価し続けることが重要です。コーポレート・ガバナンスやコンプライアンスは、結局のところ経営トップが意識を変えなければ変わりません。

1-1-5　近年の不祥事に見る再発防止策

ここまでに示した不正・不祥事において、どのような再発防止策が立てられているのかを見ていきます。**図表1-6**は、各企業で設置された第三者委員会などの報告書をもとにまとめた表です。

再発防止策のポイントを以下にまとめます。

①取締役会、取締役の機能強化
経営陣の監督機能、執行統括機能の強化、コンプライアンスへのコミット

図表1-6　2023年の主な不祥事に対する発生要因と経営面の問題

組織名など	再発防止策（経営）	再発防止策（現場向け）
ビッグ モーター	• 適切な営業目標の設定 • 懲戒処分の運用の適正化 • 取締役会機能の十全化 • 経営陣におけるコンプライアンス徹底 • 危機管理体制の整備	• 現業部門におけるけん制機能の強化 • 現場巡回の際の個別面談 • 従業員向け教育の強化 • 内部通報制度機能の充実（工場従業員からの告発、現場の声の吸い上げ）
旧 ジャニーズ 事務所	• 取締役会の充実 • 社外取締役活用 • 内部監査室の設置 • CCO（チーフ・コンプライアンス・オフィサー）の設置 • 被害者への謝罪と救済 • メディアとのエンゲージメント、対話 • 再発防止策のモニタリングとその公表	• 研修の充実（人権、性加害、ハラスメントなど） • 基本的な社内規定の整備 • 内部通報体制の活性化 • 相談先の拡充とアドボケイトの配置
近畿日本 ツーリスト	• 経営陣のコンプライアンスへのコミットメント • CI再構築、グループ行動規範の制定 • コンプライアンス委員会およびコンプライアンス改革本部の設置 • 経営陣による監督機能および執行統括機能の強化 • 人事構造改革（人事評価基準、管理任用要件、職務定義、人材配置など） • 法令倫理管理センターの設置 • マネジメントコントロールの改革 • 組織構造改革（事業会社の事業領域、グループ経営） • 審査・監査部門の強化	• 意識調査・企業風土改革 • 社内コミュニケーション改革 • コーポレートアカデミーによる社員教育 • 業務フロー・業務マニュアルの整備 • 契約書評価ツールなどを用いた事前審査の徹底 • 自治体から受け負うBPO事業におけるプロジェクト管理徹底 • 団体旅行基幹システムによる一元管理 • 主要ポストの役割と責任の明確化 • デジタルフォレンジックによるモニタリングを強化
ダイハツ 工業	• 硬直的な「短期開発」の開発・認証プロセスの見直し • 性能開発・評価・認証の分離 • 認証申請プロセスの正確性をチェックする監査的手続の導入 • 経営幹部のリスク感度を高める取り組み • 経営改革の本気度を示す経営幹部のメッセージの継続的な発信 • 本件問題の再発防止策を立案・防止する特別な機関の設置	• 経営陣から従業員に対する反省と出直しの決意の表明 • コンプライアンスおよび自動車安全法規に関する教育研修の強化 • 職場のコミュニケーション促進と人材開発の強化 • 内部通報制度の信頼性向上の取り組み
沢井製薬	• 責任役員のリーダーシップによる意識改革 • 工場の上層部の意識改革 • 監督体制構築における責任役員の責任 • 指示者の責任の明確化 • 適切な人員の配置および確保 • ジョブローテーションなどによる多能化	• チーフリーダー層、試験担当者その他の従業員の意識改革 • 製造管理者の責任の明確化 • 単一の監督ラインの改善 • 指示者の責任の明確化 • 現場での実地確認や原データの確認 • 試験の記録管理・実施管理の徹底

出所：第三者委員会報告書などから筆者作成

メントなどが必要で、取締役会の強化、社外取締役の活用などが提示されています。

②不祥事、不正を防ぐ組織、ポストの設置

　再発防止策を立案・防止する機関、法令倫理管理センター、CCO（チーフ・コンプライアンス・オフィサー）、内部統制責任者の設置などが提示されています。

③監査体制、内部統制の強化

　不祥事の中には、監査役、監査の体制、監査プロセスの役割が不十分な例が多く、その強化や内部統制のモニタリング、社外組織や人材活用、適切な会社の機関設計などが必要と考えられます。

④グループ経営の強化

　本章で示した事例の企業では、大手企業や持株会社の子会社企業も多く、グループ全体の行動規範やグループ全体での取り組みも求められています。

⑤開発や品質管理などの役割分担

　検査や認証プロセスでの不正などでは、開発者、評価者、認証者が一体化していることが原因になっており、それらの役割を分担することでダブルチェック体制を確保する内部統制の必要性が示されています。

⑥社内規定や業務マニュアルの整備と活用

　社内規定や業務マニュアルは既に整備・活用している企業は多いですが、整備が不十分で、整備されていても利用されていない企業が見られ、①と連動してしかるべき機関が必要な規定などを示し、③と連動してしかるべき監査機関がその施行状況を確認することが求められます。

⑦内部通報制度の強化

制度があっても、通報しにくい風土や通報が生かされない状況への対応を含めて、制度の見直しや強化が必要と考えられます。

⑧誤った業績評価や短期の開発制度の見直し

不正・不祥事につながる業績評価制度や、必要な認証などのプロセス軽視、極端な作業負荷につながる短期の開発制度の見直しが提示されています。

⑨後継者を含む適切な経営人材の育成

報告書での提示はあまり見られませんが、ワンマン経営、家族経営が不正・不祥事につながった事例も多く、後継者を含む適切な経営人材の育成は必要と考えられます。

⑩研修、人材育成制度の充実、適切な人材配置など

経営層、従業員を含む法令順守、人権、ハラスメントなどに関わる研修の必要性が示されています。また、適切な人材配置、ジョブローテーション、職務の定義により、不正・不祥事を防止する提案がされています。

⑪意識改革、コミュニケーションの重視

経営者、現場責任者、一般従業員すべての意識改革が求められています。また、コミュニケーションの欠如が不正・不祥事の要因になった事例が多く、その改善が提示されています。

⑫メディアなど外部との連携による対応

不正・不祥事において、経営改革の本気度を、メディアを通じて発信する提案がされています。

1-2

海外：先端技術による不祥事、AIによる再発防止

　ここまで国内の企業不祥事のトピックとして、ビッグモーターと旧ジャニーズ事務所の事例を中心に説明しました。企業を揺るがす不祥事について、本節では視野を世界に広げ、今後日本でも起こり得る大きなうねりを紹介します。それは、AI（人工知能）やロボットなど、先端技術に起因することです。AIやロボットなどが事件や事故を起こしている一方で、コーポレート・ガバナンスにAIを活用する動きもあります。

1-2-1　AIやロボットなどに関連する世界の事件や事故

　AIやロボットなどに関連する世界の事件や事故の情報を収集し、データベース化している「AIインシデント・データベース」[1]があります。非営利組織「パートナーシップ・オンAI」によって2020年11月から運営されており、2024年2月24日時点で、646件が登録されています。そこに登録されている多くの事例は、AIやロボットによるエラー、ミスを含む事件や事故です。その中から、2023〜2024年の事例で、企業名が特定でき、不祥事またはそれに近い事件・事故を抽出しました（**図表1-7**）。

　図表1-7から、以下のことが指摘できます（詳しい分析は第2章以降で行います）。

- 大規模な不正・不祥事といえる事例は少ないものの、数十億円の損害、CEOの解任、訴訟などに至った事例が存在する。
- 29件のうち、ChatGPTのような対話型生成AIが明確に利用されていたのが10件と多く、チャットボット利用が6件、アルゴリズム関連が4件、ロボット・自動車が3件、画像・動画生成AIが2件で、ChatGPTなど生成AIが要因になっている事例が多い。

図表1-7　AIやロボットなどに関連する企業不祥事または類似事例

企業	類型（利用技術）	事例概要	掲載日
Air Canada	悪用 （チャットボット）	チャットボットによる虚偽の割引請求により、顧客に過大請求が発生	2024/2/15
香港に本社のある企業	悪用 （ディープフェイク）	ディープフェイク+偽音声を利用した動画で、CEOが2500万ドルを送金してだまし取られた	2024/2/5
DPD （宅配会社）	エラー、差別 （チャットボット）	エラーによりチャットボットが顧客を罵倒。投稿は24時間で80万回閲覧	2024/1/19
Shein （中国のオンライン小売業者）	知的財産 （アルゴリズム）	商品にアーティストデザインを再現するアルゴリズムを導入していると告発、AIによる知的財産侵害への懸念	2023/7/13
Amazon.com	エラー （対話型生成AI）	ChatGPTのエラーメッセージ（「OpenAIの使用ポリシーに違反する」）を含む商品が急増	2024/1/12
シボレーディーラー	エラー （チャットボット）	チャットボットが7.6万ドルの自動車を1ドルで販売、法的拘束力のあるオファーということに同意	2023/12/18
Microsoft	差別 （画像生成AI）	AIツールを介してナチスの画像やその他の「プロパガンダ」を含む画像を生成	2023/11/10
アリーナ・グループ （スポーツ・イラストレイテッド誌発行）	エラー、透明性 （対話型生成AI）	AIによって、偽の著者名とプロフィール写真を使って記事を掲載したことが判明してCEO解任	2023/12/12
Microsoft	差別 （対話型生成AI）	女性の死に関するMicrosoftのAI生成世論調査がガーディアン紙の記事に対して許可なく実施され、読者の非難を浴びた	2023/11/1
UnitedHealth	透明性 （アルゴリズム）	医療を拒否するために90%の誤り率を持つAIモデルを使用していると訴訟を受けた	2023/11/17
ニュージーランドのスーパーマーケット	安全性 （食提案アプリ）	スーパーマーケットのAI食事プランナーアプリが塩素ガスを発生させるレシピを提案	2023/8/10
シグナ （医療保険大手）	透明性 （アルゴリズム）	アルゴリズムを使用し、米国カリフォルニア州法で義務付けられている個別の調査を行わずに数十万件の患者請求を自動的に拒否	2023/7/26
Amazon.com	エラー （対話型生成AI）	ChatGPTが生成した、重複したタイトル、偽著者、類似コンテンツを含む疑いの書籍が、本物の著者の本の発売に先立ち登場	2023/5/5
Instagram	差別 （アルゴリズム）	アルゴリズムが児童性的虐待コンテンツを共有するアカウントを奨励していることが判明	2023/6/7
Google	エラー （対話型生成AI）	AIが生成したテキストによるジャンクウェブサイトがプログラマティック広告から収益を集めている	2023/6/26
Meta Platforms （旧Facebook）	差別 （アルゴリズム）	求人広告アルゴリズムにおける男女差別の疑い	2023/6/12

企業	類型（利用技術）	事例概要	掲載日
OpenAI	知的財産権 （対話型生成AI）	ウェブから収集したデータの使用は、インターネットユーザーの権利を侵害していると主張する訴訟	2023/6/28
Amazon.com	プライバシー （音声収集）	デフォルトの音声収集設定を通じて子供のプライバシーを侵害した疑いで、米連邦取引委員会（FTC）が訴訟、和解に3000万ドルの支払い	2023/5/31
McDonald's、 Wendy'sなど	エラー （チャットボット）	ファストフードチェーンのAIチャットボットは、求職者の面接スケジュールを調整できなかった	2023/6/9
全米摂食障害協会 （NEDA）	法令違反 （チャットボット）	チャットボットが、摂食障害のユーザーに無許可の食事アドバイスを与え停止になる	2023/6/2
Tesla	安全性、法令違反 （自動車）	横断歩道で歩行者を発見し、道を譲らず、交通法に違反したとされる	2023/5/31
OpenAI	個人情報保護 （対話型生成AI）	ChatGPTはバグによりユーザーの個人データを漏洩したと報告されている	2023/3/24
DoNotPay （新興企業）	法令違反 （ロボット）	「世界初のロボット弁護士」が虚偽表示との疑いをかけられる	2023/3/13
Tesla	安全性 （自動車）	「完全自動運転」を搭載した約36万3000台の車両をリコール	2023/2/16
McDonald's	エラー （チャットボット）	AIドライブスルー注文システムの障害や誤ったオーダーで顧客がイライラする	2023/2/14
CINET （ニュースサイト）	エラー、 知的財産権 （対話型生成AI）	ChatGPT使用の記事執筆AI、間違いに加え、盗作の疑い	2023/1/23
Stability AI、 Midjourney、 DeviantArt （画像生成AI）	知的財産権 （画像生成AI）	トレーニングデータに著作権で保護された画像が含まれていたと訴訟を受ける	2023/1/17
KOKO（スタートアップ、NPO）	差別 （チャットボット）	メンタルヘルスケア支援におけるGPT-3利用のチャットボットが不適切な発言	2023/1/19
OpenAI（発見はセキュリティー企業）	悪用 （対話型生成AI）	ChatGPTが悪用されて悪意のあるソフトウエアが開発される可能性	2023/1/7

出所：Partnership on AI「AI Incident Database」（https://incidentdatabase.ai/）をもとに筆者作成

- 生成AIやチャットボットでは、エラーや悪用、差別、知的財産権侵害、法令違反などの問題が生じている。アルゴリズムに関して意図的かどうかは不明だが、医療保険請求などで問題が指摘され、自動車やロボットでは安全性に問題を生じることが多い。
- ChatGPTを提供するOpenAIやMicrosoft、またGoogleのようにAIを開発・提供する企業による事例が3分の1程度で、残りの3分の2は生成AIなどを利用する企業による。その中には、大手企業のみでなく、スタートアップや中小企業も含まれる。

国内ではまだそれほど大きな問題になっていませんが、AIなどの先端技術に関わる不正・不祥事は、今後日本でも十分に起こり得ます。

1-2-2　不祥事の予防、早期発見、再発防止にAIを活用

AIなどの先端技術は、新たなタイプの不正・不祥事の発生要因になる一方で、不正・不祥事の早期発見や再発予防への活用も進められています。AIが不正・不祥事の予防、早期発見、再発防止にどのように利用できるのか、その可能性を**図表1-8**にまとめました。海外での利用例はかなり多く、今後、国内でも利用が進む可能性は十分あります。

図表1-8　不祥事の予防、早期発見、再発防止につながるAIの可能性

AIの機能	AI利用法	概要	不祥事への対応例
モニタリング、監視	統合型リスク管理（ERM）	企業に対する脅威/リスクをより迅速かつ包括的に特定	AIシステムがスタッフの不正取引やその他の不正行為を検出し、疑わしい取引をブロック
	コンプライアンスリスク把握	コンプライアンスに関する自律型AIレポート作成など	株主に対する取締役の責任/説明責任などのコンプライアンスに関わる不祥事予防
	会社法への準拠	会社の規則、手順、および活動状況が会社法に準拠しているかを把握	会社法などの法令順守に関わる不祥事の予防、再発防止

AIの機能	AI利用法	概要	不祥事への対応例
モニタリング、監視	AI監査	インテリジェントな監査にAIを使用	監視と制御に関わる不祥事の発見、予防、監査役の支援
	破産など金融リスクのモニタリング	収益モデルのチェックなどによる	破産や資金調達に関わる不正や不祥事の予防
	非財務リスクのモニタリング	環境保護、企業の社会的責任などの企業データ収集、評価	環境破壊、人権などに関わる不祥事の予防、再発防止
	設立、登記、合併などに関わる書類作成、チェック	提出書類のチェック、原案作成	定款変更、海外展開などを含む法令順守
	従業員とのコミュニケーション支援	ハラスメント、人権などに関わるコミュニケーション支援（内部通報を含む）	ハラスメント、人権などの不祥事発生予防
意思決定、遂行	ボードメンバー支援	AIがボードメンバーになるか、ボードメンバーがAIツールを活用	客観的なデータや視点の提供、特定の取締役の意見偏重の是正
	社外を含む取締役メンバーなどの選任支援	社外を含む取締役などの人選支援	不正・不祥事を少なくするため人材候補の選定
	ビジネス戦略の支援	ビジネス環境（規制、市場、テクノロジー、競合他社を含む）の監視、パフォーマンス評価	規制や市場、競合などの外部環境による自社ビジネス戦略に関わる評価、対応策検討（不祥事発生を含む）
	人材育成	経営層を含む人材育成	不祥事を防止する教育、研修ツールの提供
	投資決定	デューデリジェンスプロセスの支援	投資、買収などに伴う不正、不祥事の発生防止
	契約、取引支援	企業の取引、契約を承認し、承認支援	エラー、詐欺、汚職を防止
	レポート作成、チェック	開示義務のある財務諸表報告書などの作成、チェック支援	意図的不正や事務的エラー発見による不祥事予防
	サプライチェーンマネジメント	生産、保管、輸送など、上流と下流のサプライヤー関係の透明性と信頼	サプライヤーに関わる原料、人権などの不祥事リスクの削減
	株主エンゲージメント	カスタマイズ情報の提供、議決権プラットフォームの提供・活用	株主総会などにおける不祥事リスクの削減

出所：筆者作成

図表1-8のほとんどのAI利用法は、海外では既に検討されているか、実施されています。従来型のAIはモニタリング・監視的な利用が多かったのですが、生成AIの登場により企業の意思決定や事業遂行に関わる領域でのAI活用も増加しつつあります。モニタリング・監視的な利用では、会社法などの法令順守状況、金融リスクや非財務リスクの把握、契約書類のチェック、監査支援、従業員とのコミュニケーション支援など、多様な領域で利用されつつあります。これらの利用法では、不正・不祥事に関わるコンプライアンスリスクの低減のみならず、人的エラーの把握・対応や、収益性の改善などの効果もある場合が多くなっています。また今後、不祥事の増加が想定される環境保護、企業の社会的責任、人権などの非財務リスクへの対応も重要になりつつあります。

　一方、対話型生成AIの登場により、意思決定や事業遂行に関わる領域でのAI利用も徐々に拡大しています。特に注目されるのが、ボードメンバーの意思決定支援ツールとして利用することや、場合によってはボードメンバーの1人にAIを加えるといった利用法で、取締役会の活性化や適法運営、特定の役員の意見に偏らない客観的な視点でのアイデア提供などの効果が考えられます。社外取締役を含む取締役、役員の人材候補抽出、評価、選定支援にAIを活用することも考えられ、不祥事の発生予防や再発防止につながる人選、人材育成といった効果が期待できます。さらに、ビジネス戦略の支援、投資の意思決定、契約・取引の支援といった領域では、既にAIの利用がかなり進み、不祥事の予防のみでなく、企業の生産性向上などの効果も上がりつつあります。

　ここまで、AIを不祥事の予防、早期発見、再発防止に利用する可能性について述べましたが、AIが技術的には利用できても法規制の面で利用できないことや、不正確な情報や不明瞭なプロセス、責任の所在が不明確なこと、個人データ活用の問題など、AIのコーポレート・ガバナンスへの活用については、多くの課題があることも事実です。この点の具体的検討や対応の可能性については、次章以降で示していきたいと思います。潜在的には、AIは不祥事の発見、予防、再発防止にかなり利用できますが、AIだけに頼ってコーポレート・ガバナンスを実現することは不可能であり、最終的には人

間の判断、意思決定が必要になります。

コーポレート・ガバナンス未要請企業群は、創業一族が株主、経営者である場合も多いと思いますが、AIは客観的なデータや視点を提供できます。また、会社法の順守、会社の組織体制や経営人材・外部人材の選定、金融リスクや非財務リスク、多くのコンプライアンスリスクによる不正・不祥事予防につながるといった点で、AIの活用は有効であると考えられます。

生成AIを含むAIを活用することによるメリットとリスク、その対応策の検討は必要です。自社でAIを活用しない場合でも、競合他社でAIの利活用が進む場合の影響、リスクと対応の検討も必要です。これらについては、次章以降で考えましょう。いずれにしても、ガバナンスを強化する、コンプライアンス経営を推進する、そのためにAIを活用するといっても、それらを導入するかどうかを最終的に決めるのは経営者です。故に、これらの不祥事類型を参考に、ガバナンスやコンプライアンスに対する意識醸成につながることを期待したいと思います。

企業経営者は会社の善管注意義務を負っています。この解釈には議論の余地を残しますが、事業やコーポレート・ガバナンス、コンプライアンスに対して、AIなどの技術利用を検討することが善良なる管理者の注意義務とみなされる時代になりつつあると個人的には考えています。

最近の企業不祥事と対応

第 2 章

Venture Governance in the AI Era

2-1

不祥事の発生要因と分類

　第1章では国内企業不祥事の注目トピックとして、主にビッグモーターと旧ジャニーズ事務所について、そして海外の動向としてAIによる不祥事と再発防止策について触れました。本章では2000年以降の企業不祥事に注目し、どのような不祥事が増えているのかを説明し、その後、不祥事に対するガバナンス機能の関与の在り方など、最近の不祥事とその対応に関わる特徴について説明します。

2-1-1　企業不祥事の発生要因

　従来不祥事の発生要因は、主には人的要因または外的要因でした（**図表2-1**）。第1章で示した例では、ビッグモーターでも旧ジャニーズ事務所でも、最大の要因は経営層の人的要因であり、またそれを生じさせた組織構造的要因だったと言えます。人的要因が不祥事になる場合、現場の従業員などが関与する場合を含めて、意図的な不正につながる場合が多いことが特徴です。

　一方で、事業や拠点の海外展開、M＆Aによる子会社増加、規制環境の変化など、企業のガバナンスの問題に加えた外部環境変化が、不正・不祥事につながっている例も多く見られます。トヨタ自動車の子会社であるダイハツ工業における不正の問題は、まさにその代表と言えるでしょう。

　最近の不祥事の特徴は、デジタル化、IT化、AI化など、高度な技術を活用している場合が増加していることです。自社がそうした技術を開発している場合もありますが、多くは自社が知らない間に不祥事が生じ、また元従業員などが悪意を持って使うことで不祥事が生じるなど、不祥事の発生メカニズム自体が複雑化、高度化しています。

リスク、不祥事発生要因

- **AIによるリスク（生成AIを含む）**
  - 公平性、透明性
  - 個人情報
  - 知的所有権
  - セキュリティー、安全性
  - 悪用、人的尊厳　など
- **AI以外の技術リスク**
  - 情報通信、IT
  - データ活用
- **人的要因によるリスク**
  - 経営層
  - 従業員
- **外的要因によるリスク**
  - 法規制変化
  - 海外展開、国際化

不祥事（不正を含む）

- **意図的不祥事（不正）**
  - 不正会計
  - 粉飾決算
  - 隠蔽
  - 偽装　など

- **事故的不祥事**
  - 製品不具合
  - オペレーション不具合
  - モラルハザード
  - 個人情報流出
  - その他外部要因による不祥事

図表2-1　不祥事発生のリスク・要因と発生する不祥事
出所：筆者作成

2-1-2　企業不祥事の分類

　企業不祥事を大別すれば、意図的な不正と意図的でない不祥事に分けられます。意図的な不正の代表例は不正会計で、会計資産の不正流用・着服、情報の不正使用、製品やデータの偽装、検査不正、談合、労働基準法違反などが含まれます。意図的でない不祥事には、財務報告や開示の誤謬、多額の不良債権の発生、取引先の不正行為による損失の発生、第三者の不正アクセスによる個人情報の流出などが含まれます。その他、個人的か組織的か、一時的か継続的か、影響が軽微か重大かといった視点もあります。背景には、企業の海外展開や新事業展開によるリスク拡大以外に、市場環境の変化、法規制強化など、企業ではコントロールできない要因が増加していることが考えられます。

　企業の不祥事は、経営者や組織全体で発生するだけでなく、中間管理層や一般従業員などに起因して発生することがあります。不正会計や製品偽装は経営者から中間管理層レベルで多く発生するのに対し、経費精算不正やハラスメントは一般従業員などで多く発生します。

特にベンチャー企業ではリスクテイクによる持続的成長が求められる一方で、企業の人員やリソース不足に加え、ガバナンスやコンプライアンスに対する体制整備や教育にコスト投下できていないことによる不祥事が発生しやすいと言えます。とはいえ仮に意図的でない不祥事であったとしても、取締役である経営者は予見可能性がある限り対処しておくことが義務とも解されます。

　図表2-2は企業不祥事の分類で、意図的な不祥事である不正と、それ以外の個人的、または外部的要因による事故的不祥事に分けて示しています。

　図表2-2の太字は最近増加している不祥事で、特に増加しているのは営業機密情報や個人情報の漏洩で、ITやデジタルに関わる高度技術を用いた事件です。また、自社製品や部品の検査データ、認証データを偽装したり隠蔽したりする不正・不祥事が自動車メーカーなどで増加しています。これも検査や認証技術、シミュレーションなどによるリアルデータの偽装など、高度技術の利用、影響が要因と見ることができます。

図表2-2　企業不祥事の分類例（太字は増加している不祥事）

大分類	分類	概要	含まれる事例	備考
不正（意図的不祥事）	不正会計、粉飾決算	財務会計情報の開示に関する問題	• 不適切会計 • 有価証券報告書など虚偽記載 • 架空売上、所得隠し、利益操作	海外を含む子会社の粉飾決算が多い
	法令違反	独占禁止法、金融商品取引法などの法令違反	• カルテル、反トラスト、談合 • インサイダー取引、不正取引 • 不正融資、不正請求、不正受給 • 公的補助金不正	会社法違反も多い
	隠蔽・偽装	不都合な情報の非開示、事実と異なる情報開示など	• **実験、認証などのデータ改ざん** • 食品偽装、産地偽装 • 誇大広告、誤認広告	自動車メーカー、ディベロッパーなどで増加
その他（事故的不祥事）	製品不具合	自社の提供製品に関する問題	• リコール • 自主回収	顧客や取引先が使用して事故などトラブル発生
	オペレーション不具合	製品製造過程やサービス提供過程における管理上の問題	• 工場事故、工場火災 • 有害物質の流出、環境汚染 • **情報漏洩** • 食中毒、不正アクセス	危険物質の保管管理、情報投資、不衛生などに起因
	モラルハザード	社員の個人的犯罪	• 会社資金、商品などの着服・横領 • 窃盗・痴漢など • **営業機密情報漏洩、売却**	組織メンバーによる非倫理的、非社会常識的行動
	その他	外部要因による不祥事	• 多額の不良債権の発生 • 取引先の不正行為による損失発生 • **第三者の不正アクセスによる個人情報の流出** • **悪意のある動画などでの風評被害**	ステークホルダーや第三者の関与などによる

出所：筆者作成

2-2

最近の不祥事事例と特徴

2-2-1　大企業の主な不祥事（2000年以降）

　2000年以降だけでも企業の不祥事事例はかなりの数になります。**図表2-3**は主なものだけを挙げています。

図表2-3　2000年以降の企業の主な不祥事事例

時期	企業名	不祥事内容
2000年	大和銀行	ニューヨーク支店巨額損失
	三菱自動車	リコール隠し
2002年	日本ハム	牛肉偽装
2004年	西武鉄道	有価証券報告書虚偽記載
	三菱自動車	リコール隠し
2005年	明治安田生命	保険金不払い問題
	ヒューザー	姉歯・耐震偽装マンション販売
2006年	ライブドア	証券取引法違反
	村上ファンド	インサイダー事件
2007年	ミートホープ	食肉偽装
	白い恋人	賞味期限改ざん
2009年	田辺三菱製薬	試験データ改ざん
	トヨタ自動車	米国リコール問題
2011年	大王製紙	創業者一族の資金私的借り入れ
	オリンパス	M&A巨額損失粉飾
2013年	阪神阪急ホテルズ、三越伊勢丹、不二家	レストラン食品偽装
2014年	タカタ	エアバッグ問題
	ベネッセ	個人情報流出
2015年	東洋ゴム工業	免震ゴムデータ改ざん

時期	企業名	不祥事内容
2015年	東芝	不適切会計、損失隠し
	旭化成建材	基礎杭打ちデータの流用、改ざん
	化血研	未承認方法でワクチン製造、虚偽製造記録
2016年	三菱自動車	燃費データ偽装
	電通	新入社員の過労死
2017年	神戸製鋼	データ改ざん
	SUBARU、日産自動車	無資格検査
	総菜店でりしゃす	O157感染問題
2018年	はれのひ	成人式営業中止
	スルガ銀行	シェアハウス不正融資
	SUBARU、日産自動車、スズキ	品質不正
2019年	かんぽ生命、ゆうちょ銀行	不適切販売
	レオパレス21	建築基準法違反
	関西電力	高浜原発金品受領問題
	日産自動車	ゴーン社長逮捕
	リクナビ	内定辞退サービス予測販売
	大和ハウス工業	技術検定の実務経験不備
2020年	東京証券取引所	システムトラブル
	ソフトバンクグループ	関連会社の所得の合算漏れ
2021年	大和ハウス工業	受験条件満たさず資格取得
	カッパ・クリエイト	売上データ不正入手
	三菱電機	検査データ不正、架空データ生成
2022年	SMBC日興証券	相場操縦事件
	アクセンチュア	労働基準法違反
	日野自動車	エンジン認証に関する不正行為
	かっぱ寿司	不正競争防止法違反
2023年	沢井製薬	治療薬の品質確認試験不正
	NTTビジネスソリューションズ	顧客情報流出
	四谷大塚	教え子の小学女児を盗撮
	ビッグモーター	自動車保険の保険金不正請求
	近畿日本ツーリスト	ワクチン接種業務の受託事業の過大請求
	ダイハツ工業	認証データなどの不正

出所：公表情報より筆者作成

一般社団法人GBL研究所の渡辺樹一氏や日本エマージェンシーアシスタンスの勝田和行氏は、企業不祥事に関する調査報告書を分析し、以下の指摘をしています。以下の（1）〜（4）は2014年から2020年までの313事例を分析した渡辺氏の分析[1][2]を参考に、（5）と（6）は勝田氏の分析[3]を参考にしています。

（1）類型別の企業不祥事の件数と推移

- 不正会計94件、会社資産の不正流用73件、情報の不正流用（報告された事例はインサイダー取引のみ）4件、その他意図的なコンプライアンス違反70件で、不正会計と会社資産の不正流用が多い。
- 年度別の推移を見ると、件数はおおむね年々増えて、年間50件を超えている。
- 「その他意図的なコンプライアンス違反」の増加が2017年から2018年にかけて目立つが、これは製造に関する不祥事の増加が原因である。

（2）上場市場の相違による企業不祥事の特徴

- 313事例の分析について、当時の東証1部・2部上場会社と、JASDAQ・マザーズなど上場会社に分けてみると、前者が72％、後者が28％を占める。これは当時の上場比率と同じ数値であり、市場の分類と不正・不祥事の発生率は全体としては無関係である。
- 東証1部・2部上場会社では不正会計の比率が高いのに対し、JASDAQ・マザーズなど上場会社では会社資産の不正流用、財務報告の誤りの比率が高い。
- 当時のJASDAQ・マザーズなど上場会社はオーナー系企業が多く、公私混同による利益相反取引が発生しやすくなっていたと見られる。
- JASDAQ・マザーズなどから東証2部、または、東証2部から東証1部へと企業規模が大きくなる過程で海外進出するなどによって不正会計が増える。これは増加した子会社の管理が行き届かなくなっている点などが理由と考えられる。

(3) 機関設計との関係

- 313事例の分析では、委員会設置会社の方が監査役会設置会社に比べて企業不祥事防止という意味で勝っているとは必ずしもいえない。
- 具体的な事例も含めて分析すると、不祥事の早期発見と防止という点で、取締役会の監督機能は、取締役会への執行側からのリスク情報の伝達の十分性に依拠する。
- 執行役が不正に関与した場合で、指名委員会など設置会社において権限が強化された執行役から取締役会に不祥事に関する情報が伝わらない（報告されない）事象がある。執行役が不正に関与した場合は、その現象が意図的に作られるケースがある。
- 常勤監査委員不在の委員会（監査等委員会を含む）は、不祥事を発見しづらい体制であるため、内部統制システムが重要になる。内部監査機能の脆弱性などによって、監査委員会が内部監査部を十分に活用できない場合は、特にそのリスクが高まる。

(4) 発覚の端緒

- 全体の2割が、経理財務業務（決算業務、決算・財務分析、債権管理、予実管理など）の過程で発見されており、その実効性の向上が、不正会計のみならず不祥事全般の早期発見や被害の拡大防止、予実管理につながる。
- 経理財務業務に三様監査、すなわち会計監査人監査、監査役監査、内部監査（ただし、ここでは社内調査を含む）の3つを足すと、発覚の端緒の約半分となり、経理財務業務と三様監査の連携が不祥事全般の早期発見や防止に寄与する。
- 米国を中心とした世界平均では発覚の端緒の約40％が内部通報だが、日本ではわずか8％であり、いまだに機能していない。
- 会社資産の不正流用の22％が税務調査で発見されており、子会社、特に情報が入りにくい海外子会社から税務調査に関する情報を適時に取得する仕組みが必要である。

(5) メーカーにおけるデータ偽装、品質偽装などの多さ

- メーカーでは、近年「品質（検査）不正」が頻発している。
- 要因としては、直接的には補助検査員による完成検査の実施、工程能力に見合わない顧客仕様に基づいた製品の受注・製造、検査結果などの改ざんやねつ造が容易にできる環境、従業員の品質コンプライアンス意識が挙げられる。
- ガバナンスの視点では、本社による統制力の低下、事業部門における監査機能の弱さ、縦割り組織の問題などが挙げられる。

(6) サービス業（運送業）、銀行業における不正行為

- 子会社が引っ越し代金の過大請求を行ったヤマトホールディングスの事例では、子会社の利用、社員の処遇、商品設計の問題、教育の問題、法人契約の問題、会社の組織体制の問題、内部通報制度の問題、内部監査の問題が挙げられている。
- スルガ銀行では、収益不動産ローンにおける資料偽装、行員による抱き合わせ販売の不正行為をした。この背景に、経営層が業務執行を取締役でない執行役員にすべてを任せ、現場の情報は業務担当取締役、経営会議、取締役会ひいては社外役員に伝達されないような仕組みとし、一方で強力に営業を推進するという構図、営業本部との力関係で審査の独立性が保てなかったことが示されている。

　大企業における不祥事では、企業の倒産や自主廃業、事業売却、経営者の辞任につながった事例がかなりあります。それのみでなく、不祥事は従業員解雇、株主における大きな損失、顧客における食中毒の発生や健康影響、関与した監査法人の解散など、多くのステークホルダーに大きなマイナスインパクトを与えています（**図表2-4**）。

図表2-4　インパクトの大きかった企業の不祥事事例

企業名（時期）	不祥事の内容	インパクト
山一証券 （1997年）	• 「飛ばし」による損失隠し	• 従業員7000人以上の解雇 • 廃業で8万人以上の株主に影響
雪印乳業 （2000年）	• 集団食中毒	• 事業売却 • 食中毒認定者数1万4780人（戦後最大）
雪印食品 （2002年）	• 牛肉偽装事件（普段から輸入牛肉を国産と偽り販売）	• 解散 • BSEによる国産牛の買い上げ補助金に対して、安価な輸入牛肉で2億円詐欺
カネボウ （2005年）	• 粉飾決算（9期連続で債務超過であったが2150億円粉飾）	• 倒産 • 中央青山監査法人の会計士4人が逮捕され、監査法人もその後解散
オリンパス （2011年）	• 損失隠し・粉飾決算（巨額損失を「飛ばし」で10年以上も隠蔽・負債を粉飾で処理） • ウッドフォード社長の解任を機に発覚	• 株価は、10月13日の2482円から11月11日には424円まで急落 • 株主数1万7720人、従業員数3234人、連結3万4391人（2011年3月）
東芝 （2015年）	• 不適切会計、2008〜2014年度に1562億円 • 経営トップを含む組織的関与により歴代3社長・取締役引責辞任 • 収益改善目標「チャレンジ」というプレッシャー	• 株主数38万3081人、従業員3万5943人、連結従業員20万260人（2014年3月） • 株価は、3月25日の531円から8月25日の346円まで約35%下落

出所：中央大学総合政策学部 青木英孝、「コーポレート・ガバナンスと企業の不祥事について」（https://www.maff.go.jp/j/shokusan/fcp/whats_fcp/attach/pdf/study_2021-3.pdf）をもとに筆者作成

2-2-2　東証グロース市場の主な不祥事（2022年と2023年）

　次に、東証グロースおよびそれに準ずる市場で公開している企業の不祥事事例を表にまとめました（**図表2-5**は2024年3月21日まで、**図表2-6**は2023年、**図表2-7**は2022年）。東証グロース市場の企業は比較的規模が小さいので、あまりニュースに取り上げられることはありませんが、大企業と同様に企業価値を毀損している事件が発生しています。その責任は善管注意義務をもってリスク管理体制を整備すべき取締役にあったと思われる事案も少なくありません。

図表2-5　東証グロース市場公開企業の不祥事事例（2024年1月〜 3月21日）

上場市場	企業名	適時開示(IR)	第三者委員会調査報告書	第三者委員会などの設置目的	
東証グロース(9270)	バリュエンスホールディングス	あり	未公表	• 社内調査 • 関係者に対する事情聴取や資料確認などを実施して原因究明	
東証グロース(3691)	デジタルプラス	あり	未公表	• 当該元従業員からのヒアリング、事実確認および原因究明、類似の不正が行われていないかの確認	
東証グロース(9272)	ブティックス	あり	あり	• 不正行為の解明のため、徹底的な社内調査を実施	

出所：公表情報より筆者作成

図表2-6　東証グロース市場公開企業の不祥事事例（2023年）

上場市場	企業名	適時開示(IR)	第三者委員会調査報告書	第三者委員会などの設置目的	
東証グロース・名証メイン(3556)	リネットジャパングループ	あり	未公表	• 現地調査の適正性を確保 • 再発防止策含む内部統制再構築 • 過年度の連結財務諸表への影響額の確認調査と検討 • 適正な財務報告への対応	
東証グロース(7676)	グッドスピード	あり	未公表	• 類似事象の有無 • 業績への影響有無 • 社内体制の不備 • 原因究明、再発防止策の策定など	
東証グロース(7676)	グッドスピード	あり	あり	• 調査範囲拡大し、客観的により踏み込んだ調査を行う（社内調査委員会）	
東証グロース(3418)	バルニバービ	あり	未公表	• 期末配当および中間配当に関する事実関係 • 発生原因究明 • 関係者の責任検討 • 再発防止策の提言	

不祥事内容	備考（対応など）
• 不動産売買契約を偽造し不正に締結 • 連結子会社の従業員による不正行為	• 内部管理体制のさらなる強化、全社を挙げて再発防止に向けた取り組みを実施
• デジタルギフト不正入手、自らの電子マネーカウントなどへ送金、遊興費などに充てた • 連結子会社の元従業員による	• デジタルギフトの不正入手を防止するための①権限設定の見直し、②システムの仕様変更、③運用ルールの見直し
• 不正な旅費交通費の申請などを行って約2000万円を着服	• 旅費規定などの各種規定の明確化・運用プロセスの厳格化、不正防止定期的なモニタリング

不祥事内容	備考（対応など）
• 子会社における不正融資の発覚	• カンボジアの連結子会社
• 不適切な会計処理	―
• 過去の保険金請求	• お客様専用相談窓口設置
• 分配可能額を超える配当	

次ページに続く

（続き）図表2-6　東証グロース市場公開企業の不祥事事例（2023年）

上場市場	企業名	適時開示（IR）	第三者委員会調査報告書	第三者委員会などの設置目的	
東証グロース（1447）	ITbookホールディングス	あり	あり	・類似事案含む事実関係調査 ・連結財務諸表への影響額の算定 ・原因の分析と再発防止策	
東証グロース（1447）	ITbookホールディングス	あり	あり	（同上）	
東証グロース（3803）	イメージ情報開発	あり	あり	・パワーハラスメント有無、処分当否、内容 ・再発防止、社内体制の提言	
東証グロース（4255）	THECOO	あり	あり	・類似事案含む事実関係 ・不明入金事案。業務委託の業務委託料支払事案の事実関係調査 ・再発防止策提言	
東証グロース（7379）	サーキュレーション	あり	あり	・前代表の個人的な犯行とする判断の当否 ・役職員と反社の関わりの有無、反社との関わりを排除する内部管理体制・コーポレート・ガバナンス体制構築・運用の評価	

出所：公表情報より筆者作成

図表2-7　東証グロース市場公開企業の不祥事事例（2022年）

上場市場	企業名	適時開示（IR）	第三者委員会調査報告書	第三者委員会などの設置目的	
東証グロース（2402）	アマナ	あり	あり	・事実関係、同種事項の有無調査 ・発生原因の分析と再発防止策の策定および提言	
東証グロース（3931）	バリューゴルフ	あり	あり	・事実関係、類似事案の確認 ・公表済みの決算などへの影響額の確認 ・本事案の発生原因の究明と再発防止策の提言	
東証グロース（3674）	オークファン	あり	あり	・架空取引に関する事実関係、類似事象の確認 ・過年度決算の会計処理に及ぼす影響 ・原因の究明と再発防止策の提言	

出所：公表情報より筆者作成

不祥事内容	備考（対応など）
• 会計処理（株式取得時取得価額）	• 有価証券報告書訂正 • 関係者の処分検討
• 子会社経理担当マネジャーの横領行為	• 元従業員
• 代表取締役によるパワーハラスメント	• 代表取締役の月額報酬額6カ月相当額50% 自主返納
• 不正発注	• 不適切な会計処理の疑義は誤謬
• 前代表の違法薬物所持 • 反社会的勢力との関わり	• 犯罪の有無は刑事裁判において判断

不祥事内容	備考（対応など）
• 不適切な経理処理（売上水増し、架空計上、実態のない外注）	• デジタルフォレンジック調査を実施 • 売上高、売上原価への累積影響
• 連結子会社における不適切な取引（資金の着服）	• 財務諸表の修正
• 複数事業年度にわたる不適切な取引および不適切な会計処理（架空取引）	• 有価証券報告書などの修正

2022年〜2024年3月21日に報告された事例は、13社で15事例、2社は複数の不祥事を起こしています。子会社の取引や経理に関する不正が多く、自社のみでなく子会社の不祥事に留意することが必要と考えられます。不祥事に関与したのが経営者であるか、従業員であるかは公表情報からは不明な場合が多いのですが、明らかに経営層が関与した事例もかなりあります。

　不祥事の内容を見ると、ほぼ半数が不適切な会計処理や経費処理で、売上水増し、架空取引、資金の着服、問題のある保険金請求など、金銭がからむ不祥事が多くなっています。ただし、代表や前代表などのパワーハラスメント、違法薬物所持、反社との関わりといった事例もあります。結果として、有価証券報告書の修正、刑事裁判への発展など、直接の金銭面以外に多くの損失を企業に生じさせることになっています。2024年に報告された事例で注目されるのは、デジタルギフトを不正入手し、自己の電子マネーアカウントへ送金し使用していたもので、デジタル化、電子マネー取引などにより、このような不正は増加することが懸念されます。

　なお、多くの事例では第三者委員会が設置され、原因究明や類似事象の有無、財務諸表への影響、再発防止や社内体制の検討などが行われ、第三者委員会調査報告書が公表される場合が多くなっています。社内調査委員会の設置による検討を行う場合もありますが、外部の専門家を中心とする委員会での検討・提言の方が客観性・専門性の点などから望ましいと考えられます。

2-2-3　株式公開を実現したベンチャー企業の不祥事事例

　次に、株式公開を実現したベンチャー企業が、株式公開以前から不正を行っていた事例として、売上の前倒し計上と連結範囲の調整などで粉飾を行っていたEduLabと、売上の前倒し計上と架空売上を行っていたグレイステクノロジーを見ていきます（図表2-8）。

　EduLabは、教育分野における能力測定技術の研究開発およびその成果であるテスト法の実践を通じて、教育関連企業、学校法人などを顧客とし、英語その他の能力検査の試験開発、実施、分析、教育サービスの提供を行っています。2018年12月東証マザーズに上場、2018年9月期には40億円弱の売上

図表2-8　株式公開を実現したベンチャー企業の株式公開以前からの不正事例

	項目	EduLab	グレイステクノロジー
上場の状況	不正発覚後を含む	・2018年12月東証マザーズ上場 ・2020年10月東証1部に市場変更 ・不正発覚後東証マザーズに市場変更	・2016年12月東証マザーズ上場 ・2018年8月東証1部に市場変更 ・不正発覚後上場廃止
不正について	時期	・2016年9月期（財務諸表の訂正を行った最も古い時期）	・2016年3月期（財務諸表の訂正を行った最も古い時期）
	手口	・経営陣主導による売上の前倒し計上、連結範囲の調整	・創業者である代表取締役主導による売上の前倒し計上、代表取締役らによる仮想入金を伴う架空計上
	発覚経緯	・公認会計士監査	・外部からの通報
不正の原因	動機・プレッシャー	・経営陣からの予算達成への強烈なプレッシャー	・予算達成への強烈なプレッシャーと過度な予算設定
	姿勢・正当化	・経営陣を含む全社的な会計基準順守の意識欠如 ・業績優先の意識	・代表取締役による強力なトップダウン、パワハラ ・従業員が不正な売上計上を正当化 ・役職員の会計リテラシー、およびコンプライアンス意識の欠如
	機会	・取締役会の監督機能の欠如 ・CFOによるCEOへのけん制不足 ・管理部門のけん制、チェック不足 ・内部監査部門の人員不足、機能不全 ・内部通報制度の機能不全	・取締役会の軽視、機能不全 ・監査役、監査役会の機能不全 ・部門間の相互連携機能の不全 ・内部監査の機能不全 ・内部通報制度の周知不十分、外部窓口の連絡先不明

出所：公表情報より筆者作成

でしたが、2020年9月期には83億円弱の売上を計上し、東証1部に市場変更しました。しかし、上場前から売上の前倒し計上と連結範囲の調整などで粉飾を行っていたことがわかり、東証1部からマザーズに市場変更を余儀なくされました。

　一方、グレイステクノロジーは、建設機械や半導体製造装置など専門知識を必要とする機器の操作マニュアルなどの作成を行う企業です。2016年12月東証マザーズに上場、上場から5年余りで売上高は約2.5倍に伸び、独特の事業による成長企業として注目を集め、2018年8月東証1部に市場変更しま

した。しかし、東証は不正会計があったことを2021年11月に公表、提出期限までに2022年3月期第2四半期報告書を提出しなかったため、2022年2月28日に上場廃止となりました。上場前の2016年3月期は売上の3%弱が不正にかさ上げされたものでしたが、2021年3月期には4割以上に達したとされています。

　両社の事業は大きく異なり、不正の悪質度は上場廃止になったグレイステクノロジーがより高いと言えますが、不正の内容や原因は以下のような点で非常によく似ています。

- 予算達成のプレッシャー、過度な予算達成目標
- 取締役会の軽視（審議内容、審議時間、作成資料）
- 取締役の構成メンバーと資質の問題（社外取締役の比率、役員への迎合）
- 内部監査の機能不全（内部監査未実施、監査プロセス、人員不足）
- 内部通報制度の機能不全（周知不十分、連絡先未記載）
- 会計リテラシー、コンプライアンス意識の欠如
- 管理部門のけん制、部門間の相互連携機能が不十分

　不正・不祥事リスクを有したまま上場に成功しても、降格、上場廃止、さらに倒産に至るリスクがあります。中小企業・ベンチャー企業では、経営者に権限が集中する一方で、経営資源が大企業ほど恵まれず、経営者に対する監督が不十分であれば、不祥事が容易に起こりやすいと言えます。特に、株式公開を意識、また上場直後のベンチャー企業は、上場や企業価値に対するステークホルダーの期待、プレッシャーが大きく、不正や不祥事が起こりやすい状況にあります。

　図表2-8の2事例に共通しているのは、経営者を中心とした売上の前倒しや架空計上です。経営者としての自覚や責任感が見られず、投資家や証券市場に対する背信行為があり、社会のモラルの低下を彷彿させます。仮に経営者が悪事を進めようとしたとしても、他の取締役や監査機関はそれを抑止することは可能であったと考えます。つまり、いくら取締役や監査機関が設置されていてもコーポレート・ガバナンスが機能不全を起こしていては抑止力に

ならないということです。

　この2事例以外でも、2019年9月に東証マザーズに上場した中古車販売などを手掛けるグッドスピードは、上場前から売上の先行計上などの不正会計を行っていたという第三者委員会の調査報告書が公表されています。同社の不正の原因も上述2社と類似しており、上場前、上場直後の企業が陥りやすい問題、それに対して検討・実施すべき方策は共通していると言えそうです。

2-2-4　AIなど先端技術による新たな不祥事の傾向と特徴

　第1章では海外の動向として、AIなどの先端技術による不祥事、もしくは不祥事に近い事例を示しました。そうした事例は、これまでの不祥事と比較してどのような特徴があるか、掘り下げてみます。

　第1章で示したAIなどによる不祥事の事例について、一般にAIのリスクとされる要因別にまとめ（**図表2-9**）、次に、どのような技術が、どのような要因で、どのような不祥事に結びついたかを整理しました（**図表2-10**）。2023年以降はChatGPTなどの生成AIが急速に普及し、それが不祥事やその要因に多くつながっていることが指摘できます。ただし、AIのアルゴリズム、チャットボット、ロボット、自動運転車などについては、生成AI以前の技術が不祥事発生の要因になっている部分も多くあります。

(1) リスク類型別の分析

　リスク類型別にまとめた**図表2-9**から言えることは以下の3点です。

　1つめは、AIなどの利用に関しては、懸念されるリスクに対応して不祥事が生じており、単独のリスクではなく、複合的なリスクで不祥事が発生する状況がうかがえます。具体的には、安全性の問題＋法令違反、情報の誤り＋悪用、プライバシーの問題＋セキュリティーの問題、といったことが代表的です。

　2つめは、他の不正・不祥事と異なる特性として、社内の不正・不祥事というよりは、顧客や一般社会との直接の関係で生じる事例が多いと言えます。これは、社内の不正などは一般的に公表されにくく、事後的に第三者調査な

どを通じて明らかになる場合が多いこと、生成AIの利用後時間があまり経っていないこともありますが、生成AIやチャットボットの特性による部分も大きいと考えられます。結果として、民事訴訟や株主代表訴訟に至るケースが多くなる可能性があります。

3つめは、単なる誤りであるか、そこに意図や悪意があるのか、わかりにくい部分が多いことが指摘できます。これも生成AIを含むAIやチャットボットの特徴と言えますが、不祥事の発生要因やプロセスを明確化しにくく、法的な対応がしにくくなる懸念があります。

(2) 技術類型別の分析

技術類型別にまとめた**図表2-10**を見ると、直接的な要因以外に、AIなどの利用による全般的な問題として以下の3点を指摘できます。

1つめは、不正・不祥事が生じた場合、法的根拠や対象を明確化できず、

図表2-9　リスク類型別不祥事事例（2023年以降に発生したもの）

AIなどのリスク	事例	備考
公平性	・女性の死に関するAI活用世論調査の記事を不適切な場所に挿入 ・医療保険の請求、支払い拒否 ・アルゴリズムが児童性的虐待コンテンツを共有するアカウントを奨励していることが判明 ・求人広告アルゴリズムにおける男女差別の疑い	・差別、バイアスの問題 ・AIのアルゴリズムの問題（意図的に作成した可能性）
透明性	・偽の著者名とプロフィール写真を使って記事掲載、CEO解任 ・医療保険請求、支払いの拒否	・対話型生成AIなど生成AIの利用を明示しない ・不透明なアルゴリズム
機密情報	・バグによりユーザーの個人データ漏洩	・対話型生成AI活用
プライバシー	・デフォルトの音声収集設定を通じて子供のプライバシーを侵害した疑い	・米連邦取引委員会（FTC）が訴訟、和解に3000万ドル支払い
尊厳、自律、自己決定	・顧客を罵倒、24時間で80万回閲覧 ・女性の死に関するAI活用世論調査の記事を不適切な場所に挿入 ・メンタルヘルスケア支援におけるGPT-3利用のチャットボットが不適切な発言	・チャットボット利用 ・対話型生成AI利用

AIなどのリスク	事例	備考
セキュリティー	・バグによりユーザーの個人データを漏洩	―
情報の誤り	・エラーメッセージを含む商品の急増 ・7.6万ドルの自動車を1ドルで販売 ・重複タイトル、偽著者、類似コンテンツを含む書籍が、本物の著者の本の発売に先立ち登場 ・AIが生成したテキストによるジャンクウェブサイトがプログラマティック広告から収益を得ている ・AIドライブスルー注文システムの障害や誤ったオーダーで顧客がイライラする ・記事執筆AIが、間違いに加え、盗作の疑い	・対話型生成AI利用 ・チャットボット利用 ・意図的な誤りの可能性
悪用の可能性	・虚偽の割引請求で、顧客に過大な請求 ・顧客の悪用で、過剰な値引き ・ディープフェイク+偽音声でCEOが2500万ドル送金 ・プロパガンダ画像の生成 ・悪意のあるソフトウエアが開発される可能性	・チャットボット利用で、顧客や第三者悪用が多い ・画像生成AI、音声生成AIの利用 ・対話型生成AIの利用
安全性	・スーパーマーケットのAI食事プランナーアプリが塩素ガスを発生させるレシピを提案 ・摂食障害のユーザーに無許可の食事アドバイスを与え停止 ・横断歩道で歩行者を発見し、道を譲らず、交通法に違反 ・「完全自動運転」を搭載した約36万3000台の車両をリコール	・知識不足、判断の誤り ・食事に関わる安全性 ・チャットボット活用 ・安全性+法令違反 ・自動運転車による事故はかなりの件数
著作権、知的財産権	・アーティストデザイン再現で、AIによる知的財産侵害への懸念 ・トレーニングデータに著作権で保護された画像が含まれていたと訴訟を受ける ・ウェブからの収集データ使用はインターネットユーザーの権利を侵害していると主張する訴訟	・アルゴリズムに問題 ・生成AIにおける収集データ、アウトプットの双方に知的財産侵害の可能性 ・画像生成AIの活用
特定層利用バイアス	・メンタルヘルスケア支援における不適切な発言 ・児童性的虐待コンテンツを共有するアカウントを奨励していることが判明	・対話型生成AI、チャットボット利用 ・アルゴリズムの問題
法令違反	・医療保険の個別調査未実施（数十万人の患者請求を自動拒否） ・摂食障害のユーザーに無許可の食事アドバイスを与え停止 ・横断歩道で歩行者を発見し、道を譲らず、交通法に違反	・アルゴリズムに問題の可能性（意図的な可能性） ・チャットボットの利用 ・自動運転車の利用

出所：Partnership on AI「AI Incident Database」（https://incidentdatabase.ai/）をもとに筆者作成

図表2-10　技術類型別不祥事事例（2023年以降に発生したもの）

AIなどの技術	不祥事につながる要因（推測を含む）	不祥事の事例
対話型生成AI（ChatGPTなど）	・生成AI利用の隠匿（意図的な場合含む） ・間違ったアウトプット生成 ・応答エラー ・不安を生じさせる文章の作成 ・安全性や法的に問題のある提案 ・知的財産権に従わない情報収集 ・弱者などに対する、不適切、差別発言 ・悪意のある利用	・偽の著者名とプロフィール写真を使った記事掲載、盗作の疑い ・偽の商品を本物以前に発売 ・エラーメッセージ付き商品の急増 ・世論調査への不適切な利用 ・安全性に問題のある食事提案アプリ ・ジャンクウェブサイトでの広告収入 ・知的財産権に関わる訴訟発生 ・メンタルヘルスケア支援での不適切発言 ・悪意のあるソフトウエア開発懸念
画像、動画生成AI	・ディープフェイク（虚偽画像生成） ・差別や悪意のある画像生成 ・著作権保護データの利用	・送金詐欺 ・プロパガンダ的な画像生成 ・トレーニング データに著作権保護データの利用で訴訟
音声生成AI	・偽音声 ・プライバシーを侵害する音声収集	・送金詐欺 ・子供のプライバシー侵害で、米連邦取引員会（FTC）訴訟、和解に3000万ドル支払い
AIのアルゴリズム	・意図的、もしくは誤りを含むアルゴリズム ・知的財産権を侵害するアルゴリズム ・問題コンテンツを含むアカウントを奨励して誘導するアルゴリズム ・差別を生じるアルゴリズム	・医療保険の支払い拒否（法的に必要な個別調査を数十万件実施しない事例） ・商品デザインの模倣疑惑 ・児童虐待コンテンツを含むアカウント ・求人広告アルゴリズムでの男女差別
チャットボット	・虚偽やあり得ない反応 ・法律を無視した反応 ・利用者の意図的な誘導に沿った反応 ・AI利用チャットボットでの機能の限界、未対応、誤り ・対話型生成AI利用チャットボットでの不適切な発言	・虚偽割引（1ドルで自動車販売など） ・過大な請求 ・顧客を罵倒 ・求職者の面接スケジュール調整不可 ・AIドライブスルー注文システムの障害や誤ったオーダーで顧客がイライラする ・メンタルヘルスケア支援におけるGPT-3利用のチャットボットが不適切な発言
ロボット	・虚偽表示、法令違反の疑い	・「世界初のロボット弁護士」が虚偽表示との疑いをかけられる
自動運転車	・センサーやAIプログラムの問題 ・法令違反	・横断歩道で歩行者発見も道を譲らず交通違反 ・「完全自動運転」を搭載した約36万3000台の車両をリコール

出所：Partnership on AI「AI Incident Database」（https://incidentdatabase.ai/）をもとに筆者作成

法認識が不十分、または法整備も進んでいないため、どのような法でどのような責任が生じるか不透明な場合が多いことです。著作権などの知的財産権や、自動運転車の事故発生時の問題、チャットボットでの過剰な割引や過大請求などが、代表的な事例と言えます。

　2つめは、悪意によるか単なる間違いかが明確でなく、何が原因かが不明確な場合が多いことです。これは生成AIやアルゴリズムの特性にもよりますが、保険金支払いなどにおいては大きな不正・不祥事に発展する懸念があります。

　3つめは上記とも関係しますが、提供者側の問題のみでなく、利用者側が意図的にAIなどの脆弱性を利用して不祥事に至る場合があることです。これは生成AIのみでなく、一般的なAIアルゴリズム、チャットボットの利用でも生じ、金銭面や差別の問題などを引き起こしています。

(3) AIなどによる不祥事の特徴

　以上の点から、AIなどによる不祥事や不正は、今までの不祥事や不正とはかなり異なる面が多いと考えられます。それを仮説的にまとめると、以下のようになります。

- 生成AIでは、企業と利用者、社会の間の関係において不正・不祥事が発生する可能性が高い。
- 企業内の不正・不祥事は現在のところ報告が少ない。ただし、これは生成AIの業務利用実績が少なく、外部に公表される可能性が低いことも影響している可能性がある。
- 生成AIやチャットボットでは、アウトプットの誤りが多いが、悪意や悪用される可能性も高く、これが不正・不祥事につながる可能性がある。
- 法制度が未整備、また法的根拠を得にくいといった理由から、従来の法制度では対応しにくい場合が多い。
- 不正・不祥事の内容は、情報・人権・知的財産権・ブランドなど、ソフトウェアや無形の部分が多く、リスク対応や再発防止策も従来と異なる可能性がある。

- ロボットや自動運転車など動くものについては安全性に関する不祥事の発生可能性が高い。また、医療ではプライバシー、バイアス・差別、安全性、セキュリティーなど多様な要因が関わる不祥事があり得る。食品や食事もそれに準ずる。
- AI利用の不祥事は、生成AIの開発・提供企業による部分と、それを利用する企業の両方で生じるが、後者の比率が高く、スタートアップ企業や中小企業も多いため、十分にリスクとその対応に留意する必要がある。
- 自社ではAIに全く関わっていない企業でも、セキュリティーの脆弱性に弱い企業や、風評被害を受けやすい企業などでは、不祥事に巻き込まれる可能性がある。一例として、生成AI利用の書物などの類似製品、また不適切な食事アドバイスに提示された食品などでは、自社に直接の瑕疵（かし）がなくても、マイナスの影響を受ける可能性がある。

　こうした内容に基付けば、企業の取締役会や取締役の責務が変わってくることも考えられます。これについては、第9章と第10章で検討したいと思います。

(4) 今後起こり得るAI利用の不祥事

　本項の最後に、今後起こり得ると思われる、AI利用による不正・不祥事を紹介します（**図表2-11**）。

　生成AIの課題として特に問題なのは、生成データの誤りや不公平・バイアス、プロセスの不透明性とそれに伴う理解や説明の難しさです。この点は、判断の間違い、人権の問題などとして、株主や顧客に不利益を与え、損害賠償などに至る可能性があります。また、現在のところデータを無償で利用できていても、それへの対価が要求されることは既に発生しており、無断利用に対する損害賠償や、利用データ・生成物の著作権、知的財産権を含めて、今後大きな問題になることが予想されます。

　AIが誤るだけでなく、悪意や意図があって生成物が偽造されたり、ディープフェイクが行われたりする可能性があります。検査データや認証データを偽造すると、大きな不祥事になると考えられます。なお営業機密情報の漏洩

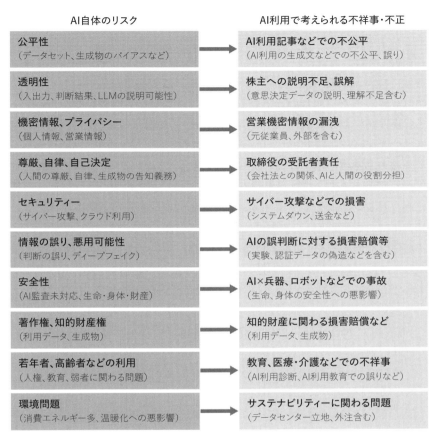

AI自体のリスク	AI利用で考えられる不祥事・不正
公平性 （データセット、生成物のバイアスなど）	**AI利用記事などでの不公平** （AI利用の生成文などでの不公平、誤り）
透明性 （入出力、判断結果、LLMの説明可能性）	**株主への説明不足、誤解** （意思決定データの説明、理解不足含む）
機密情報、プライバシー （個人情報、営業情報）	**営業機密情報の漏洩** （元従業員、外部を含む）
尊厳、自律、自己決定 （人間の尊厳、自律、生成物の告知義務）	**取締役の受託者責任** （会社法との関係、AIと人間の役割分担）
セキュリティー （サイバー攻撃、クラウド利用）	**サイバー攻撃などでの損害** （システムダウン、送金など）
情報の誤り、悪用可能性 （判断の誤り、ディープフェイク）	**AIの誤判断に対する損害賠償等** （実験、認証データの偽造などを含む）
安全性 （AI監査未対応、生命・身体・財産）	**AI×兵器、ロボットなどでの事故** （生命、身体の安全性への悪影響）
著作権、知的財産権 （利用データ、生成物）	**知的財産に関わる損害賠償など** （利用データ、生成物）
若年者、高齢者などの利用 （人権、教育、弱者に関わる問題）	**教育、医療・介護などでの不祥事** （AI利用診断、AI利用教育での誤りなど）
環境問題 （消費エネルギー多、温暖化への悪影響）	**サステナビリティーに関わる問題** （データセンター立地、外注含む）

図表2-11　今後、AI利用により起こり得る不正・不祥事
出所：筆者作成

は、外部のクラウド利用や、元従業員や委託先などの増加に伴い、件数が増加しています。生成AIでもクラウドを活用する大規模データセンターの活用や、元データからすぐにはわかりにくい形での機密情報の漏洩の可能性は、より高くなると考えられます。

　同様に、機微な個人情報、プライバシーに関わるデータの流出、その悪用可能性も高まると考えられます。セキュリティーに関しても、サイバー攻撃による被害が増加していますが、大規模なクラウドの活用や暗号通貨による

送金などを含め、AIが直接関係しない部分での影響を含めて増加すると考えられます。

医療・介護、教育といった産業、若年層や高齢者、障害者が利用する機器などでは、AI診断の誤りなどで、生命に関わる不祥事が発生するリスクがあります。また、AIは知能部分を担いますが、ロボットや兵器との併用で不祥事が発生するリスクがあります。自社で直接関わらなくても、海外の顧客への販売品や利用サービスにより不祥事が発生するリスクがあります。

今後の不祥事や不正は、サプライチェーンやバリューチェーン全般で見ていく必要があり、自社単独でなく、川上・川下企業やエコシステム全体でのガバナンス構築も必要と考えられます。環境問題や企業のサステナビリティーへの対応といった点では、特に生成AIでの大きな消費エネルギー、それに伴う地球環境や生物多様性への悪影響といった点にも考慮が必要と思われます。これは不祥事や不正と言えるものではないのですが、コーポレート・ガバナンスの視点からは、重要な課題と考えられます。

2-3

ベンチャー企業に身近な不祥事
「機密情報漏洩」

2-3-1　近年増加する機密情報の漏洩

　前節では最近の不祥事の特徴を説明しました。本節では、特にベンチャー企業にとって身近な問題に絞って解説します。それは「機密情報の漏洩」であり、その背景にあるのは「情報セキュリティー」です。

　典型的な例は、①社員や役職員などによる顧客情報の不正販売などを目的とした個人情報の大量漏洩、②退職者による製品情報やデータの不正な持ち出しによる技術情報の漏洩、③組織に無断でデータが漏洩・拡散されるケースです。さらに最近は、④海外開発拠点と共有した重要技術情報の当該国での流出、⑤ランサムウエアなどによる海外を含む外部からの悪意あるサイバー攻撃など、経済安全保障対策の視点からも問題視されています。在宅業務を行うために社内情報を無断で持ち出し、自宅PCから漏洩させてしまう例もあり、悪意のある内部不正の事例が増加しています。

　特に近年増加しているのが、企業の退職者などによる営業機密情報の不正持ち出しです。実際、2015年の不正競争防止法改正とともに、執行機関との連携が強化され、その検挙件数は2022年には30件近くと、2013年の5件から急増しています。営業秘密の相談件数も急増しています。2016年から2017年にかけて急増し、2020年はコロナ感染拡大の影響により相談件数は減少したものの、2021年以降は再び増加しています。この背景には、2015年の不正競争防止法改正以外に、在宅勤務やオンライン活用などの働き方の変化、クラウド活用による情報漏洩リスクの増加といった要因が考えられます。

　2020年度に実施された「企業における営業秘密管理に関する実態調査2020」によれば、従業員・役員（現職・退職者）を通じた漏洩が8割超に達しています。最近の傾向は現役従業員の誤操作・誤認（うっかり）による漏洩は半減する一方、中途退職者による漏洩が増加していることが特徴です。

業界経験者を中途採用することは一般的であり、他社でのスキルや知識を自社に還元することを期待しています。ただその期待を超えて、営業機密などを持ち込ませたり、また知らずに持ち込まれたりすることが、横行しているように思います。経営者として重要なのは、もちろん機密情報の積極的な持ち込みを求めず、退職者が機密情報を持ち出さないような内部統制の体制を構築することです。どのレベルの体制を構築するかは経営判断になりますが、実際に事件が発生している状況を踏まえれば、全く対処していないというのは肯定されないでしょう。

　リモートワークが常態化しつつある現代において、オフィス以外での機密情報の取り扱いには注意する必要があることは明白であり、それを知りながら対処しなければ、取締役などの不作為責任が追及されることも十分に考えられます。働く人の価値観は変化しており、働き方の多様化対応は避けられません。機密情報の漏洩に対して「情報セキュリティー」対策を講じることは、小規模資本のスタートアップでも、未上場企業でも必要な対応です。生成AIの活用は機密情報の漏洩を加速させる懸念があり、今後特に留意が必要です。

2-3-2　情報セキュリティー関連の法規制

　機密情報の漏洩に大きく関与する「情報セキュリティー」に関して、近年法規制が強化、また変化する傾向があります（**図表2-12**）。

　情報セキュリティー関連の内部不正があった場合、不正競争防止法以外に、労働契約法、労働者派遣法、個人情報の保護に関する法律（個人情報保護法）、行政手続における特定の個人を識別するための番号の利用などに関する法律（マイナンバー法）などが関係し、当該企業およびその従業員などに順守義務が生じ、刑事罰や損害賠償請求の対象になる場合もあります。

　営業機密情報や個人情報の漏洩・流失は、当該企業やステークホルダーに大きなマイナスインパクトを生じ、事業が継続できなくなったり、企業価値が大きく毀損したりする可能性があることに留意すべきです。実際、内部不正に関わる事故は、2014年に業務再委託先社員による大規模な個人情報漏洩・

図表2-12　営業機密情報を含む情報セキュリティー関連の法規制の概要

法律名	具体的内容	備考
不正競争防止法	事業者が保有する情報・データの保護に関して、「営業秘密」および「限定提供データ」に関する規定が置かれており、内部者などが営業秘密・限定提供データを不正に取得・使用・開示などの不正競争行為に対して、民事上の救済措置（差止請求、損害賠償請求など）が認められ、営業秘密に関する違法性の高い侵害行為については刑事罰も適用される	秘密として管理されていること（第2条第6項）、相手先の限定、デジタルで大量に蓄積され、管理されている情報（第2条第7項）などの限定要件がある
労働契約法	従業員が在職中に漏洩などの内部不正を起こした場合に、従業員が労働契約に違反していることで、解雇・懲戒処分、損害賠償請求などを行う場合に関係	具体的な解雇などの懲戒処分の効力は、労働法上の判断枠組みに基づいて判断される。また、従業員の内部不正で会社に損害が生じた場合、その従業員は労働契約上の債務不履行、もしくは不法行為に基づく損害賠償請求の対象にもなり得る
労働者派遣法	労働契約に付随する義務として秘密保持義務を負うが、派遣先企業と派遣労働者との間には労働契約が存在せず、労働者派遣法への考慮が必要	派遣先企業は、派遣労働者に秘密保持義務を直接負わせることはできない
個人情報保護法	個人情報の漏洩や不正利用などから、個人の権利利益を保護するために、個人情報を取り扱う事業者の順守すべき義務（安全管理措置や従業員と委託先の監督義務など）を規定	令和2年改正（2022年4月施行）では、個人データ漏洩時の報告義務が強化された
マイナンバー法	一般の個人情報よりも厳格な保護措置を規定。業務で知り得たマイナンバーを不正な利益を図る目的で第三者に提供・盗用した場合などの不正行為に対し、直接罰も規定	マイナンバーを取り扱う事業者には、マイナンバーおよび特定個人情報の漏洩や不正利用を防ぐため、適切な安全管理措置や従業者の監督が必要
その他	内部者による不正行為に関連する法制度としては、刑法（例えば窃盗罪、横領罪、背任罪など）や民法（例えば契約責任、不法行為責任など）、労働法（例えば秘密保持義務違反、競業避止義務違反など）、公益通報者保護法も存在	―

出所：公表情報より筆者作成

転売事件が発生した他、2012年以降1000億円規模の損害賠償を請求した技術情報漏洩事件が複数回発生しています。働き方の多様化とITツールの進歩は、経営者にとって対処すべき事案が増加していると認識する必要があります。

2-3-3 機密情報の持ち出し事例

本項では、具体的な機密情報の持ち出し事例を紹介します。

（1）全般的な事例

図表2-13は、いずれも元従業員、元社長が退職後、機密情報を不正に取得、漏洩した事例です。対象者個人に執行猶予付きであるものの懲役刑、また数百万円程度の罰金の判決が出ています。

（2）元社員による営業機密情報持ち出しの事例

最近の事例の一つとして、転職元の企業から営業機密を不正に持ち出した

図表2-13　営業機密情報漏洩などの内部不正の事例

時期	事業者	内容	刑罰や賠償など
2020年	大手通信	在日ロシア通商代表部の外交官に唆され、大手通信会社の機密情報を不正に取得した疑いで元従業員を逮捕	元従業員に懲役2年（執行猶予4年）、罰金80万円の判決（2020年7月）
2020年	大手化学	自社技術である電子材料の製造工程に関する機密情報を、中国企業に漏洩したとして、元従業員を書類送検	元従業員に懲役2年（執行猶予4年）、罰金100万円の判決（2021年8月）
2021年	大手通信	高速通信規格「5G」に関する技術情報を不正に持ち出されたとして、元従業員とその転職先の競合他社を提訴。退職時に持ち出した営業秘密の利用停止、廃棄、損害賠償請求	元従業員に対して懲役2年（執行猶予4年）、罰金100万円の判決（2022年12月）
2023年	回転すしチェーン	出身の同業大手社長が、退職後、元同僚から商品の原価や仕入れ先情報などに関するデータを受け取っていたとして、前社長とその転職先の従業員、法人としての転職先企業を提訴	刑事裁判において、前社長に懲役3年（執行猶予4年）、罰金200万円の判決（2023年5月）

出所：経済産業省「秘密情報は大切な財産です〜秘密情報の漏えい対策等について〜」（https://www.meti.go.jp/policy/anpo//seminer/shiryo/gijutyu_eigyou_2023.pdf）をもとに筆者作成

として不正競争防止法違反の容疑で逮捕された事件があります。この事例について、経緯も含めて少し詳しく見てみましょう（**図表2-14**）。

　容疑者は前職で自動車部品の取引を扱う部署に勤務していました。2022年6月にその会社を退社して翌月に転職し、退職後に前職で管理していた自動車の部品に関するデータや取引先の営業情報を持ち出したとされ、2023年9月に逮捕されます。逮捕容疑は「2022年7月、不正の利益を得る目的で、前職企業の別の従業員のIDやパスワードを使って、自宅からPCで同社のデータベースにアクセスし、営業秘密にあたる自動車部品の取引台帳など3つのファイルをダウンロードし、不正に取得した」ことです。

　「営業秘密」に該当するには、次に示す3要件を満たす必要があり、これを満たしたとの判断でした。

①秘密管理性：営業秘密保有企業は秘密管理意思を、秘密管理措置によって
　従業員などに明確に示さなければいけない。
②有用性：情報が客観的に事業活動に利用され、経費の節約、経営効率の改

図表2-14　社員が転職元から営業秘密を持ち出したとされる事例の経緯

日付	事件をめぐる経過
2014年4月	容疑者が前職企業に入社
2022年6月	容疑者が前職企業を退職
2022年7月	容疑者が転職
2022年7月16日	容疑者が自宅PCから前職企業のデータベースにログインし営業機密を取得の疑い
2022年9月	前職企業の社内調査により容疑者の不正行為が判明。社内データベースへの不正アクセスなどについて警視庁へ被害相談
2023年4月	警視庁が不正競争防止法違反の容疑で、容疑者の自宅、転職先企業を家宅捜索
2023年5月	容疑者が転職先企業を退職
2023年6月	転職先企業の社長が株主総会で他の社員への共有を否定
2023年9月27日	警視庁が容疑者を不正競争防止法違反の容疑で逮捕
2023年10月18日	東京地検が容疑者を不正競争防止法違反で起訴

出所：公表情報より筆者作成

善などに役立つ。

③非公知性：保有企業の管理下以外では一般に入手できない。

　東京地検は2023年10月18日、転職元の営業秘密を不正取得したとして、容疑者を不正競争防止法違反（営業秘密侵害）罪で起訴しました。

　本事例では、容疑者は、転職前後の両社と秘密保持の誓約書を交わしていました。前職在職中の2022年6月には、自らのアカウントで同社のデータベースにアクセスして約3万7000ファイルをダウンロードし、持ち出した情報は退職後と合わせると約5万ファイルに上ると見られています。データへのアクセスに必要なIDやパスワードは、前職時代の同僚だった元派遣社員に虚偽の説明をして聞き出していたとされます。

　本事例では、企業と従業員との誓約書の締結は、情報の持ち出しに対して心理的な抑止を図る点で一定の効果はあるものの、それだけでは不十分であることを示しています。私用のUSBメモリーなどの記録媒体の職場への持ち込み禁止や、秘密情報を保管する端末を不必要にインターネットに接続しないといった対策は行われていますが、業務に活用するITツールの進化などに対して内部統制は後手に回っていると思われます。新技術導入に際しては、生じるメリットとともにリスクも検討し、より厳しい内部統制、厳しい対策を行うことも必要です。本事例では、元派遣社員を通じてIDやパスワードを得ているので、派遣社員を含む教育、研修や階層に応じた機密保持の体制構築も必要と考えられます。

　本事例をもとに、コーポレート・ガバナンスとしてどのように対応すべきであったかを考えます。まず、働き方の多様化、雇用契約などの多様化、データ量の増加などを踏まえ、リスクアセスメントとその対処が必要です。このリスクの予見可能性が一定程度高いのであれば、特定の対処方法を実行する必要もあります。これに対して取締役会としては、リスク管理委員会などの開催要請や当該委員会の委員として参加し、監督することが考えられます。大会社や委員会型の会社（監査等委員会設置会社、指名委員会等設置会社）においては内部統制システムの基本方針に当該リスクを記載することで、取締役会としての重要なけん制対象と位置付けることも考えられます。いずれ

にせよ、直接対処することだけが解決策ではなく、リスクを見極め、確実に対処する体制を求めることは社外取締役であっても可能であり、決して業務執行部門に任せきりでよいテーマではありません。

2-3-4　機密情報漏洩の対応策

令和2年度に実施された「企業における営業秘密管理に関する実態調査2020」（情報処理推進機構セキュリティセンター）によれば、営業秘密などに関する情報漏洩において、社内規定（情報管理規定、就業規則、誓約書）の見直し、対策技術の導入は進展する一方、個別の従業員・退職者からの誓約書の徴求、取引先との契約見直しは低水準にあるとされています。

秘密情報を保護する2つの対策としては、①漏洩防止対策（漏洩防止レベル）、②万が一漏洩した場合の対処（法的保護レベル）が必要とされています。もちろん①が望ましいのですが②も必要です。①について「秘密情報の保護ハンドブック」（令和4年5月改訂版）、②について「営業秘密管理指針」（平成31年1月改訂版）が出ていますので、これらを参考にするとよいと考えられます。

情報漏洩を「予防」「発見・検知」「制御」の3つのフェーズに分けた場合、**図表2-15**のような対策が考えられます。デジタルフォレンジックやAIなどの技術を活用できますが、内部不正対策で大事なことは、組織体制の確立、またモラルハザードに陥らないようなモチベーションやインセンティブの確保、それらを含む人材の育成、教育などになります。

図表2-15　営業機密情報漏洩などへの対応策

フェーズ	項目	具体的内容、効果など
予防	想定されるリスクや手口の検討	• 情報漏洩などが起こるルート、技術利用、人的リスクなどを想定
	保有する情報の把握・評価・管理体制整備	• 自社の保有情報を把握して機微度合いを評価し、評価に応じた適切な管理体制を整備 • 不正競争防止法適用3要件対応の検討（秘密管理性、有用性、非公知性）
	保有情報のアクセス権管理	• アクセス権を付与する対象社員に潜むリスクを可視化・分析し、アクセス権付与の是非や範囲を決定 • アクセス権の機微度に応じて期間や項目を設定 • 生体認証などの技術適用も検討
	対策の明示＝抑止力効果	• 企業として対策を徹底している旨を明示し、産業スパイなどに心理的に強い抵抗感を与える • 自社ホームページや広報活動で対策を徹底している旨を示す • 事前に、個別の従業員・退職者との誓約書を交わすことも有効
発見・検知	内部通報制度の拡充	• 日本での制度と利用率は海外より少ないと見られるが有効 • 産業スパイなどへの心理的抑止にもつながる
	風評の収集	• 金、思想信条、脅迫などの強制、自我（欲）などが情報漏洩の要因になる • 捜査の過程で、周囲の社員から風評が報告されることが多い • 退職後一定期間まで風評情報を保管することも必要
	各種ログの収集・分析	• 情報システムへのアクセスログ • 勤怠状況やアクセス制限区画への入退室ログ、メールのモニタリング • デジタルフォレンジック（犯罪の立証のための電磁的記録の解析技術およびその手続）やAIの活用分析の対象となる
	退職者の動向調査	• 退職者が情報を転職先で漏洩、その情報が流用されるケースが多い • 退職者自身や競合企業の動向、取引先からの風評に関する情報を収集し、自社の情報が漏洩していないか確認する必要
制御	対応体制の整備	• ステークホルダーへの影響を想定し、複数の部門が協力して対応 • あらゆるケースを想定して、調査体制や調査マニュアル、広報プロセス、捜査機関への相談基準や相談ルートの確保など、必要事項を整備
	証拠保全	• PCやモバイル端末、サーバーなどに格納された被疑者のデータをデジタルフォレンジックの手法によって保全し、一定期間保管 • 不正調査のスキル習得、信頼できるベンダー確保も有効

出所：公表情報より筆者作成

2-4

不祥事への対応

　ここまでは最近の不祥事について説明しました。ここからは、不祥事対応について、最近の動きを整理します。

2-4-1　企業不祥事発生の主体、原因について

　不祥事は誰が関与したかにより、対応策が異なってきます。経営者による不正は、明確にコーポレート・ガバナンスの問題と言えます。また、子会社の経営者による不正も、コーポレート・ガバナンスの発展版であるグループ・ガバナンスの問題と言えます。

　一方、従業員による不正は、局所的には内部統制、ただその内部統制の強化をつかさどる主体を考えるとコーポレート・ガバナンスの問題と考えられます。直接的には従業員による不正であっても、その大本には企業全体、特に経営層による意思決定に関わる要因がある場合が多いためです。

　その他、意図的に引き起こされたのではない不祥事も、内部統制の問題と言えますが、これも不作為の不祥事防止に対してどのような内部統制を構築するかは経営の裁量であり、コーポレート・ガバナンスの範疇に入ると言えます。

　多様なステークホルダーの権利や期待に応えるため、未上場企業であってもガバナンスを大切にし、そしてガバナンスによるけん制が適切なコンプライアンス体制やリスク管理体制を求めることが必要であると考えます。

(1) 不祥事の発生条件

　不祥事は、①機会、②動機・プレッシャー、③姿勢・正当化の3つの要素がすべてそろった時に発生すると言われます。

　①は内部統制、すなわちリスク管理体制の構築は取締役会および取締役の

責務であると示されており、またどの程度のリスク管理体制を構築すべきかについては取締役会が監督すべきテーマであり、コーポレート・ガバナンスの問題であると言えます。②と③は人の問題であり、コーポレート・ガバナンスや内部統制で直接的に対処しづらいと言えます。そのため、①機会をなくすことが内部統制として重要であり、その整備状況を監督するのがガバナンスであると言えます。

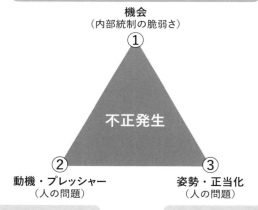

図表2-16　従業員を含む不祥事とそれに関わる要因
出所：筆者作成

不正の発生プロセスの点では、①機会に先立つのが②動機であり、それを③正当化することで、不正が発生します。そこで、コーポレート・ガバナンスをしっかりと機能させ、適切なリスク管理体制を求め、従業員が不用意に不正に走る①機会を閉ざし、定期的な教育により②動機を抑制し、改ざんできない業務手順や証跡の保護などで、③正当化を不可能にすることが必要です。この状況を**図表2-16**に示します。図中の用語は、後述する内部統制報告制度に基づき、若干変えてあります。

(2) 内部統制システム

経営層が直接関わる企業不祥事は、それ自体がまさにコーポレート・ガバナンスの問題であり、グループ会社の経営層が関わる企業不祥事も、グループ・ガバナンス、広義にはコーポレート・ガバナンスの領域に入ります。

従業員による不祥事は、直接的には従業員の責任ですが、内部統制の構築状況や内部管理体制は不祥事の発生に大きく影響し、これらをどの程度のレベルで整えておくかは取締役会や取締役が監督すべき対象であり、コーポレート・ガバナンスの範疇です。関係部署やステークホルダーとの関係、社内ルールなどの不備・形骸化・運用不全、内部通報制度の形骸化、従業員のコンプライアンス意識の欠如、業務の俗人化・ブラックボックス化・人員固定化、といったことが関与します。

取締役会および取締役は、不祥事を誘発するこれらの環境の悪化を未然に防がねばなりません。それが「内部統制システム」です。経営上特に重要であったり、不祥事の発生リスクが高かったりする業務やポジションを把握し、必要に応じて対処し、また対処事実を監査する体制を構築するのです。それらを取締役会の意思として決議するのが理想です。ただ、「どのような不祥事が起こり得るか」といったリスク分析が不十分で、不祥事発生による影響も想定できておらず、実効性の高い内部統制システムを構築できている会社は少ないように思います。実際は、ベンチャー企業であるかにかかわらず、大会社や委員会型の会社が公表する内部統制システムの基本方針（取締役会が決議するリスク管理の大綱）がボイラープレート化（紋切り型の文書のこと）している実態が指摘できます。

2-4-2　内部統制報告制度について

　ここで、不正・不祥事の発生において重要な内部統制報告制度について、主に不正に関するリスクの点から説明します。内部統制報告制度は、2008年に財務報告の信頼性確保を目的として開始されましたが、およそ15年ぶりに改訂され、2024年4月1日以後開始する事業年度から適用されます。この制度改訂の背景には、実効性に関する懸念、国際的な議論の進展があるとされますが、特に不正の点からは、以下が注目されます。

（1）経営者による不正のリスク考慮を重視

　以下のように、以前から不正のリスクが内部統制において重要とされていました。

- 経営者は、評価対象となる業務プロセスにおいて、不正または誤謬により、虚偽記載が発生するリスクを識別する。
- 内部統制は、不正または誤謬を防止、適時に発見できるよう適切に実施されているかどうかを判断する。

　しかし、今回の改訂で以下が明示され、不正に関するリスク評価、対応が重視されました。

- 評価対象となるリスクには、不正に関するリスクも含まれる。
- 不正に関するリスク検討には、様々な不正および違法行為の結果発生し得る不適切な報告、資産の流用および汚職について検討が必要である。
- 不正に関する動機とプレッシャー、機会、姿勢と正当化について考慮することが重要である。
- リスクの変化に応じてリスクを再評価し、リスクへの対応を適時に見直すことが重要である。

(2) 基本的要素の改訂

　内部統制の目的は、「業務の有効性および効率性」「財務報告の信頼性」「事業活動に関わる法令などの順守」「資産の保全」の4つとされています。これらの目的を達成し、合理的な保証を得るために、業務に組み込まれ、組織内のすべての者によって遂行されるプロセスが内部統制です。

　基本的要素として、「統制環境」「リスクの評価と対応」「統制活動」「情報と伝達」「モニタリング（監視活動）」「IT（情報技術）への対応」の6つから構成されます。「リスクの評価と対応」については、不正との関わりから (1) の改訂が行われましたが、他にも「情報と伝達」「モニタリング」「ITへの対応」につき、以下のような改訂が行われました。

- 「情報と伝達」：業務が高度自動化システムに依存する状況で、情報の信頼性が重要とされ、ITやAIの活用への対応を示唆。
- 「モニタリング」：内部監査人が識別した問題点について、適時に経営者に報告する仕組みを確保し、問題点に対して経営者が適切な対応をガバナンスが監視する重要性を確認。
- 「ITへの対応」：ITの委託業務に関わる重要性を強調。クラウドやリモートアクセスなどの技術活用で、サイバーリスクを踏まえ、情報システムセキュリティーの確保の重要性を強調。
- その他：内部統制の無視または無効化リスクについて、今回の改訂で内部統制の無視または無効化のリスクを低減する対策例を追記。

　いずれも不正や不祥事のリスクを低減し、特にITやAIの活用によるリスク増加への対応が求められている点が特徴と言えます。

2-4-3　不祥事に対する取締役の役割

　不祥事については、企業だけではなく、当該企業の取締役などの役員についても刑事責任を問われるケース、株主代表訴訟などで多額の賠償責任を負うケースも見受けられます。また、企業が、不正を行った役職員および不正

図表2-17 不祥事に対する取締役の責任について

	ケース	責任内容	根拠となる法律など
取締役が不正・不祥事の責任を問われる	取締役が不正に直接関与	当該取締役は会社に対する善管注意義務に違反したことを理由に損害賠償などの責任	・会社に対する善管注意義務（会社法330条・民法644条） ・損害賠償義務（会社法423条1項）
	取締役が不正に直接関与していない	不正行為に関し、監視・監督を怠っていた場合（監視・監督義務違反）	・他の役員に対する監視・監督義務に違反（取締役会設置会社の場合、会社法362条2項2号） ・従業員に対する監督義務に違反した場合の責任（東京地裁判決）
		内部統制システムの構築を怠っていた場合（内部統制システム構築義務違反またはその監視義務違反）	・善管注意義務の一内容 ・会社法362条4項6号が規定 ・内部統制システムとして要求されるリスク管理体制の程度の検討は必要
		不正発覚後の損害拡大回避を怠った場合（損害拡大回避義務違反）	・善管注意義務の一内容として、企業の信用が毀損・低下した場合に損害の発生を最小限度にとどめる義務（大阪高裁判決）

出所：牛島総合法律事務所 弁護士 猿倉健司「不正・不祥事を理由とする取締役に対する責任追及」（https://www.ushijima-law.gr.jp/fwp/wp-content/uploads/2022/02/20210905UP_newsletter_2.pdf）などをもとに筆者作成

に責任のある役員に対し、刑事責任や損害賠償請求その他の民事責任を追及する必要がある場合もあります（**図表2-17**）。

　取締役が不正・不祥事の責任を問われるケースは、取締役が直接不正・不祥事に関与した場合だけでなく、取締役が不正・不祥事に直接関与していないケースが含まれます。後者には、監視・監督義務違反、内部統制システム構築義務違反、または内部統制システム監視義務違反、損害拡大回避義務違反が含まれます。

　不正・不祥事に責任のある取締役に対して刑事責任の可能性がありますが、それは免震製品のデータ偽装や土壌汚染のような不正・不祥事に関する刑事責任以外に、輸送車両の整備不良や製品の不正改造のような不正・不祥事に適切に対処しなかった結果生じた事故に関する刑事責任が含まれます。また、刑事責任の他、不正を行った役員に対する民事責任の追及（損害賠償請求など）についても、検討される可能性があります。

図表2-18　不祥事、不正に対する取締役の責任についての事例

分類		事例	備考
刑事訴追	不正行為に対する刑事責任	廃棄物を不法投棄したケースで、県による刑事告発（廃棄物処理法違反）がなされた例	企業に罰金5000万円、担当取締役（不正行為者）に懲役2年の実刑
		免震製品のデータ偽装のケースで、当該製品の取引先関係者が、不正競争防止法違反の疑いで検察庁に対して告発をした例	代表者らは不起訴、不正が行われた会社は不正競争防止法違反罪により罰金1000万円
	不正に適切に対処しなかった結果生じた事故に関する刑事責任	ガス湯沸かし器の製造業者につき、ガス湯沸かし器の修理業者などが内部配線の不正な改造を行ったことにより不完全燃焼が起こって一酸化炭素中毒による死亡事故が生じたケース	消費者への注意喚起が不十分で事故を招いた過失で、製造業者の代表取締役および品質管理担当の取締役に業務上過失致死罪の刑が確定（禁錮1年6カ月、禁錮1年、いずれも執行猶予3年）
民事訴追	株主代表訴訟	廃棄物のリサイクル製品（埋め戻し材）について成分を偽装して認定を受けた上で販売・不法投棄したケースで、株主代表訴訟が提起されたケース	第一審は元役員ら3人の責任を認め、1人に対しては485億8400万円の支払い命令。第一審判決の控訴審では、元役員らがコンプライアンス不備に遺憾の意を表明し、和解金合計5000万円余りを会社に支払う旨の和解が成立

出所：牛島総合法律事務所　弁護士　猿倉健司「不正・不祥事を理由とする取締役に対する責任追及」（https://www.ushijima-law.gr.jp/fwp/wp-content/uploads/2022/02/20210905UP_newsletter_2.pdf）などをもとに筆者作成

　なお、不正・不祥事について責任があると判断した取締役に対する社内処分としては、取締役の辞任・解任、月額報酬の減俸などがなされる可能性があります。取締役は、会社に対して善良なる管理者としての注意義務である善管注意義務を負っています（会社法330条・民法644条）。取締役がその任務を怠ったときは、これによって生じた損害について会社に対して賠償する義務が生じることがあります（会社法423条1項）。

　不正・不祥事に対する取締役の法的責任について、刑事と民事での訴追の判例を**図表2-18**に示します。刑事訴追では、多額の罰金に加えて懲役の実刑や、民事訴追でも多額の支払い命令の事例があります。

　自ら積極的に不正や不祥事に関与しなくとも、監視義務違反などを問われ

る可能性があることは、取締役に就任するすべての人が肝に銘じる必要があります。それが取締役会として重要な業務執行の決定やリスク管理に対する積極性の源になるかもしれません。創業者の一存や社長の鶴の一声は、時としてカリスマ的な判断となりますが、だからといって取締役としての責任を全うしないことは言い訳になりません。創業間もないベンチャー企業や同族経営企業において取締役を務める人には自らの責任の重さを再認識しなければ、社長の一存と甘く見積もった同調が仇となることさえあり得ます。

コーポレート・ガバナンスの定義と歴史

第**3**章

Venture Governance in the AI Era

3-1

コーポレート・ガバナンスとは何か

　本章の目的は、不祥事が高度化し、経営を取り巻く技術環境も激変する時代に、ベンチャー企業に求められる「コーポレート・ガバナンス」を解説することです。その本題に入る前に、そもそも「コーポレート・ガバナンス」とは何かについて説明します。

3-1-1　コーポレート・ガバナンスの定義

　金融庁の定義では、コーポレート・ガバナンスとは「会社が、株主をはじめ顧客・従業員・地域社会などの立場を踏まえた上で、透明・公正かつ迅速・果断な意思決定を行うための仕組み」とされています。このように書くと法令順守するコンプライアンスと類似した意味にも捉えかねないのですが、コーポレート・ガバナンスはコンプライアンスを含む概念で、その目的は「企業の成長とステークホルダーとの利害調整」にあります。

　重要なステークホルダーである株主を例にとれば、企業は株主に最大限の利益を還元しつつ、自らの価値を向上させる必要があります。企業が不祥事を起こすと取引が減少し、株価が下落して企業価値が減少することもあります。同様に、企業が持続的な成長が見込めない場合、企業価値の成長は鈍化あるいは低下することが考えられます。「企業の成長とステークホルダーとの利害調整」を念頭に置くと、コーポレート・ガバナンスは不祥事などを防止する「守り」だけでなく、企業価値を高め、持続的な事業収益を確保する「攻め」も必要です。「攻めのガバナンス」の具体的な例として、成長戦略の策定や新規事業の立案計画、ポートフォリオ戦略などが考えられます。

　なお、企業にとってステークホルダーは、株主だけではなく、従業員、顧客、取引先、地域社会など多様です。それぞれのステークホルダーとの良好な関係を維持し、バランスをとりつつ、企業価値を向上して成長し続けることが

求められます。多様なステークホルダーのすべての期待に耳を傾け、応えようとしすぎることは決して得策ではなく、CEOをはじめとする経営陣が将来像や各ステークホルダーとのリレーションに関する方針を示し、また積極的に対話し、リーダーシップをとることが適切であるように考えます。コーポレート・ガバナンス・ガイドラインを策定することや経営方針や中期経営計画にその内容を盛り込むことも考えられます。いずれにせよ、多様なステークホルダーに対してリーダーシップを発揮し、エージェンシー・コストなどの負担を解消することの必要性は、上場しているか否か、大会社か否かに関係なくすべての企業に必要なリーダーシップであると思います。

3-1-2　コーポレート・ガバナンスの業務

　多様なステークホルダーとの関係を意識しながら、企業価値を高めるために実行するコーポレート・ガバナンスの業務としては、取締役などの任命、報酬の決定、重要な使用人の選任などの人事系の業務、内部統制やコンプライアンス体制の整備などのリスクマネジメント業務、経営戦略や成長戦略の策定、事業計画の策定、グループ経営などを検討する経営企画系業務などが代表的です。

　本質的に、コーポレート・ガバナンスとはこれらの業務を実行（決定）することではなく、経営に与える重要度や意思決定の迅速さなどを加味して重要な業務を直接的に決定する業務執行と、業務執行をする経営陣を監督するという2つの方法を駆使しながら、どのような体制や役割、ルールで執り行われていくべきかのグランドデザインであり、システムそのものがコーポレート・ガバナンスであると考えます。

　例えば、社内規定の改廃権限の決定にあたって、

・組織拡大のスピードを踏まえ、経営陣において柔軟な対応ができることを尊重したい。
・一方で取締役会やリスク管理などの重要事項に関わる規定は取締役会にて決定したい。

- 積極的な権限移譲を実現するために、経営陣で決定する改廃に関してもその記録や議事録を社外取締役に開示する。
- 最低でも年に一度、権限の設定が適切であるかを社外取締役が中心となり審議する。

　このように透明性と公平性を意識しながら体制や役割、ルールを検討することがコーポレート・ガバナンスの役割です。最も大事なのは体制や役割、ルールを定めておくことで、企業が間違った判断をする可能性を最小化するのです。なお、ここでいう透明性は、「CEOが内緒で勝手に進められないよう、社外取締役が監督できる仕組みを確保している状態」と理解するといいのではないかと思います。

　コーポレート・ガバナンスに関する法規制としては、会社法やコーポレート・ガバナンス・コードがあります。会社法はどのような企業にも適用され、

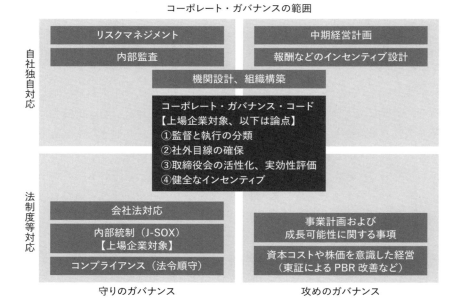

コーポレート・ガバナンスの範囲

| 自社独自対応 | リスクマネジメント | 中期経営計画 |
| | 内部監査 | 報酬などのインセンティブ設計 |

機関設計、組織構築

コーポレート・ガバナンス・コード
【上場企業対象、以下は論点】
①監督と執行の分類
②社外目線の確保
③取締役会の活性化、実効性評価
④健全なインセンティブ

法制度等対応	会社法対応	事業計画および成長可能性に関する事項
	内部統制（J-SOX）【上場企業対象】	資本コストや株価を意識した経営（東証によるPBR改善など）
	コンプライアンス（法令順守）	

守りのガバナンス　　　　　攻めのガバナンス

図表3-1　コーポレート・ガバナンスの範囲
出所：筆者作成

コーポレート・ガバナンス・コードは上場企業を対象とします。

　以上のような状況を図示すると**図表3-1**になります。

　ただしこれは厳密なものではなく、コーポレート・ガバナンスは法規制の変化や実務の実績などにより解釈は変化し、国や地域によっても定義が異なることに留意する必要があります。

3-1-3　コーポレート・ガバナンス・コード

　コーポレート・ガバナンス・コードは、東京証券取引所が定める有価証券上場規定の一部であり、コードの規定にコンプライするか、しない場合のエクスプレインを上場会社に義務付けています。プリンシプルベース・アプローチおよびコンプライ・オア・エクスプレインの手法を採用しています（**図表3-2**）。

　コーポレート・ガバナンス・コードは、「上場企業が、幅広いステークホルダー（株主、従業員、顧客、取引先、地域社会など）と適切に協働しつつ、実効的な経営戦略の下、中長期的な収益力の改善を図るための行動原則」で、透明・公正かつ迅速・果断な意思決定を行うための仕組みと言え、実効的なコーポレート・ガバナンスの実現に資する主要な原則を取りまとめています。長期的な企業価値の向上のための自律的な対応が図られることを通じて、会

図表3-2　コーポレート・ガバナンス・コード（ソフトロー）と法令（ハードロー）の相違

項目	コーポレート・ガバナンス・コード【ソフトロー】（スチュワードシップ・コードも同様）	法令【ハードロー】
基本的な考え方	市場などからの評価⇒ • プリンシプルベース・アプローチ（原則主義） • コンプライ・オア・エクスプレイン	罰則、行政処分など⇒ • ルールベース・アプローチ（細則主義） • 法的拘束力
特徴	• 差別化と創意工夫 • 必要最低限にとどまらない対応 （Beyond Minimum Requirement）	• 一律・画一的対応 • 必要最低限な対応 （Minimum Requirement）

出所：金融庁、「日本のコーポレートガバナンス － 過去・現在・未来」、（https://www.ifra.jp/pdf/2021/1/121_web.pdf）をもとに筆者作成

図表3-3　コーポレート・ガバナンス・コード改訂（2021年）の概要

項目	概要
取締役会の機能発揮	・プライム市場上場企業において、独立社外取締役を3分の1以上選任（必要な場合には、過半数の選任の検討を慫慂（しょうよう）） ・経営戦略に照らして取締役会が備えるべきスキル（知識・経験・能力）と、各取締役のスキルとの対応関係の公表 ・他社での経営経験を有する経営人材の独立社外取締役への選任 ・指名委員会・報酬委員会の設置（プライム市場上場企業は、独立社外取締役を委員会の過半数選任を基本とする）
企業の中核人材の多様性の確保	・管理職における多様性の確保（女性・外国人・中途採用者の登用）についての考え方と測定可能な自主目標の設定 ・多様性の確保に向けた人材育成方針 ・社内環境整備方針をその実施状況と併せて公表
サステナビリティーを巡る課題への取り組み	・サステナビリティーについて基本的な方針の策定 ・サステナビリティーについての取り組みの開示（特にプライム市場上場企業において、TCFDまたはそれと同等の国際的枠組みに基づく気候変動開示の質と量を充実）
上記以外の主な課題	・[グループ・ガバナンスの在り方]プライム市場に上場する「子会社」において、独立社外取締役を過半数選任または利益相反管理のための委員会の設置 ・[監査に対する信頼性の確保／内部統制・リスク管理]グループ全体を含めた適切な内部統制や全社的リスク管理体制の構築やその運用状況の監督 ・[株主総会関係]プライム市場上場企業において、議決権電子行使プラットフォーム利用と英文開示の促進 ・[事業ポートフォリオの検討]取締役会で決定された事業ポートフォリオに関する基本的な方針や見直しの状況の説明

出所：金融庁「日本のコーポレートガバナンス － 過去・現在・未来」（https://www.ifra.jp/pdf/2021/1/121_web.pdf）をもとに筆者作成

社、投資家、ひいては経済全体の発展にも寄与することとなるものと考えられています。2015年6月1日に適用開始され、2018年6月1日に改訂、さらに2021年6月11日に再改訂されました。

　2021年の改訂では、以下が主なポイントになっています（**図表3-3**）。

・上場会社は、株主の権利・平等性を確保すべき。政策保有株式の保有目的や保有に伴う便益・リスクの検証と政策保有に関する方針の明確化など。

- 上場会社は、従業員、顧客、取引先、地域社会などのステークホルダーとの適切な協働に努めるべき。
- 上場会社は、利用者にとって有用性の高い情報の提供に取り組むべき。
- 取締役会は会社の持続的成長を促すため、企業戦略などの大きな方向性を示すことや、実効性の高い監督を行うことなどの役割・責務を果たすべき。
- 持続的成長に資するような独立社外取締役を設置すべき（プライム市場上場会社は3分の1以上必要に応じて過半数、その他の市場の上場会社は2人）。
- 上場会社は、持続的な成長と中長期的な企業価値向上に資するよう、株主と建設的な対話を行うべき。

　コーポレート・ガバナンス・コードは5個の「基本原則」、31個の「原則」、47個の「補充原則」からなります。以下に示しているのは「基本原則」と「原則」です。東京証券取引所の資料を引用します。

【基本原則1】**株主の権利・平等性の確保**
【原則1-1】株主の権利の確保
【原則1-2】株主総会における権利行使
【原則1-3】資本政策の基本的な方針
【原則1-4】政策保有株式
【原則1-5】いわゆる買収防衛策
【原則1-6】株主の利益を害する可能性のある資本政策
【原則1-7】関連当事者間の取引

【基本原則2】**株主以外のステークホルダーとの適切な協働**
【原則2-1】中長期的な企業価値向上の基礎となる経営理念の策定
【原則2-2】会社の行動準則の策定・実践
【原則2-3】社会・環境問題をはじめとするサステナビリティを巡る課題
【原則2-4】女性の活躍促進を含む社内の多様性の確保
【原則2-5】内部通報

【原則2-6】企業年金のアセットオーナーとしての機能発揮

【基本原則3】**適切な情報開示と透明性の確保**
【原則3-1】情報開示の充実
【原則3-2】外部会計監査人

【基本原則4】**取締役会等の責務**
【原則4-1】取締役会の役割・責務（1）
【原則4-2】取締役会の役割・責務（2）
【原則4-3】取締役会の役割・責務（3）
【原則4-4】監査役及び監査役会の役割・責務
【原則4-5】取締役・監査役等の受託者責任
【原則4-6】経営の監督と執行
【原則4-7】独立社外取締役の役割・責務
【原則4-8】独立社外取締役の有効な活用
【原則4-9】独立社外取締役の独立性判断基準及び資質
【原則4-10】任意の仕組みの活用
【原則4-11】取締役会・監査役会の実効性確保のための前提条件
【原則4-12】取締役会における審議の活性化
【原則4-13】情報入手と支援体制
【原則4-14】取締役・監査役のトレーニング

【基本原則5】**株主との対話**
【原則5-1】株主との建設的な対話に関する方針
【原則5-2】経営戦略や経営計画の策定・公表

　コーポレート・ガバナンス・コードの構造は**図表3-4**のようになっており、市場区分により求められる内容が異なります（**図表3-5**）。東証プライム市場と東証スタンダード市場はコーポレート・ガバナンス・コードの全原則が適用され、東証グロース市場は基本原則のみ適用されます。

	株主の権利・平等性の確保	株主以外のステークホルダーとの適切な協働	適切な情報開示と透明性の確保	取締役会等の責務	株主との対話	対応が必要な範囲
「基本原則」5原則	ガバナンスの充実により実現すべき普遍的な理念・目標を示した規範					グロース市場
	1	1	1	1	1	
「原則」31原則	基本原則を実現するために一般的に留意・検討されるべき事項					スタンダード市場 プライム市場
	7	6	2	14	2	
補充原則（47原則）	上場会社各社において採用が検討されるべきベストプラクティス					
	11	4	5	23	4	

図表3-4　コーポレート・ガバナンス・コードの基本構造
出所：東京証券取引所資料をもとに筆者作成

図表3-5　2022年に変更された上場企業の市場区分

市場区分	概要	適用されるコーポレート・ガバナンス・コード
東証プライム市場	多くの機関投資家の投資対象になりうる規模の時価総額（流動性）を持ち、より高いガバナンス水準を備え、投資家との建設的な対話を中心に据えて持続的な成長と中長期的な企業価値の向上にコミットする企業向けの市場	全原則の適用（より高い水準）
東証スタンダード市場	公開された市場における投資対象として一定の時価総額（流動性）を持ち、上場企業としての基本的なガバナンス水準を備えつつ、持続的な成長と中長期的な企業価値の向上にコミットする企業向けの市場	全原則の適用
東証グロース市場	高い成長可能性を実現するための事業計画およびその進捗の適時・適切な開示が行われ一定の市場評価が得られる一方、事業実績の観点から相対的にリスクが高い企業向けの市場	基本原則の適用

出所：東京証券取引所資料をもとに筆者作成

3-2

コーポレート・ガバナンスの歴史

3-2-1　全般的経緯、動向

　コーポレート・ガバナンスの捉え方は時代により変化します。これまでの経緯を押さえておくことは、今後どのように対応すべきかの参考になります。そこで1990年代から2020年代まで、コーポレート・ガバナンスに関する全般的な経緯や動向を順に説明します（**図表3-6**）。

（1）1990年代

　コーポレート・ガバナンスという言葉が使われ出したのは、世界的にみても1990年代後半と見られます。1990年代前半までは、メインバンク、取引先との持ち合いによる安定株主確保が一般的でした。しかし、1990年代のバブル経済の崩壊や企業不祥事の発生、外国人投資家の持株比率の高まり、機関投資家の積極的な発言などを背景に、コーポレート・ガバナンスが急速に注目されるようになりました。OECDの「コーポレート・ガバナンス原則」は1999年に策定されましたが、既に日本では1998年に「コーポレート・ガバナンス原則　新しい日本型企業統治を考える」が発表されていました。

（2）2000年代（2000年〜2009年）

　米国では、2001年、エンロン、ワールドコムの不正会計事件の発生を機に、市場への信頼が喪失したため、2002年、SOX法（Sarbanes-Oxley Act、企業改革法）が制定されました。この動向は、日本を含む他の諸国にも影響を与え、法制度・上場規則が見直されました。

　日本では、伝統的に代表取締役などの業務執行を監督する機能は取締役会と監査役が独立して担うことになっていましたが、社外監査役制度の見直しや、従来の監査役制度とは別に、米国型の委員会等設置会社制度（後の指名

委員会等設置会社）が2002年に新設されました。

　証券取引法においても、2003年の内閣府令・様式改正により、有価証券報告書の「提出会社の情報」において、「コーポレート・ガバナンスの状況」の項目が新設され、会社の機関の内容や内部統制システムの整備の状況、リスク管理体制の整備の状況、役員報酬・監査報酬の内容などの開示が義務付けられました。2005年には、内部統制システムの充実化を促進する会社法が制定されました。

　2007年には、証券取引法が金融商品取引法へと衣替えし、米国のSOX法を参考にして、J-SOX法（金融証券取引法24条4の4）が制定されました。財務報告の信頼性確保のため、企業に対し内部統制報告書の正確な作成、監査、提出が義務付けされました。2008年以降毎年のように改正される金融商品取引法は、株式会社の制度に関わる点で重要です。

　東京証券取引所は、2004年に「上場会社コーポレート・ガバナンス原則」を公表、2007年には上場会社の一般株主保護の視点から上場会社向けに一定の行動規範を求めるようになり、2009年には上場企業にコーポレート・ガバナンス報告書の開示を義務付けました。また、一般株主保護の視点から順守すべき事項として、上場会社に対して社外の独立役員を1人以上確保する企業行動規範を加えました。東京証券取引所の行動規範には「順守すべき事項」と「望まれる事項」があり、上場企業にとって会社法のような法規制のみでなく、東京証券取引所のルール形成が重要となる大きな変化でした。

　2000年代には日本でも「コーポレート・ガバナンス」という用語が広く使われるようになりましたが、国内で企業不祥事が相次ぎ、世界的にも2007年〜2009年に金融危機が発生し、「守りのガバナンス」を中心とした内容だったと言えます。

(3) 2010年代（2010年〜2019年）

　2014年、政府の成長戦略において「企業の稼ぐ力」のためにコーポレート・ガバナンス強化が明記され、「攻めのガバナンス」の視点が重視されてきました。2014年の会社法改正において、監査等委員会設置会社の導入や、社外取締役を置かない場合には置くことが相当でない理由を開示することが求

図表3-6　日本を中心にしたコーポレート・ガバナンスに関わる経緯（太字は重要な変化）

項目	1990年代	2000年代	
株式会社制度	• 監査役会制度（3人以上）を導入かつ大会社は1人以上社外監査役を義務付け（1993）	• 監査役会設置会社において社外監査役を監査役の半数以上に義務付け（2001） • **委員会等設置会社（後の指名委員会等設置会社）新設（2002）** • **会社法制定（2005）** • **金融商品取引法制定（2006）**	
東京証券取引所		• 上場会社コーポレート・ガバナンス原則公表（2004） • 上場会社向けに、一定の行動規範を要求（2007） • 全上場企業に1人以上の独立役員選任、コーポレート・ガバナンス報告書による開示を義務付け（2009）	
金融庁		• **有価証券報告書に「コーポレート・ガバナンスの状況」の項目新設、機関の内容、内部統制システムの整備状況、役員報酬の内容などを記載（2003）** • コーポレート・ガバナンス強化審議（2008）	
経済産業省		• 企業統治研究会報告書を公表、上場企業に独立役員を1人置くこと、社外取締役を置くかコーポレート・ガバナンス体制開示を提言（2009）	
その他	• 証券取引法改正（金融機関や企業の不祥事に対する罰則強化）（1993） • 「コーポレート・ガバナンス原則　新しい日本型企業統治を考える」発表（1998）	• J-SOX法（金融証券取引法24条の4の4）制定（2006）	
海外の動向（参考）	• 英国コーポレート・ガバナンス・コード策定（1998）（韓国も1999年に策定） • 「コーポレート・ガバナンス原則」策定（OECD）（1999）	• 米国でエンロン事件の発生（2001）、SOX法の改正（2002） • サブプライム・モーゲージ問題の発生（2007） • 金融危機後の規制、法制をG20などで検討	

出所：公表情報より筆者作成

　められました。会社法は2019年にも改正され、上場会社では社外取締役の設置が義務化されました。

　2015年は大きな変化の年でした。上場会社に向けて、行動規範を基本原則、原則、補充原則の形で示した「コーポレート・ガバナンス・コード」が策定され、適用が開始されたのです。既に英国では1998年にコーポレート・ガ

2010年代（前半）	2010年代（後半）	2020年以降
• 会社法改正、監査等委員会設置会社の導入、社外取締役の設置推奨、資格要件の強化、親子会社に関する規律（2014）	• 会社法改正、上場会社などに社外取締役の選任を義務化、株主総会資料の電子化（2019）	
• 独立役員制度の改正（2012） • コーポレート・ガバナンス・コード策定、適用開始（2015）	• コーポレート・ガバナンス・コード改訂（2018）	• 上場管理などに関するガイドラインで、上場子会社の独立役員の独立性を強化（2020） • コーポレート・ガバナンス・コード再改訂（2021） • 東京証券取引所の市場区分の見直し（2022）
• スチュワードシップ・コード策定（2014）	• 投資家と企業の対話ガイドライン、上場企業にサステナビリティー関連の取り組みと開示を要求（2018）	• 「フォローアップ会議」（2020） • 投資家と企業の対話ガイドライン改訂（2021） • コーポレート・ガバナンス改革の実質化に向けたアクション・プログラム（2023）
• CGS（コーポレート・ガバナンス・システム）の在り方に関する研究会報告書（2015）	• CGS研究会報告書（CGSレポート）（2017） • グループ・ガバナンス・システムに関する実務指針（2019）	• 社外取締役の在り方に関する実務指針（2020） • CGSガイドライン再改訂版（2022）
• 政府・成長戦略に「企業の稼ぐ力」のためにコーポレート・ガバナンス強化が明記される（2014）		• CG Watch 2020では、日本の順位が前回2018年の7位から5位に上昇（2021）
• 英国スチュワードシップ・コードの策定（2010）	• 米国スチュワードシップ・コードの策定（2017）	• 欧州委員会（EC）は、上場・大企業に対し、サステナビリティー情報の開示を要求する企業サステナビリティー報告指令案を公表（2021）

バナンス・コードが策定され、韓国も1999年に策定していましたが、日本でもようやく導入されたことになります。コーポレート・ガバナンス・コードは2018年、2021年に改訂され、現在に至っています。コーポレート・ガバナンス・コードに示される行動規範は、コンプライ・オア・エクスプレイン規範とされ、規範を実施しない場合に実施しない理由を明示しないと、上

場規則違反となる点に特徴があります。

　2010年代には「スチュワードシップ・コード」が策定されます。これは、中長期的な企業価値向上のための投資、取り組みに対する指針です。2018年には機関投資家と企業の対話を促す「投資家と企業の対話ガイドライン」も公表され、投資家や株主の視点が重視されてきました。コーポレート・ガバナンスのステークホルダーの中で、株主が重視される傾向が見られた時期と言えます。

　経済産業省はコーポレート・ガバナンス・システム研究会を開始し、2017年に日本企業のコーポレート・ガバナンスの取り組みの深化を促す「コーポレート・ガバナンス・システムに関する実務指針」（CGSガイドライン）を策定、2018年9月に改訂を行いました。2019年には、「グループ・ガバナンス・システムに関する実務指針」（2019）を策定しました。

　このような動向はあったものの、コーポレート・ガバナンスに関わる不祥事は大企業で相次ぎました。2011年には大王製紙事件やオリンパス粉飾決算、2015年には東芝不適切会計が起きたのです。

(4) 2020年代

　2021年にコーポレート・ガバナンス・コードの再改訂が行われ、2022年には東京証券取引所の市場区分の見直しにより、プライム、スタンダード、グロースの上場3区分ごとに対応すべき内容が定められました。これは、上場を目指し、また上場を維持しながらより上の区分を目指す企業にとって大きな変化です。

　金融庁と東京証券取引所は、2020年〜2021年に「スチュワードシップ・コードおよびコーポレート・ガバナンス・コードのフォローアップ会議（フォローアップ会議）」で提言し、これがコーポレート・ガバナンス・コードの再改訂につながりました。2022年に「ジャパン・コーポレート・ガバナンス・フォーラム」を設置し、海外投資家を含むステークホルダーから幅広く意見を収集し、コーポレート・ガバナンス改革を実質面で推し進めるための方策を検討しています。2023年には、スチュワードシップ・コードおよびコーポレート・ガバナンス・コードのフォローアップ会議、海外投資家を含むステークホル

ダーとの意見交換などで指摘された各課題を踏まえ、「コーポレート・ガバナンス改革の実質化に向けたアクション・プログラム」を示しました。

経済産業省は、2022年に「コーポレート・ガバナンス・システムに関する実務指針」（CGSガイドライン）を改訂し、自社が目指す姿などを踏まえた工夫を自律的に実施した上で、株主などのステークホルダーに対して自社の選択の理由を積極的に説明することを求めています。また、取締役会の役割・機能の向上、社外取締役の資質・評価の在り方、経営陣のリーダーシップ強化のための環境整備をポイントとしています。2020年に「社外取締役の在り方に関する実務指針」、2023年、社外取締役を対象にした指針として「社外取締役向け研修・トレーニングの活用の8つのポイント」および「社外取締役向けケーススタディ集」を示しています。

グローバルにみれば、2021年に欧州委員会（EC）が上場・大企業に対してサステナビリティー情報の開示を要求する企業サステナビリティー報告指令（CSRD）を公表したように、環境問題への対応、ESGやサステナビリティー重視の方向も明らかになっています。

3-2-2　コーポレート・ガバナンスに関わる変化のポイント

前項ではコーポレート・ガバナンスの歴史を見てきました。その歴史を踏まえて、コーポレート・ガバナンスに関する「変化のポイント」を押さえます。

(1) 株主を含むステークホルダーの変化

1点目は、株主とガバナンスの担い手の変化です。1989年の時点では、上場企業の株式の44％を金融機関、29％を事業会社が保有し、外国人の保有比率は4％にすぎませんでした。しかし、2020年3月の時点では金融機関は30％、事業会社は22％に下がる一方、外国人の保有比率は30％まで急増しました[※1]。1990年代は株の持ち合いもあり、ガバナンスの主体はメインバンクにあったのですが、徐々に外国人を含む機関投資家の役割が高まってきたことがみてとれます。

このようにコーポレート・ガバナンスのステークホルダーが株主中心に移

行しているのですが、実際はそれだけではありません。日本の企業では従業員を大事にしてきましたが、それに加え、顧客、地域社会、海外を含む取引先と、考慮すべきステークホルダーが増加してきました。マルチステークホルダー視点は従業員や取引先を大切にしながら経営をしてきた古き良き日本の文化と整合し、取り入れやすい考え方かもしれません。

(2) 守りだけではなく攻めのコーポレート・ガバナンスへの変化

コーポレート・ガバナンスの内容自体が大きく変化しました。1990年代～2000年代にかけては、企業への不祥事対応を含む「守りのガバナンス」と言えるものでしたが、徐々に企業を成長させ利益率を高めて企業価値を向上させる「攻めのガバナンス」も重視されるようになりました。現在でも「守りのガバナンス」は重要ですが、「攻めのガバナンス」と両立させバランスをとることが重要という見方が定着しています。

コーポレート・ガバナンス・コードにおいても、「攻めのガバナンス」は重視されています。上場企業にとってコーポレート・ガバナンス・コード重視は重要で、しかも形式的でなく内容を重視し、一般的ではなく自社固有の在り方を重視するという方向に変わりつつあります。

(3) 機関設計の多様化、規制緩和の進展

コーポレート・ガバナンスの項目で見ると、会社法が改正されるたびに、監査役や取締役の役割、会社の組織設計（「監査役会設置会社」「指名委員会等設置会社」「監査等委員会設置会社」）、社外取締役の役割などが強化され、欧米の制度を参考にしつつ日本の特徴も踏まえた制度設計がなされてきました。法規制のみでなく、ガイドラインや参考事例も提示され、強制的ではなく、企業が独自に検討する部分が大きいことも指摘できます（**図表3-7**）。

起業家やベンチャー企業の視点では、会社法における最低資本金制度廃止を含む規制緩和が行われました。2001年以降、国は「定款自治」を重視し、定款で書けば広く自由を認める方向にシフトしています。機関設計の多様化も、この定款自治の考えを一層拡大していると見ることができます。詳しい説明は省略しますが、大会社（資本金5億円以上または負債総額200億円以上

図表3-7　会社法上の機関設計の概要

項目	監査役会設置会社	監査等委員会設置会社	指名委員会等設置会社
機関設計			
取締役会の役割	取締役の職務執行を監督する。また、重要な業務執行の決定は自ら行う必要がある	重要な業務執行の決定を代表取締役／業務執行取締役に移譲できる。取締役会は監督機能が中心	重要な業務執行の決定を（代表）執行役に移譲できる。取締役会は監督機能が中心
監査対象	取締役（＋会計参与）の職務の執行	取締役（＋会計参与）の職務の執行	執行役、取締役（＋会計参与）の職務の執行
監査機能の帰属	監査役（独任制）	監査等委員会（内部統制システムの利用を想定）	監査委員会（内部統制システムの利用を想定）
その他の特徴	監査役には取締役会での議決権行使権限はない	監査等委員は取締役として、取締役会において議決権を有する	取締役の選任および報酬について、指名・報酬委員会が決定権限を有する
導入とその後の経緯	1890年フランス、ドイツなどの法制を参考に日本で最初に制定された旧商法にて導入。戦後、大企業の不祥事が問題となるたびに、監査役制度が改正され、強化されてきた	監査等委員会設置会社は、監査役会設置会社と指名委員会等設置会社の中間的なガバナンスの仕組みとして、2015年施行の改正会社法によって導入された	取締役会の主たる機能を、業務執行の意思決定ではなく、経営者を監督することに求めるという、欧米の上場会社のガバナンスの仕組みを参考に、2003年に導入された
東証上場企業数	2192社（2024年3月24日現在）	1545社（2024年3月24日現在）	91社（2024年3月24日現在）

出所：金融庁、「監査の信頼性の確保／内部統制・リスクマネジメントについて」2021年3月9日（https://www.fsa.go.jp/singi/follow-up/siryou/20210309/01.pdf）をもとに筆者作成

の会社）以外の会社の方が、会社法により多様な機関設計が可能なところも注目されます。ベンチャー企業の方が、法規制上は多様な機関設計ができると言えます（**図表3-8**）。

図表3-8　会社法が定める機関設計オプション

分類			会社の規模	
			大会社以外の会社	大会社
公開／非公開の別	非公開会社	取締役会非設置の場合	・取締役 ・取締役+監査役 ・取締役+監査役+会計監査人	・取締役+監査役+会計監査人
		取締役会設置の場合	・取締役会+会計参与 ・取締役会+監査役 ・取締役会+監査役会 ・取締役会+監査役+会計監査人 ・取締役会+監査役会+会計監査人 ・取締役会+監査等委員会+会計監査人 ・取締役会+三委員会+会計監査人	・取締役会+監査役+会計監査人 ・取締役会+監査役会+会計監査人 ・取締役会+監査等委員会+会計監査人 ・取締役会+三委員会+会計監査人
	公開会社	取締役会設置の場合	・取締役会+監査役 ・取締役会+監査役会 ・取締役会+監査役+会計監査人 ・取締役会+監査役会+会計監査人 ・取締役会+監査等委員会+会計監査人 ・取締役会+三委員会+会計監査人	・取締役会+監査役会+会計監査人 ・取締役会+監査等委員会+会計監査人 ・取締役会+三委員会+会計監査人

出所：一般社団法人 日本取締役協会　スタートアップ委員会「我が国のベンチャー・エコシステムの高度化に向けた提言」2023年4月25日（https://www.jacd.jp/news/opinion/230425startup.pdf）

　東京証券取引所の上場企業の区分別に、機関設計社数と比率を示しました（**図表3-9**）。

　全体で3800社強です。プライム市場とスタンダード市場の上場企業がほぼ同じで1600社数強、グロース市場の企業数は500社台で、プライム市場とスタンダード市場の社数の3分の1程度にすぎません。会社機関別にみると、全体に監査役設置会社の比率が高く、全体の6割近くを占めます。上場区分別にみると、特にグロース市場では全体の3分の2を占めています。また、監査等委員会設置会社では、スタンダードとプライムの市場で4割以上を占めるなど、近年増加傾向にあります。一方、指名委員会等設置会社は少なく、全体で2.4％にすぎず、グロースとスタンダード市場の上場企業では1％未満です。プライム市場では、指名委員会等設置会社の比率は5％近くに達しています。

図表3-9　東京証券取引所の市場区分別、会社機関別の社数（上）と比率（下）

分類	グロース	スタンダード	プライム	全体
監査役設置会社	371	928	893	2192
監査等委員会設置会社	191	670	684	1545
指名委員会等設置会社	3	11	77	91
計	565	1609	1654	3828

東証市場別の会社機関設計比率

	グロース	スタンダード	プライム	全体
■ 指名委員会等設置会社	0.5%	0.7%	4.7%	2.4%
■ 監査等委員会設置会社	33.8%	41.6%	41.4%	40.4%
■ 監査役設置会社	65.7%	57.7%	54.0%	57.3%

出所：東京証券取引所「コーポレート・ガバナンス情報サービス」2024年3月24日（https://www2.jpx.co.jp/tseHpFront/CGK010020Action.do）をもとに筆者作成

（4）取締役、取締役会の機能の変化と会社法の改正

　取締役、取締役会は、会社という法人の意思を決定し、それを実行する機関です。会社法では、取締役、会計参与、監査役を「役員」と言い、これらの役員と会計監査人は、株主総会の決議で選任されます。取締役会は、取締役全員で構成し、その会議により業務執行に関する会社の意思決定をするとともに、取締役の執行を監督する機関です。会社法上、取締役会は取締役会設置会社の業務執行の決定、取締役の業務執行の監督、代表取締役の選定および解職を行います。ただしこれは、監査等委員会設置会社と指名委員会等設置会社ではやや異なります。

　近年諸外国を中心に、監督と執行を分離し、取締役会の役割自体が監督を

中心とするという考え方が主流となっており、モニタリングモデルと呼ばれることも多くなっています。この場合、自ら決定する業務執行は少なくなり、各種報告を受けて経営を評価しつつ、指名や報酬といった重要事項を中心に積極的に関与することで、取締役会の構成員としての監督機能を果たすというスタイルに変化することが考えられます。

　なお、会社と取締役の法律関係は委任であり、取締役が職務を行うに際しては、民法の規定によって善良な管理者の注意義務（善管注意義務）が発生します。また忠実義務もあり、そこから監視義務やリスク管理体制構築義務も判例から承認されてきた部分があります。どこまでが実際に義務の対象かは、会社不祥事の発生時には大きなポイントになります。

　2019年の会社法改正でも、取締役などに関して以下のような法改正が行われており、特に社外取締役を置くことの義務付けは重要です。

- 取締役の報酬などに関する改正
- 会社補償契約に関する規律の新設
- 会社役員賠償責任保険に関する規律の整備
- 業務執行の社外取締役への委託に関する規律の新設
- 社外取締役を置くことの義務付け

　今後も諸外国や環境変化、コーポレート・ガバナンス・コードとの関係から、取締役と取締役会の役割変化は注視すべきです。

(5) 社外取締役、独立取締役の役割の拡大

　2014年の会社法改正で、社外取締役について大きな変更がありました。資格要件が変化し、社外取締役を義務化はしないものの強く推奨され、2019年の会社法改正では上場会社について1人以上の設置が義務化されています。また、独立性も重視され、「独立社外取締役」という用語も広く使われています。会社法では2014年の法改正後、独立性の要件を定めていないものの、コーポレート・ガバナンス・コードでは独立社外取締役をコンプライ・オア・エクスプレイン規範として求めています。なお、社外取締役に期待される主

な役割は、経営の監督になります。

(6) グループ・ガバナンスの重視

　グローバル展開やM＆Aなどにより、1社のコーポレート・ガバナンスから「グループ・ガバナンス」も重視されるようになりました。このことはまた、日本におけるコーポレート・ガバナンスのみでなく、海外展開国または海外子会社が立地する当該国のコーポレート・ガバナンス、さらにグローバル標準的なコーポレート・ガバナンスを視野に入れなければならないことを意味しています。グループ・ガバナンスは、経済産業省の「グループ・ガバナンス・システムに関する実務指針」にもあるように、極力ROE（自己資本利益率）を高めるために遊休資産の利活用を検討するようにしたものと理解されます。

3-3
ベンチャー企業にとっての
コーポレート・ガバナンス

　ここまで「コーポレート・ガバナンス」とは何かを説明してきました。ここから、ベンチャー企業に求められる「コーポレート・ガバナンス」を解説します。

図表3-10　企業の成長ステージや位置付けでのコーポレート・ガバナンスの大まかな相違

項目		未上場企業	東証グロース市場	
企業数（2024年3月24日現在）		・多数	・565社	
必要とされる特性、属性の特徴（上場企業については、上場審査基準）		・高成長性 ・高リスク ・ベンチャーキャピタルなどの資金調達 ・創業者（大株主兼経営者の場合が多い）	・株主数150人以上 ・流通株式数1000単位以上 ・流通株式時価総額5億円以上 ・流通株式比率25%以上 ・公募の実施（500単位以上の新規上場申請に関わる株券など） ・事業継続年数1年以上	
企業固有の戦略	攻めの戦略（上場企業は説明資料の一部など）	・成長重視の戦略 ・IPO（新規上場）の実現 ・資金調達 ・インセンティブ設計	・事業計画及び成長可能性（ビジネスモデル、市場環境、競争力の源泉、事業計画、リスク事項） ⇒東京証券取引所への開示内容 ・事業計画には、成長戦略、経営指標、利益計画、進捗状況含む	
	守りの戦略	・コンプライアンス（法令順守）	・コンプライアンス（法令順守） ・内部統制（J-SOX対応）	
ソフトロー	コーポレート・ガバナンス・コード	・対応不要	・基本原則のみ対応必要	
ハードロー（法規制）	会社法対応（社外取締役）	・一般的には規定なし	・設置義務化（コーポレート・ガバナンス・コードでは2人以上を推奨）	

出所：公表情報より筆者作成

3-3-1　企業の成長ステージによって異なる

　コーポレート・ガバナンスに必要な対応レベルは、企業の成長ステージや位置付けによって異なります（**図表3-10**）。上場企業はコーポレート・ガバナンス・コードへの対応が求められる一方で、未上場企業にはそのような社会的要請はありません。ただ、コーポレート・ガバナンスは企業価値向上に資するので、高い成長が期待されるスタートアップなどは、積極的にコーポレート・ガバナンスに投資していくべきであり、コーポレート・ガバナンス・コードなどを意識するタイミングを早めることをお勧めします。将来、株式

東証スタンダード市場	東証プライム市場
・1609社	・1654社
・株主数400人以上	・株主数800人以上
・流通株式数2000単位以上	・流通株式数2万単位以上
・流通株式時価総額10億円以上	・流通株式時価総額100億円以上
・流通株式比率25%以上	・流通株式比率35%以上
・事業継続年数3年以上	・事業継続年数3年以上
・純資産、連結純資産の額が正	・連結純資産50億円以上
・最近1年間の利益1億円以上	・最近2年間利益総額25億円以上
	・売上高100億円以上かつ時価総額1000億円以上
・プライム市場への展開	・プライム市場維持
・投資対象としての流動性確保	・海外を含む株主と対話、比率拡大（英文開示）
・PBR改善（PBR1倍割れ企業には開示要請あり）	・PBR改善（PBR1倍割れ企業には開示要請あり）
・今後2年間の連結損益計画表事業セグメント別売上高、キャッシュフロー計画および投資計画	・ROE改善（10%以上等）
・コンプライアンス（法令順守）	・コンプライアンス（法令順守）
・内部統制（J-SOX対応）	・内部統制（J-SOX対応）
・全原則対応	・全原則対応（より高い水準）
・設置義務化（コーポレート・ガバナンス・コードでは2人以上を推奨）	・設置義務化（コーポレート・ガバナンス・コードでは独立社外取締役を3分の1以上選任、必要な場合には過半数の選任の検討を慫慂）

公開を目指すのであれば、それに対応したコーポレート・ガバナンスは必要です。

3-3-2　創業時から取り組む

東証グロース市場に上場している企業はコーポレート・ガバナンス・コードの対応を求められますが、全83原則のうち、5つの基本原則のみの対応とされています。これはコーポレート・ガバナンスのレベルを引き上げるほどの要請ではなく、成長段階の企業に対してコスト面などの理由から配慮していると言えます。ただこうした配慮は、上場企業の成長を支えるどころか、成長の鈍化につながるようにも思います。

実際、東証グロース市場などの新興市場に上場した企業において、上場後の企業価値が公募価格を下回った状態が続いている企業が少なくありません。もちろん、一般的に上場直後の初値は公募価格を上回る場合が多く、それが継続されずに企業価値を維持向上できず、企業価値が低迷する場合が多いです。コロナ禍やリーマンショックのような状況があると、上場時から公募価格を下回る状況が継続する場合さえあります。

本書は、現在東証グロース市場に上場している企業や未上場企業を想定して書いていますが、今後スタンダード市場やプライム市場に上場するのに必要なコーポレート・ガバナンスを示します。それにより、上場を目指すスタートアップや、上場企業と同水準のコーポレート・ガバナンスを求める未上場企業にとって、段階的に目指すべき状態をイメージできると思います。

上場を目指す企業や上場した企業にとってコーポレート・ガバナンスや内部統制は、「上場のために必要な投資（コスト）」と認識されることも少なくありません。もちろん、コーポレート・ガバナンス・コードをはじめ、上場を機にアカウンタビリティーが発生することは間違いありません。しかし、コーポレート・ガバナンスの真なる目的は企業の成長とステークホルダーとの利害調整にあります。未上場のベンチャー企業も当然高い成長が求められますし、ステークホルダーとの利害調整ができなければ、視座の高い投資家と渡り合っていくことも難しいでしょう。つまり、上場準備が始まってから

ではなく、投資の度合いには差はあっても、創業した時点からコーポレート・ガバナンスに対する意識をもっておくことが理想です。

3-3-3　順守すべき法規制

　企業規模にかかわらず会社法などの法規制を順守する必要があります。規模の相違などによる必要な対応内容の相違はあっても、対応しなくていい企業はありません。コーポレート・ガバナンスにおいて順守すべき法規制には、会社法や金融証券取引法などの法令の他、株主総会で決議する「定款」もあります。ただ実態として、会社法や定款をしっかりと意識しながら、会社経営ができている未上場企業は非常に少ないと思います。会社法は法令ですから当然順守すべきですが、未上場であれば外部機関から監査を受けることはなく、定款についても同様です。

　定款は株主総会で決定する会社のルールであり、株主に対して「このようなルールで進めるので、ルール通り進める限りは私たちに任せてください」という契りのようなものです。無論、株主との対話は有益な情報交換の機会でありますし、まさにコーポレート・ガバナンスです。ただ「迅速・果敢な意思決定」を進めるには一定の権限移譲も重要であり、定款にはまさにそのような内容も記載されます。だからこそ、スピードが重要なベンチャーは、この定款自治の精神を適切に理解し、高い成長を実現することが望ましいように思います。

　コーポレート・ガバナンス・コード対応と同様に、J-SOX法（内部統制報告制度）についても、金融商品取引所に上場しているすべての企業が対象になり、これをもとに公認会計士などの会計監査人監査や有価証券報告書などの開示がなされます。そして、その監査や開示内容は上場企業だけではなく、その子会社や関係会社も対象に含まれます。J-SOX法は、米国において会計処理の不祥事を規制する法律「SOX法」の日本版として定められた内部統制報告制度で、財務報告の信頼性確保を目的にしています。

　ベンチャー企業を取り巻くコーポレート・ガバナンスに関する法規制は、会社法や定款など上場に関係なく順守が求められるものと、コーポレート・

ガバナンス・コードや金融証券取引法による監査など上場を機に対象となるものがあります。繰り返しになりますが、東証グロース市場ではそれほど高い水準のコーポレート・ガバナンスは要請されていません。

3-3-4　コーポレート・ガバナンスを強化する理由

　ここからは、積極的にコーポレート・ガバナンスを強化する理由についてみていきます。

　第一に、ベンチャー企業は高い業績成長と企業価値の向上が求められているからです。売上高や利益、KPI（重要業績評価指標）を短期間で大きく成長させることを期待されている一方で、資産規模は比較的小さく、優位性を示すアセットもそれほど多くはありませんので、針の穴を通すような慎重さで経営戦略や事業計画を策定する必要があります。時として、未経験であることが仇となることがあるため、周りの経験者から的確なアドバイスを必要とします。つまり、いわゆる攻めのガバナンスにおいて、社外取締役などによる監督やアドバイスが重要になってきます。

　第二に、権限が集中しているからです。創業間もないベンチャー企業の場合、創業者兼代表取締役兼CEO（最高経営責任者）であることは珍しくなく、自然とその人に権力が集中します。創業時点は先輩経営者やインキュベート施設のメンターに相談して自分の至らなさを痛感し続けた起業家も、事業が順調に立ち上がり、大型資金調達に成功して実績がついてくると、まるで「イカロスの翼」のように我を忘れ、ワンマンに近い経営スタイルと化すことは少なくありません。やがて「蠟の翼が溶け……」とならないように、どのように自己統制を図るのかがポイントとなります。例えば新規事業を始めるときや多額の資産を活用するとき、戦略と異なるアクションをとるときには、アカウンタビリティー義務を明示的に果たすためにその説明を義務化することが考えられます。また、複数人が同じ事象を理由に反対する場合には、すり合わせが終わらない限り、票数に関係なく審議をストップするなど、方法はいくつか考えられます。

　結果として、創業者のセンスや先見性を生かしながら、盲目になりがちな

タイミングにおいて冷静さと客観性を保つ方法をもつことで、そのプロセスの中で新たな気づきが生ずることもあります。CEOにとって大きな挑戦をする時には、様々な関係者を口説いていく必要があると思います。むしろ、取締役会などがそのための練習台だと思えば、それほど邪魔にならないのかもしれません。

　また、未上場企業は多くの場合ベンチャーキャピタルなどの投資が必要で、その際海外から資金調達すると、海外基準のコーポレート・ガバナンス対応が求められる可能性があります。積極的な情報開示により、単に資金を調達するのみでなく、自社に合った株主を選択できる可能性もあります。

　さらに、東証グロース市場の企業や未上場企業でもM＆Aやアライアンス、グループ化を進める企業は多く、それに対応したコーポレート・ガバナンスを実現する必要があります。仮に買収される側の企業であっても、企業価値を高めるには、それに対応したコーポレート・ガバナンスが求められるかもしれません。

3-3-5　コーポレート・ガバナンスに取り組むべき意義

　コーポレート・ガバナンスは上場するために必要なめんどくさいタスクと認識されがちで、単なるコストに見えるかもしれませんが、そうではないと認識してほしいです。技術革新が進み、働き方が多様化し、人材獲得競争が激しさを増し、SDGsに沿ったプロジェクトが増えています。多様なステークホルダーの利害を調整して引っ張っていくことが求められる中で、リーダーシップを示すコーポレート・ガバナンスに投資をしないことは、もはやリーダー失格といっても過言ではないかもしれません。

3-4
海外における
コーポレート・ガバナンスの捉え方

　ここからは、海外のコーポレート・ガバナンスについて説明します。海外の状況を知る意味は2つあります。一つは、大手企業だけでなくベンチャー企業にとっても海外事業展開は重要で、特にベンチャー企業は海外のベンチャーキャピタルから資金を調達する場合が多いからです。もう一つは、海外の定義や動向を学んでおけば、今後の日本のコーポレート・ガバナンスの方向性を知るのに役立つからです。

3-4-1　米国

　内部統制に関する国際的なフレームワークを策定する「COSO（トレッドウェイ委員会支援組織委員会）」では、内部統制、リスクマネジメントおよびガバナンスの関係を図表3-11のように整理しています。内部統制は、全社

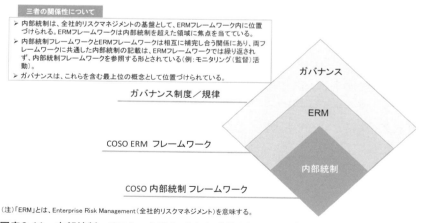

三者の関係性について
- ＞ 内部統制は、全社的リスクマネジメントの基盤として、ERMフレームワーク内に位置づけられる。ERMフレームワークは内部統制を超えた領域に焦点を当てている。
- ＞ 内部統制フレームワークとERMフレームワークは相互に補完し合う関係にあり、両フレームワークに共通した内部統制の記載は、ERMフレームワークでは繰り返されず、内部統制フレームワークを参照する形とされている（例：モニタリング（監督）活動）。
- ＞ ガバナンスは、これらを含む最上位の概念として位置づけられている。

ガバナンス

ERM

ガバナンス制度／規律

COSO ERM フレームワーク

内部統制

COSO 内部統制 フレームワーク

（注）「ERM」とは、Enterprise Risk Management（全社的リスクマネジメント）を意味する。

図表3-11　内部統制、リスクマネジメントおよびガバナンスの関係
出所：金融庁「監査の信頼性の確保／内部統制・リスクマネジメントについて」2021年3月9日（https://www.fsa.go.jp/singi/follow-up/siryou/20210309/01.pdf）

的リスクマネジメント（ERM）に不可欠な一部分であり、全社的リスクマネジメントはガバナンスの一部分と位置付けられています。

COSOの動向は、日本の内部統制制度にも大きな影響を与え、また第9章に示すようにAI導入の影響なども検討していますので、最新の動向を把握することは役に立ちます。

3-4-2　欧州

欧州ではコーポレート・ガバナンスを「意思決定プロセス」と「モニタリング、コンプライアンスチェック」に大別し、さらに細分化しています（**図表3-12**）。EUにおけるコーポレート・ガバナンスは、会社法が適用される企業に対するもので、欧州委員会は「コーポレート・ガバナンスは、企業の経営陣、取締役会、株主、その他のステークホルダー間の関係」と定義し、企業が管理および制御される方法を決定しませんでした。しかし、2002年の「全社的リスクマネジメント－統合的フレームワーク」では、全社的リスクマネジメントの目的として、戦略（事業体のミッションと連動しそれを支えるハイレベルな目標）、業務（事業体の資源の有効かつ効率的な利用）、報告（報告の信頼性）、コンプライアンス（適用される法規の順守）の視点を含め、戦略と目標設定の中にリスク選好とリスク許容度を位置付けました。さらに、2013年の「内部統制－統合的フレームワーク」改訂、2017年の「全社的リスクマネジメント：戦略およびパフォーマンスとの統合」改訂で、ガバナンス、戦略の視点がより重視されるようになっています。

EUではこの図表の見方により、AI導入の状況や影響、事例なども分析していますので、それらについては次章以降にも参考にしています。

図表3-12　欧州におけるコーポレート・ガバナンス、会社法の捉え方

分類	項目	利用が想定される場面などの概要
意思決定プロセス	会社役員などの任命	・取締役（執行役員、非常勤役員）、監督機関の構成員、管理者、監査役の選任 ・取締役会メンバーまたはマネジャーへの委任
	上記以外の会社の決定の採用または実行	・財務諸表報告書およびその他の企業開示義務（財務および非財務）の作成および承認 ・行動規範の導入 ・株式のアルゴリズム取引または高頻度取引 ・ビジネス戦略と企業の利益の定義。長期的なパフォーマンス、持続可能性への影響分析とデューデリジェンスプロセス、サプライチェーンにおけるトレーサビリティー ・取引の承認
	マネジメント活動	・取引（臨時業務を含む）またはその他の契約の承認またはその他の意思決定 ・第三者の選定 ・投資決定 ・株主エンゲージメント
モニタリング、コンプライアンスチェック	監視およびコンプライアンス活動	・統合型リスク管理（ERM）。従業員の権利およびその他の利害関係者の利益の監視と保護 ・持続可能性指標とデューデリジェンスプロセスのモニタリング ・監視と制御の一環としての監査活動 ・破産のリスクに関する関連パラメーターのモニタリング ・法令順守、デューデリジェンスプロセス、報告義務、株主に対する取締役の責任/説明責任などのコンプライアンス手順 ・会社法の要求事項の順守状況のモニタリング（会社法などで要求される年次会計書類、報告書その他同様の会社文書の提出および内容の確認）
	会社の設立/登録/申請	・会社設立・登記の流れ ・会社法文書の変更プロセス ・会社データの変更の申請/登録のプロセス（例: 新しい取締役の任命、資本金の増資、定款の改正） ・国内または国境を越えた転換、分割または合併のプロセス ・定款テンプレートの使用 ・商業登記簿における企業データの統計ツールの使用

出所：European Union「Study on the relevance and impact of artificial intelligence for company law and corporate governance」(https://op.europa.eu/en/publication-detail/-/publication/13e6a212-6181-11ec-9c6c-01aa75ed71a1/language-en)

コーポレート・ガバナンス・システムと無効化防止策

第4章

Venture Governance in the AI Era

4-1

コーポレート・ガバナンス・システム

　企業がコーポレート・ガバナンスを実践するにあたって、上場企業であれ
ばコーポレート・ガバナンス・コードと整合性を保ちつつ、自社独自のポリ
シーをもとに、戦略や体制を検討し、実際に構築する必要があります。そう
した仕組みが「コーポレート・ガバナンス・システム」です。ただ、コーポレー
ト・ガバナンス・システムの完成度をいくら高めても、経営者の意識の変化、
経営環境の変化、社内体制の変化、制度の劣化などから「無効化」が生じ得
ます。そして、無効化の中でも「経営者の意識の変化」が最も注意すべき要
因であり、この現象は往々にして業績不調になったことでかつて決めたルー
ルが邪魔になり、放棄したくなることで生じます。故に、ガバナンスの無効
化に向けた防止措置は、業績好調で、心理的に健全な状態で取り組まないと
いけないのですが、そのことを理解するためにも、本章ではガバナンスの無
効化が不祥事や倒産に至った事例を紹介します。

4-1-1　経済産業省のガイドライン

　まずはコーポレート・ガバナンス・システムについて、経済産業省のガイ
ドライン[※1]を使って説明します。経済産業省は他にもグループ・ガイドライ
ン、事業再編実務指針、社外取締役の在り方に関する実務指針を公表してい
ます（図表4-1）。ただ経済産業省の資料は大企業中心の記述が多いので、ベ
ンチャー企業、中小企業、未上場企業においては、自社独自の視点で利用す
ることが重要です。

　コーポレート・ガバナンス・システムを構築するにあたり、特に重要な項
目として「取締役会の在り方と機関設計」「社外取締役の活用の在り方」「経
営陣の指名、報酬、人材育成の在り方（委員会の活用など）」の3点が挙げら
れます。これらを順に説明します。

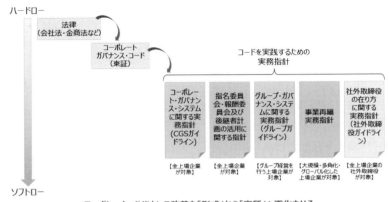

図表4-1　コーポレート・ガバナンスに関わる経済産業省のガイドライン

出所：経済産業省「コーポレートガバナンスに関する各種ガイドラインについて」(https://www.meti.go.jp/policy/economy/keiei_innovation/keizaihousei/corporategovernance/guideline.html)

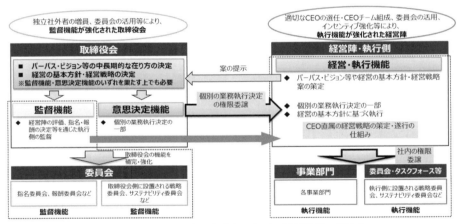

図表4-2　取締役会、経営陣、委員会、事業部門などの役割分担の明確化

出所：経済産業省「コーポレート・ガバナンス・システムに関する実務指針（CGS ガイドライン）」2022年7月19日
(https://www.meti.go.jp/shingikai/economy/cgs_kenkyukai/pdf/20220719_02.pdf)

（1）取締役会の在り方と機関設計

　取締役会などの役割を**図表4-2**に示します。取締役会の監督機能と意思決定機能はバランスが必要で、執行機能をどの程度権限移譲するかが重要です。

取締役会、経営陣、委員会、事業部門などの役割分担を明確化することで、執行側の機能強化と監督側の機能強化を車の両輪として推進することが必要になります。

また、「①監督と裁量のバランス」「②スキルセット」によっても会社の基本的な形態（機関設計）が変わってきます。「①監督と裁量のバランス」とは、経営陣の指名や報酬の決定を通じた監督行為にとどまりその他の業務執行を経営陣に委任し報告を受けて間接的に監督をすることと、重要な業務執行をはじめとする業務執行の決定を取締役会自らが行う直接的な監督行為のバランスのことです。「②スキルセット」とは、自社の向かうべき方向性や課題の対処にあたり、どのような人材を確保することで取締役会が求めるパフォーマンスを発揮するのかを決めることです。

取締役会の典型的な姿は**図表4-3**の2つで、（A）取締役会を監督に特化させることを志向するモデルと、（B）取締役会の意思決定機能を重視しつつ取締役会内外の監督機能の強化を志向するモデルがあります。機関設計の視点からは、（A）指名委員会等設置会社か監査等委員会設置会社、（B）監査役設置会社が適していると考えられます。東証グロースの企業は（B）の監査役設置会社が多いのですが、（A）の監査等委員会設置会社も増加し、少数ですが指名委員会等設置会社もあります。東証グロース市場に上場する比較的

	(A)取締役会を監督に特化させることを志向する会社	(B)取締役会の意思決定機能を重視しつつ取締役会内外の監督機能の強化を志向する会社
機関設計	典型的には指名委員会等設置会社、監査等委員会設置会社	典型的には監査役設置会社
権限移譲	個別の業務執行決定は執行側に大幅に権限移譲	個別の業務執行決定のうち重要性の低いものは執行側に権限移譲
構成	社外者が中心	社内の業務執行者が中心（他方で、監督機能の確保のために一定数の社外取締役を選任）
指名委員会・報酬委員会	審議の効率化のために、指名委員会、報酬委員会に対してタスクアウト（委員会の決定内容は必ずしも取締役会を拘束する必要はない）	監督機能の確保のために、社外者中心の指名委員会、報酬委員会を設置し、タスクアウト（委員会の決定内容は取締役会において尊重される必要がある）
開催頻度	個別の業務執行の決定は最小限であるため、頻度は相対的に少ない（但し、経営戦略の議論などに充てるため、頻繁に開催することも考えられる）	個別の業務執行の決定を相当数行うため、迅速性を損なわないために、頻度は相対的に多いことが想定される

図表4-3　取締役会の典型的な姿

出所：経済産業省「コーポレート・ガバナンス・システムに関する実務指針（CGS ガイドライン）」2022年7月19日（https://www.meti.go.jp/shingikai/economy/cgs_kenkyukai/pdf/20220719_02.pdf）

上場年数の浅い企業に監査役設置会社が多い理由は、先に述べた内部統制システムの構築（決議）義務や会計監査人の設置義務とIPO（新規上場）準備にかかるコストや機関の兼ね合いがあります。

ガバナンスの視点では（B）より（A）が強化されやすく、一般に「指名委員会等設置会社＞監査等委員会設置会社＞監査役設置会社」の順にガバナンスが強化されやすいとされます。ただ、それぞれの機関設計によるメリット、デメリットがあるので、自社のリソースや戦略から企業個別に検討するべきです。

(2) 社外取締役の活用の在リ方

社外取締役は2014年の会社法改正で設置が強く推奨され、2019年の改正では上場会社などについて設置が義務化されました。また、一定の場合に一定の手続のもとで、会社が業務執行を社外取締役に委託できる規定（セーフハーバールール）が新設されました。2009年には東京証券取引所が上場規則に基づく独立役員制度を定めています（この点は後述します）。社外取締役もそうでない取締役も、取締役としては同じであり、会社法上では善管注意義務・忠実義務、その他の義務を負い、取締役に関する規律に服する必要があります。一方で社外取締役として期待される内容がコーポレート・ガバナンス・コードで定められており、それは特に経営の監督にあります。

コーポレート・ガバナンス・コードの原則4-7は、独立社外取締役の役割・責務です。以下、東京証券取引所の「コーポレート・ガバナンス・コード」から引用します。

> 上場会社は、独立社外取締役には、特に以下の役割・責務を果たすことが期待されることに留意しつつ、その有効な活用を図るべきである。
>
> ・経営の方針や経営改善について、自らの知見に基づき、会社の持続的な成長を促し中長期的な企業価値の向上を図る、との観点からの助言を行うこと
> ・経営陣幹部の選解任その他の取締役会の重要な意思決定を通じ、経営の監督を行うこと

- 会社と経営陣・支配株主等との間の利益相反を監督すること
- 経営陣・支配株主から独立した立場で、少数株主をはじめとするステークホルダーの意見を取締役会に適切に反映させること

　経済産業省の「社外取締役ケーススタディ集」[※2]には、社外取締役に期待される役割、機能、具体的な行動内容例が示されています（**図表4-4**）。また、社外取締役を活用するステップについても示されています（**図表4-5**）。このステップをみると、候補者を選定して就任を依頼するのみでなく、社外取締役が働きやすい環境を構築し、また働きの評価と再任の検討、さらに取締役会の機能が自律的、継続的に構築できる取り組みの検討が重要なことがわかります。

図表4-4　社外取締役に期待される役割や具体的な行動内容例

役割	機能	具体的内容例
取締役会・委員会などでの議論、意思決定	経営方針への関与	・取締役会において中期経営計画の議案に対する評価・関与 ・今後のガバナンス体制についての意見
	指名・報酬決定プロセスへの関与	・指名委員として、社長の後継者検討、指名プロセスへの関与 ・就任先企業の業績悪化が進んでいる状況での執行側を評価、改善の働きかけ ・報酬委員として、役員報酬制度の評価、発言
	個別の業務執行の意思決定への関与	・業務執行上の重要な意思決定（大型事業投資、M&Aなど）議案におけるリスク評価、ブレーキや後押し ・就任先企業が外部から買収提案を受けた際の検討、対応 ・親会社など支配株主との取引などに対する、取締役会での検討、対応
	取締役会、委員会の実効性評価	・取締役会の実効性評価に際して、評価方法や評価結果の活用、取締役会全体への働きかけ
株主・ステークホルダーの意見の反映	株主、投資家、顧客、従業員などとの対話、情報発信	・機関投資家から社外取締役として指名され、対話機会を求められた場合のコメント ・アクティビストファンドから事業に関する提案レターを会社が受領した場合の対応
コンプライアンスの監督	内部通報窓口・相談先としての対応、不正や問題発見時の関与	・会計不正や品質問題などの不祥事が発覚した場合の対応 ・不祥事の発生防止のための経営の監督

出所：経済産業省「社外取締役向けケーススタディ集」2023年6月30日（https://www.meti.go.jp/press/2023/06/20230630011/20230630011-2.pdf）をもとに筆者作成

未上場企業やIPO準備企業、場合によっては東証グロース市場に上場する企業において、**図表4-5**を現実的な解釈に置き換えると、社外取締役に対して以下の検討が必要になります。

- どのような助言がほしいのか
- 何を監督してほしいのか
- 自分にしっかり指摘できる人は誰なのか
- 誰の苦言なら自分は耳を傾けるのか

　実際のところ、公認会計士や弁護士といった資格も、経営経験が豊富であることも関係ありません。ただ外部の目を気にするあまり、実効性よりも形式を重視して登用を進めることが多くあるように思います。不正や不祥事を起こした会社でも、このような肩書の人が登用されています。

　筆者の会社では、未上場のタイミングにおいてベンチャーキャピタルのパートナーが社外取締役に就任し、筆者らの目線を引き上げてくれました。これは株主だから、ベンチャーキャピタルだからいいといったことではなく、個人のスキルや人柄、関係性などによるものであると考えます。より著名な人に就任してもらいたい気持ちはわかりますが、実効性を疎かにしてはいけません。

　社外取締役を引き受ける上で、「経営者との人的つながり」を重視している比率は22%とかなり多くなっています[3]が、友人知人の登用は精神的独立性の観点から注意が必要です。また、上場している監査役会設置会社のうち、社外取締役が「CEO・役員の個人的知己・友人」だと回答した企業は21%あります。一方で、指名委員会等設置会社では、「CEO・役員の個人的知己・友人」という割合は7%と明らかに低く、「会社と全く無関係」な人を社外取締役としている企業が多くなっています。会社の体制も、社外取締役の活用、ガバナンスの機能不全防止の視点から重要であることがうかがえます。

（3）経営陣の指名、報酬、人材育成の在り方（委員会の活用）

　経営陣にとって最も緊張感のあるガバナンステーマは指名と報酬などの

図表4-5　社外取締役活用のステップ

ステップ	機能	具体的内容例
1	自社の取締役会の在り方を検討	・社外取締役の要否・役割・人数等を検討する前に、まずは自社の取締役会の在り方や目指すべき方向性を検討すべきである
2	社外取締役に期待する役割・機能を明確化	・社外取締役に期待する役割・機能、あるいは逆に期待しない役割・機能を、選任する前に社内で明確にしておくことを検討する
3	役割・機能に合致する資質・背景を検討	・社外取締役の役割・機能に応じて、社外取締役に求める資質・背景やそのバランスを検討する ・社外取締役には、経営経験を有する社外取締役を含めるべきである ・社長・CEOの選解任に責任をもって関与し、必要に応じてリードすることができる人物が社外取締役に含まれていることが重要である
4	求める資質・背景を有する社外取締役候補者を探す	・社長などの紹介、社外取締役などの紹介が一つの選択肢だが、範囲が限定的になる懸念があり、属人的な関係に左右されかねない ・他社の社外取締役を務めている者から候補者を探す方法も考えられるが、特定の人材に集中する懸念がある ・社外取締役候補者に関する情報を広く得るために、人材紹介会社や団体などを利用することも選択肢として検討する
5	社外取締役候補者の適格性をチェック	・経済産業省「社外取締役の在り方に関する実務指針（社外取締役ガイドライン）」（2020年7月31日）が示す各心得が参考となる
6	社外取締役の就任条件（報酬など）について検討	・社外取締役の報酬について、取締役会の一員としての当事者意識を持たせ、かつ、インセンティブを付与する観点から、固定報酬に加えて、業績によって付与数が変動しない自社株報酬など、インセンティブ報酬を付与することも考えられる
7	就任した社外取締役が実効的に活動できるようサポート	・経営会議など執行側の議論の状況を社外取締役がどの程度把握すべきかについて、取締役会の在り方や、社外取締役に何を期待するかに応じて検討する ・独立社外者のみで意見交換できる場の設定を検討する ・経営陣との対話や株主などのステークホルダーとの対話を円滑に行うため、筆頭独立社外取締役選定を検討する
8	社外取締役が期待した役割を果たしているか評価	・質の向上の観点から社外取締役が期待する役割を果たしているかについて、各社において評価することを検討する ・社外取締役の活躍の状況に関する対外的な情報発信の充実を検討する
9	評価結果を踏まえて、再任・解任などを検討	・社外取締役の評価を踏まえて、社外取締役の再任・解任などについて検討する ・就任期間が長期に及ぶ再任の判断において、就任期間の長さによる利点と弊害の有無などを考慮した上で、適否を判断する ・社外取締役の再任・解任などを検討する際に、社外取締役中心の指名委員会を活用することを検討する ・将来の取締役会の在り方を踏まえ、取締役会が監督機能を自律的かつ継続的に発揮できる状態を作り出す取り組み（ボードサクセッション）についても、併せて議論することが考えられる ・社外取締役の再任基準を設けておくことを検討する

出所：経済産業省「コーポレート・ガバナンス・システムに関する実務指針（CGSガイドライン）」2022年7月19日（https://www.meti.go.jp/shingikai/economy/cgs_kenkyukai/pdf/20220719_02.pdf）をもとに筆者作成

人事権です。指名委員会が健全に機能する（要件定義と適切な評価をもってアカウンタビリティーを確保する）ことでCEOの長期政権は可能になりますが、無論辞任や解任を求められることもあります。自らに適切な緊張感を与えるために、指名の透明性（社外取締役の関与度合いを高めること）や公正性（ファクトベースで決められた手続を進めること）は重要です。ガバナンス上重要なテーマである指名や報酬に関して、どの程度客観性や公正性を確保したいのか、自らの裁量としたいのか、経営者によって判断が大きく分かれるところです。

　成長段階であり経営基盤が発展途上であるベンチャー企業では、業績未達をもって解任となることは過度な措置と考えられますし、実際、後任を見つけることは容易ではありません。だからこそ、報酬との連携をうまくとる人事制度の設計が有益なのです。業績だけを視点におかず、仮に事業計画未達成の場合でも説明責任を果たし、改善策を自ら率先して提示していることや、社内のリスクに適切に対処していることなどを重点項目とすることも大切です。指名や報酬に関する委員会を設置する場合には、以下のような事項について、どのように設計・運用するかを検討することが必要です。

- 委員会の活用目的
- ガバナンス・経営の仕組み全体の中における委員会の位置付け・役割
- 委員会および関係主体の権限の整理（諮問、審議、提案、報告、承認などの行為を巡る関係）
- 委員会の構成メンバー
- 社外有識者の要否

　また、経営トップの交代と後継者の指名は、企業価値を大きく左右するものであり、コーポレート・ガバナンスの真価が問われる重要な局面です。取締役会、特に執行側から独立した社外取締役は、こうした後継者計画の重要性を十分に認識し、その策定・運用が適切に行われるよう、実効的に監督することが求められます。後継者計画の策定・運用も重要であり、コーポレート・ガバナンス・コードでも示されています（補充原則4-1③、4-3①、②）。

4-2
コーポレート・ガバナンスの 無効化事例

　コーポレート・ガバナンス・システムを無効化してしまうケースは後を絶ちません。本節では、無効化に至った事例を紹介します。東京証券取引所では財務諸表に重大な虚偽表示があったとされる場合、「上場廃止」や「特定市場注意銘柄」に指定することがあります。東証上場企業で2021年以降、「特定市場注意銘柄」に措定され、その後「上場廃止」に至った主な企業を**図表4-6**に示します。

　「特定市場注意銘柄」に指定されると、上場会社の内部管理体制などについて改善の見込みがないとされ、ほとんどの企業が上場廃止に至っています。**図表4-6**は2021年以降を示していますが、さらに5年遡っても、「特定市場注意銘柄」に指定された企業のほとんどで、代表取締役による不正が行われ、ガバナンスの無効化がされていました。

　図表4-6の中から、代表取締役によるガバナンス無効化で、上場廃止に至ったとされるルーデン・ホールディングスとテラの事例を以下に示します。代表取締役のワンマン経営により、取締役会と監査役会が機能不全に陥り、ガバナンスを無効化させた不祥事の事例と言えます。

4-2-1　ルーデン・ホールディングスのケース

(1) 本事例の概要

　ルーデン・ホールディングス（以下「ルーデンHD」）は、住宅内装リフォーム、新築マンションの内装施工、さらに不動産開発、健康食品・美容品の販売などを行っている企業です。同社の非連結子会社であるRuden Singapore（以下「RS」）は、2018年12月に新規暗号資産公開により調達したとされる資金が、実態のない「見せ金」であることがわかりました。これは投資者の投資判断上、誤解を生じせしめる内容であったと認められることから、不適正

開示に該当します。この状況に対し、中心人物と目されていた人物が2022年8月に逝去し、関係者からの聴取なども困難な状態から、独立した立場から2022年5月に外部調査委員会が設置され、その調査結果が2022年11月30日付で公表されました※4。その後、2023年1月28日に上場規則に違反した不適正な開示があり、ルーデンHDの内部管理体制などについて改善の必要性が高いことから、2023年3月31日付で第三者委員会が設置されました。しかし、追加の調査が必要な事項が多く生じ、調査終了を待たずに、10月30日付で第三者委員会の委員が退任しました。

　ルーデンHDが2023年11月1日に公表した改善計画・改善状況報告書※5もありますが、2022年11月30日付で公表された外部調査委員会の調査結果の信頼性が高いと考えられ、以下の記述は主にこの調査結果に基づいています。

（2）上場廃止に至る経緯と関連する要因

　不正の大きな原因は、取締役会と監査役会の機能不全というガバナンスの無効化とされました。ルーデンHDは高い持株比率を背景にした代表取締役会長（当時）によるワンマン経営がなされており、他の役職員は忠告・進言もはばかられる組織風土で、けん制機能が適切に働いていなかったとされています。特に暗号資産に関わる当該事業では、「取締役会決議に基づかない

図表4-6　2021年以降「特定市場注意銘柄」に措定され、その後「上場廃止」に至った企業の例

企業名	市場	指定日	上場廃止日	備考
ルーデン・ホールディングス	東証グロース	2023/1/28	2023/12/30	上場会社の内部管理体制などについて改善の見込みがなくなり「監理銘柄」「整理銘柄」となり、その後上場廃止
ディー・ディー・エス	東証グロース	2022/9/29	2023/8/4	同上
アジア開発キャピタル	東証スタンダード	2021/8/7	2023/4/30	指定日時点では、東証2部、「整理銘柄」指定
テラ	東証スタンダード	2021/10/4	2022/8/23	上場契約違約金を徴求。破産手続開始決定により上場廃止

表に記載した以外にも、「特定市場注意銘柄」に指定され、その後完全子会社化などにより上場廃止になった企業はある。出所：東京証券取引所資料などより筆者作成

契約締結」があり、その背景として代表取締役会長への事業一任など、経営者に対するけん制が働かなかったことに起因するとされています。取締役会決議を欠く契約締結などが取締役会決議を経たものとして開示されており、実態と異なる開示が行われているとされています。また、有価証券報告書において、実際には手元にない1700BTC（ビットコイン）を、実在性確認も十分に行わずに「ある」としたことは、有価証券報告書の開示事項作成プロセスに不備があったとされます。

　2018年9月、ルーデンコイン事業の拠点として、シンガポールにRSが設立されています。RSはルーデンコイン事業のみを進めるために設置された子会社ですが、ルーデンコイン事業に関わる意思決定はルーデンHDの代表取締役会長が行っていたと思われ、事業運営に関わる取締役会は開催された形跡がないとされています。また、RSは2021年1月には閉鎖された可能性があると第三者委員会は推測していますが、ルーデンHDはRSが閉鎖されたことを示す明確な資料を入手しておらず、閉鎖の旨のIR開示はなされていません。RSはルーデンHDの100％子会社ですが、親会社であるルーデンHDの監査役監査では、ルーデンHD取締役会に出席しルーデンコイン事業やRSに関わる情報共有は提供されていたものの、その子会社の運営実態にまで入り込んだ監査は行われていなかった模様であるとされています。

　内部統制上の不備は、J-SOXの評価範囲から除外されているRS自体から生じているものがあるものの、その多くは親会社であるルーデンHDの全社統制や、決算財務報告プロセス上の問題から発生しているものと考えられています。

　なお、取締役会長以外の取締役・監査役、社外取締役などに関しては、「改善計画・状況報告書」の中で、以下のような記述がされています（抜粋して記述）。

・他の取締役・監査役は、暗号資産に関して知識経験がなく、誰も取締役会で質問することもなく、リスク検討の不足、疑問意識の欠如、自身の役職に関わる責任意識の欠如があった。
・社内取締役は代表取締役会長に対して発言をすると、自分自身が窮地に立

たされる可能性から発言できず、社外取締役は代表取締役会長の知り合いの弁護士を長期にわたり継続して選任、会長の推進する事業に対し批判的検討や指摘を行うことができていなかった。
- 監査役も取締役と面識のある者の中から、士業（行政書士・税理士・弁護士）という点だけで選任され、不十分な監査役監査しかなされず、情報共有の不備があった。

　2022年11月30日付で外部調査委員会の調査結果が公表され、2023年1月28日に投資者の投資判断に重要な影響を及ぼす会社情報について、上場規則に違反して不適正な開示が行われたものであり、同社の内部管理体制などについて改善の必要性が高いと認められることから、同社株式は特設注意市場銘柄に指定されました。その後、第三者委員会の設置、調査が実施されましたが、調査が十分に行えないまま、2023年10月30日に同社株式は監理銘柄（審査中）に指定されました。2023年11月1日に改善計画を開示しましたが、第三者委員会による調査の目的であった追加調査や原因分析などを反映した計画となっておらず、さらに、2023年11月29日をもって、同社株式は整理銘柄に指定され、2023年12月30日付で上場廃止に決定しています[6]。

(3) ガバナンス無効化のリスクや対応策
　本ケースが示すガバナンス無効化リスクと、それに対する方策について説明します。

①代表取締役会長の強大な発言力と組織風土、コンプライアンス意識の欠如
　本件では代表取締役会長が強大な発言力を有し、それに対して他の取締役や監査役がものを言えない組織風土があったとされています。さらに、取締役会規定などに基づかず、取締役会を経ずに意思決定や適時開示を実施していた、ともされています。
　こうした事態にならないようにするには、意思決定を行う経営者のコンプライアンス意識の醸成、法令順守が最も必要であり、「コンプライアンス重視」の経営姿勢を企業理念として掲げ、コンプライアンス意識の向上に資する研

修などが考えられます。また、対等な立場で適切な監督ができる取締役の登用、法令などの違反事由に対して差し止め請求ができる監査役の登用、運用が適切に行われているかの外部取締役や外部有識者からなるモニタリング機関設置により、継続的にモニタリングを行うことが必要と考えられます。

②取締役会、監査役の機能不全と事業のブラックボックス化

取締役会を軽視する経営者の姿勢と、それを容認してしまう取締役会（他の取締役）の姿勢は、本件が生じた大きな要因になっています。また対象事業について、適時に適切な情報が会社内部で共有されず、ブラックボックス化が発生、実態と異なる適時開示がされてしまったことも大きな問題点です。

これらに対しては、取締役規定の順守、適切な情報開示を含む取締役のコンプライアンス重視、意識改革、適切な外部取締役の選定・活用とそのための環境整備、モニタリング機能・組織の活用、専門性が不足する場合の外部専門家の招聘などの対応策が必要と考えられます。

③適時開示などの企業内容の開示に対する低い意識

適時開示に関する意識の低さ、社会一般に及ぼす影響の軽視から、実態と異なる適時開示などが継続されました。適時開示に携わる役職員が一部に限定され、チェック体制も不十分でした。

この点については、適時開示の業務フローを見直し、コーポレート・ガバナンス報告書に記載される適時開示フローにのっとった運営がなされているか内部監査が監査をすることや、全役員にIR前に開示文案を回覧して異議がないことを確認してから開示する、モニタリングを実施することが必要と考えられます。

④海外子会社、対象事業に対する内部統制の空白化

本件では、RSが監査役監査、内部監査、J-SOX、CSR委員会内部統制活動のいずれからも検討対象外とされ、内部統制の空白地帯化が生じました。代表取締役の内部統制に対する意識の欠如に加え、内部統制活動の担い手側も、リスク検討不足、疑問意識欠如があります。

そのため、リスク意識をもった監査活動・モニタリング、CSR委員会が研修のみでなくリスク検知、再発防止活動に関わる業務に従事することが考えられます。また、海外子会社、非連結子会社であっても、親会社として十分に管理し、レポートラインから外さないことも必要と考えられます。

⑤新規事業への進出に関わるリスク検討の不足

　自社に知見のない新規事業である仮想通貨事業に参入するにあたり、リスク分析・検討、リスク低減対応策の検討が不十分のままに事業を開始してしまい、諸問題の発生を招きました。

　ベンチャー企業や東証グロース市場の企業では、未知でリスクの高い新規事業にチャレンジする場合が多いと考えられますが、経営リスクの検討、プロジェクトチームでの検討、外部有識者の活用などは必要と考えられます。

⑥原因究明につながる書類の不備や消失、第三者委員会の活用が困難

　本件では、事実関係を確認できる書類、資料の不備もしくは意図的な消失の可能性も指摘されています。その点に加え、事件解明時に代表取締役会長が逝去し、第三者委員会での原因究明が困難になり、事実関係が不確かなまま改善計画を提出せざるを得ず、適切な再発防止策の検討に至りませんでした。少なくとも事実関係が明らかになる議事録などの書類の保持やその活用ができれば、原因解明、適切な再発防止策の検討、実施が行われ、上場廃止にまでは至らなかったと考えられます。

4-2-2　テラのケース

(1) 上場廃止に至る経緯と関連する要因

　テラは、免疫で重要な働きを担うとされる樹状細胞ワクチン療法の研究開発などを目的に、東大発ベンチャーとして2004年6月に設立されました。5年後の2009年3月にはジャスダック上場も果たし、2012年12月期には連結の年収入高は約15億4400万円を計上しました。しかし、その後は契約医療機関からの収入が落ち込んだ上、研究開発費の負担も重くなり、2014年12月

期以降は8期連続で営業利益の段階から億円単位の赤字が続きました。

　さらに、2018年6月には有価証券報告書の重要事項の不記載などの不祥事が発覚し、2018年8月に第三者委員会が設置され、重要事項の不記載などについての検討がなされ、9月には調査報告書[※7]が公表されましたが、同じ月に創業社長が解任されました。この問題を受けて2019年7月には、証券取引等監視委員会（SESC）から課徴金の納付勧告を受けるなど信用が悪化していきました。

　2020年4月、業務提携による新型コロナに有効な治療薬の共同開発を目指す内容を公表、5月にはメキシコでの臨床試験開始をリリースすると、株価は上昇を続け、3カ月前の70倍という急騰で6月9日に年初来高値をつけました。しかし同社による新薬開発は「虚飾」にまみれたものだったことが後に判明しました。2021年3月にはSESCから金融商品取引法違反の疑いで強制調査を受け、同年9月には2020年4月からの1年間の適時開示60件のうち、4割にあたる24件で、一部または全部が事実と異なるおそれがあるとの発表で、ガバナンス面の不全が次々と露呈していきました。新薬開発の業務提携先も2021年9月6日、破産に追い込まれました。それらを含めて不正・不祥事が発生し、2022年2月28日には「追加調査（2回目）となる社内調査報告書」が示され、同年3月4日にその公表版[※8]が示されました。2022年3月には流動資産がほぼ枯渇していたため、第三者割当増資による資金調達を試みましたが資金繰りに窮し、8月5日に自己破産申請に至りました。

　以下では、上記の2つの報告書をベースに、2018年6月の不祥事と、ガバナンス無効化のリスクや対応策について示します。

（2）2018年6月の不祥事について

　2018年6月の不祥事は、第三者割当方法により新株式および行使価額修正条項付新株予約権の発行を行う取締役会の決議において、決議に至る過程で締結されたA社とのファイナンシャル・アドバイザリー・サービス契約の締結が取締役会の承認を得ないで行われた疑い、割当先の決定過程においても社内規定違反の疑いがあることが判明したため、本件ファイナンス自体を見直す必要が生じました。さらに、代表取締役社長が2018年1月〜6月に自社

株式を売却した事実から、インサイダー取引に該当していないことなどを確認する必要が生じました。これらの発生要因として、代表取締役のコンプライアンス意識欠如、CFOの対応の不十分性、取締役による監督の不十分性、監査役・内部監査室の連携不足（内部監査室長を外部委託）、決裁基準・運用上の問題など多くの問題が指摘されました。

これらに対して、以下のような再発防止策が提言されました。

- 責任の所在の明確化（代表取締役とCFOの役割の明確化、必要な措置の実施）
- ガバナンス体制の強化（取締役会・監査役会の機能強化および内部監査体制の強化）
- 役職員の意識改革（コンプライアンスに関わる社内研修の実施、人事評価）
- 特定の取引先との関係の見直し
- コンプライアンス上の問題の端緒を把握するための組織の構築

しかし、2020年には同社が実施した第三者割当増資の失権、ストックオプション関連の債権債務関係の不記載、治験責任医師とされる教授と代表取締役社長との接触に関する報告懈怠という問題が生じました。これらに関して、2021年の社内調査報告書（公表版）、2022年の追加調査（2回目）となる社内調査報告書が出されました。生じた問題について、以下のような対応策が示されました。

①第三者割当増資の失権への対応

事実に反する資料が提出される可能性に関する意識の保有、引受予定先から提出された重要資料の信用性の確認徹底、失権防止のための業務フロー作成と取締役会への報告、取締役会・監査等委員会における監督。

②ストックオプション関連の債権債務関係の不記載

法務部門の整備拡充、内部者取引防止規定の適用除外事由変更、変更登記の迅速な実施。

③治験責任医師とされる教授関連についての報告懈怠について

　業務執行取締役が取締役会に報告すべき事項の整理および明確化、常勤監査等委員の設置、業務執行取締役および執行役員の社外の者との接触状況に関する報告の実施。

(3) ガバナンス無効化のリスクや対応策

　テラの事例は、会社業績の低迷、資金調達の必要性などから、有価証券報告書の重要事項の不記載、開示情報の多くが事実と異なり、監査やチェックも不十分という状況から生じた不祥事です。事実に基づかない情報で株価は上昇後急落し、テラは自己破産に追い込まれ、多くの株主にも損失を生じさせました。多くの不正・不祥事に対して、有効な改善策や再発防止策もあまり実施されないまま倒産に至ったと考えられます。同社の事例から示唆されるガバナンス無効化のリスクとそれに対する方策については、以下が考えられます。

①代表取締役のコンプライアンス意識の欠如への対応

　2018年6月の有価証券報告書の重要事項の不記載、取締役会の承認を得ないで行われたファイナンス契約では、CFOの問題もありましたが、自社株売却も含め、代表取締役社長のコンプライアンス意識の欠如が顕著で、これらをきっかけに創業社長は解任されました。しかし、代表取締役が代わっても、2020年〜2021年の新薬開発の虚偽的内容、金融商品取引法違反の疑いで強制調査など多くの不正・不祥事において、代表取締役のコンプライアンス意識の欠如は顕著と言えます。最低限法令順守は必要で、同社の場合は新薬開発や医療に不可欠な法務担当の人材拡充、社外取締役や有識者の活用が必要だったと考えられます。

②取締役会・監査役会の機能および内部監査体制に関わるガバナンス問題の対応

　2018年6月の不祥事は報告書にも示されていたように、取締役会による監督の不十分性、内部監査室長を外部委託したことを含めた監査役・内部監査

室の連携不足が発生の原因でした。しかし、2020年以降の第三者割当増資の失権への対応に関する問題についても、取締役会・監査等委員会における監督は不十分との指摘で、抜本的なガバナンス改革はなされませんでした。また、創薬では治験責任医師とされる教授などとの関係、その報告も重要です。他の多くの事象においても、取締役会・監査役会の機能に関わるガバナンス改善は必要で、役員向けの研修や適切な社外取締役の活用、チェック機能の強化、取締役の適切な人事評価は必要だったと考えられます。

③取締役の選定にある役割分担と社外取締役なども活用する相互連携

　本件では、代表取締役、CFO、法務担当の役員、広報担当の役員などの適性や専門性、人材不足に問題があった部分が大きく、多くの不祥事が起こっても改善が進みませんでした。取締役会や指名委員会はその適任性を判断し、また必要に応じて知識やスキル不足を明らかにし、相手が代表取締役であっても経営者としての成長に向けて助言することが求められます。

　社外取締役などは、創業者や代表取締役に遠慮してしまうことがあります。経済産業省の「社外取締役の現状について」という報告資料にも、執行部のために仕事をしていると回答する人や、精神的独立性が不十分と回答する人も少なくありません。

　しかし、社外取締役も代表取締役も等しく取締役であり、お互いに監督する義務があることを忘れてはいけません。過去の判例においても、不祥事を知りながら黙認した取締役の善管注意義務を問われたことがありました。創業者や代表取締役は法律や社内規定で定められる以上の発言権を有するのが実態ですが、それを理由に他の取締役が職務怠慢を正当化することは許容しがたいことです。この点はベンチャー経営の実務実態とは大きくかけ離れている可能性があります。

　また、専門性が高い事業においては、外部の役員の専門性でもカバーできずに見落とされることも容易に想定されます。すべての領域において専門性を兼ね備えることはできませんので、取締役会はその根拠やプロセスに目を向け、疑わしい点がないかをチェックするとともに、第三者の専門家のオピニオンを取得することも求められます。

監査役などの監査機関には、監査に必要な費用を会社に負担させることができます。しかしコーポレート・ガバナンスの機能が不十分な会社では、社長の決裁なしに必要コストを投下できないことや、遠慮して申請しないこともあるのではないでしょうか。コーポレート・ガバナンスにおける監査権限の確保にはこれらのガバナンス無効化措置に対応できるよう、内部統制システムの基本方針を制定するなどの対処が必要となります。

　またこのような実態の会社における監査報告にも注意したいです。監査役には不当な行為を発見した場合にその行為の差し止め請求や監査報告により株主への報告義務があると解されます。相互に監督する義務を負う取締役だけでなく、監査役などの監査機関においても適切な抑止行為が機能していないケースもあります。

④不適切な情報開示の是正

　創薬関連の事業では、治験の状況などが株価や資金調達に大きな影響を与え、適切な情報開示は必須です。しかし一方で、株価を意図的に上昇させる手段にも使われかねません。また経営者によるインサイダー取引につながる懸念もあり、本事例でもそれが疑われました。

　ディスクロージャー（開示）とガバナンスは、非常に関係性の高い取り組みです。ディスクロージャーは株主をはじめとするステークホルダーに対して、会社の現状や見通しを透明性高く伝えることで投資や提携、その他の取引の検討材料を提供する行為であると思います。その際に、事実と異なる内容や過度な内容を開示することの抑制には、ステークホルダーとの利害を調整するガバナンス機能と、その効力を存分に発揮するタイミングが重要です。適時開示などについてはフォローアップとして取引所が事前に確認することもありますが、それが真実であるかどうかまで究極のところ確認し得ないと思います。

　だからこそ、社外取締役や監査役などの監査機関は社内スタッフと連携しながら事実確認をし、また事実に基づかないディスクロージャーを制限する決裁プロセスなどを検討する必要があると思います。

⑤厳しい資金繰りや事業収支への対応

　同社の場合、上場企業ではありましたが、純損失、キャッシュフローの点などから、資金繰りが非常に厳しい状況でした。そのことが遠因としては無理な資金調達や不適切な情報開示につながった面があり、ビジネスモデルや研究開発の在り方自体の見直しが必要だったと言えます。実態と整合しないディスクロージャーは投資家の投資判断を誤らせ、その後不祥事発覚により株価が下落して投資家が損失を被る行為は企業が被るべき負債をだましてステークホルダーに責任転嫁しているようなものでもあり、当然コーポレート・ガバナンスが制御すべき事象です。

4-3
コーポレート・ガバナンスの無効化防止策

　本節ではコーポレート・ガバナンスの無効化防止策について説明します。まずは、無効化のハードルを高めるプロセス設計として「規律」について説明します。

4-3-1　ガバナンスに必要な「規律」

　「規律」とは、ガバナンスの無効化防止措置そのものや、そのハードルを高めるプロセス設計と考えます。健全な会社経営がなされるかどうかを株主や投資家などのステークホルダーが判断するにあたり、また取締役会や監査役会などがモニタリングするにあたっては、システムの精度だけではなく、「規律」が設計されているかどうかを監督する必要があります。これは取締役会や取締役の監督機能としてのコーポレート・ガバナンスだけではなく、会社全体のリスク管理体制として導入される内部統制においても同様のことが考えられます。

　規律のポイントとなるは「(1) ポリシーやガイドラインの公表」「(2) 透明性の確保」「(3) 独立性の確保と職業的倫理観」「(4) 多重ディフェンス体制」「(5) 監督行為の保全」です。以下、それぞれについて説明します。

(1) ポリシーやガイドラインの公表

　上場企業に義務付けられている有価証券報告書やコーポレート・ガバナンス報告書はすべて報告ベースであり、計画や宣言ベースではありません。また、コーポレート・ガバナンス・コードはベストプラクティスが示されているとはいえ、あくまでもエクスプレインが認められており、もともとどうするつもりであったかとの答え合わせは要求されていません。そして、記載内容にも企業に広く裁量が認められており、多少の不都合に関しては文書作成

能力でごまかすことができるのも事実です。これではシステム全体を無効化したり、改悪させたりせずとも、実務的なプロセスの中で想定と異なる行為による無効化あるいはそれに近い措置がなされていても、ステークホルダーは気づくことすらできません。報告ベースのアプローチでは、企業に戦略性や計画性を植え付けることはできず、結果として年1回の面倒な業務として見なされることも少なくありません。

　コーポレート・ガバナンス・コードの中には、ベンチャー企業など比較的規模の小さな企業にとって検討がそれほど重要でない項目も確かに存在します。しかし、計画を策定し、公表することはステークホルダーとの対話をさらに進化させると考えられます。故に、ボリュームは各社によって異なると思われますが、自社が経営目標や経営戦略を遂行するにあたり、脱してはいけない一線や踏み込んではいけない境界は必ず存在しており、その経営上のリスクを背負わないよう、あらかじめポリシーやガイドラインを決めておくことは、財務基盤や内部管理体制が発展段階であり、余力の限られたベンチャー企業にこそ必要でしょう。ベンチャー企業は往々にして創業株主が経営を続けているケースが多く、ガバナンスの無効化に向けたハードルは比較的低いです。少数株主の権利を保護するためにも、また新たな投資家の出現などによる流動性の確保を目指すためにも、株主構成や経営体制にまだ懸念が残るベンチャー企業ほど、これらの計画策定や公表は実施すべきです。

(2) 透明性の確保

　ガバナンスの無効化は多くのケースで経営陣や幹部が関与していますので、社員がそれを知り得たとしても、簡単には公表しづらいです。公益通報者保護制度に基づく内部通報制度を導入する企業も多くありますが、制度自体がまだ発展途上であることは否定できません。透明性の確保には内部統制の強化が必要で、それを支援するためにはいかにして情報が目詰まりを起こさずに適時適切に報告、共有されるかの情報システムが重要になります。ガバナンスや内部統制の強化を図る情報システム、環境の例を**図表4-7**に示します。

図表4-7　ガバナンスや内部統制の強化を図る情報システム、環境の例（太字は、透明化を図る施策）

項目	内容例
統制環境	• 経営戦略に合致したIT戦略計画作成、定期的に文書化 • 計画立案の際のステークホルダーからの意見吸い上げ • 情報システムを全社的に統括する部門、継続的に把握する部門の存在 • 職務分掌規定などによる情報システム部門の役割と責任の明確化 • 情報システム関連組織の要員に対する、IT関連の教育・研修の計画的実施 • すべての情報システムの主管部門または責任者の明確化 • 外部委託業務の契約書へのセキュリティー要件、委託業務に対する評価の実施、必要に応じた監査の実施、などの項目の盛り込み
リスク対応	• システムに対する定期的なリスク評価、結果に基づく対策の立案および対応
情報と伝達	• IT戦略および年度計画の業務プロセス責任者や関係者への伝達 • IT責任者による経営者や取締役会への計画に対する進捗や成果、課題伝達 • **社外取締役などに対するリスク情報伝達、内部通報システムの活用** • セキュリティーポリシーやIT統制についての規定作成、関連部署・要員への伝達
モニタリング	• 情報システム部門内における品質保証のための自己点検実施 • 内部監査部門によるシステム監査を実施し、結果を経営者に報告、フォローアップ • ITに関する委託業務の委託先における業務実施状況や結果確認、評価 • 不要なユーザー IDの有無、および不適切なアクセス権限の有無を確認する対策 • 不正アクセスの有無を確認、防止する対策
情報セキュリティー、アクセス	• プログラムおよびデータへのアクセス方針策定、関係者への周知 • 物理的アクセスを制限する対策、業務分掌と合致するアクセス権限設定 • 申請、承認、発行、一時停止、削除を適切に行うための対策
識別と認証	• 業務上権限を有しない要員のシステムアクセスを防止するための対策 • パスワードを使用している場合、その漏洩などを防止するための対策
特殊権限ユーザー	• 要員間相互けん制の点から、必要な職務分離（開発業務と運用業務の分離） • システムレベルの特権IDの限定要員のみへ付与、不正使用の有無の監視
その他	• プログラム、パラメーター変更の際の手続の規定や業務手続書作成 • システム開発における適切な管理者が文書に基づきレビュー・承認 • 適切なジョブスケジュールの登録・作成、運用 • 正確なデータ移行を行う移行計画、結果の適切な管理者の承認 • 重要なデータおよびプログラムのバックアップ • 事故および障害を適時に発見、対応できる体制

出所：金融庁「内部統制報告制度に関する事例集」2023年8月改訂（https://www.fsa.go.jp/news/r5/sonota/20230831-2/04.pdf）

オリンパス内部通報事件のように、内部通報に端を発した違法な配置転換、不法行為を受けたとする事例などから、内部通報を社外機関や社外取締役に通報する制度の必要性、有効性が認められています。しかし、日本の社外取締役に対する内部通報制度は、米国ほどには機能していないとされます。この背景には、内部通報制度の検討が米国よりかなり遅れ、また通報者の保護に重点を置いた会社法や金融商品取引法におけるコーポレート・ガバナンスの有効性検討が遅れたためと考えられます。米国には通報者に対する報奨制度があり、これが内部通報制度の有効性を高めているという指摘もあります。

以下、日本の取り組みをまとめ、社外役員などに対する内部通報制度の経緯、有効性などに関わる情報を整理します。

①公益通報者保護法の制定、改正（2004年、2020年）

2004年公益通報者保護法制定（2006年施行）。ただし、施行後も同法の直接適用により通報者保護が実現された判例は1例のみです。

2020年公益通報者保護法改正。通報者に対する報奨金制度の導入も検討されたが、奨励よりも保護ありきの観点から、我が国における導入は見送られました。

②会社法制定（2005年）、改正（2020年）

当時の企業不祥事の発覚経緯のほとんどがマスコミや官公庁への通報であったことから、論点になりかけたが見送られました（2005年会社法）。内部通報者に対する不利益取り扱いの禁止を新たに条文化を検討しましたが、具体的な条文には組み込まれませんでした（2020年）。

③2006年金融商品取引法改正

「内部通報の仕組みなど、通常の報告経路から独立した伝達経路が利用できるように設定されているか」ということが、意見書に示されました。

④2015年コーポレート・ガバナンス・コード制定

2015年の制定で、コーポレート・ガバナンス・コード原則2-5、補充原則

2-5①には「内部通報」として独立の項目が設けられました。補充原則2-5①は、内部通報制度について「社外取締役と監査役による合議体を窓口とする」として、我が国の監査役制度の実情を踏まえたものとなりました。

（参考）米国の内部通報制度の特徴（通報者への報償制度）

1863年制定の不正請求防止法（False Claims Act）、1986年改正。1934年、連邦証券取引所法を改正して2010年に制定されたD-F法（証券諸法違反の通報者へのインセンティブと保護規定）。

ベンチャー企業などコーポレート・ガバナンス未要請企業群にとって、透明性の確保に向けた取り組みを数多く導入するにはコスト上の課題もあります。ただ、経営会議などの議事を詳細に記録し、社外取締役に公表することにそれほどの時間は要しません。また、より一層規律を高めるには、記録の改ざんを防ぐために録画やAIによる書き起こしデータの共有、会議以外での指示を確認するためのメールやチャットなどの電子記録のバックアップなど消失保全措置は、すぐにでも始められます。何も対処しないことに企業規模などの言い訳は通らないと考えます。

（3）独立性の確保と職業的倫理観

いくら充実したルールや情報システムを有していても、監督者としての社外取締役や監査役などが積極的に監督、監査機能を発揮しない限り、制度の存在価値はなくなります。その最たる例が忖度や遠慮と思われ、故に監督者の独立性の確保は多方面から要求されています。一般に独立性の要件として、雇用等関係の不存在、親族関係の不存在、取引関係（経済的利害関係）の不存在の3つが要求されますが、会社法（会社法2条15号）では最後の点は社外取締役の要件とはされていません[9]。

東京証券取引所は、2009年に独立役員制度を導入し、上場会社に対して独立役員を1人以上確保することを企業行動規範の「順守すべき事項」として規定、また取引所への「独立役員届出書」提出を求めました。以後、2014年に「独立社外取締役選任に係る努力義務」を新設、2015年にはコーポレート・

ガバナンス・コードで「取締役である独立役員の確保」を求めるようになりました。また、2020年2月に上場子会社の独立役員の独立性を強化する改正が「上場管理などに関するガイドライン」の改正によって行われています。

　独立役員の東京証券取引所の規定はかなり具体的に示されていますが、最終的には当該企業が判断するとしています。どれだけ厳格に独立性を保ち、実際に独立社外取締役を選定できるかは、企業の倫理観やポリシーに任せられると言ってもいいのかもしれません。以下、東京証券取引所の資料をもとに引用します。

上場規定

　独立役員とは一般株主と利益相反が生じるおそれのない社外取締役または社外監査役であり、上場国内会社には1名以上の独立役員確保が義務付けられる（上場規定436条の2）。また「望まれる事項」として上場国内会社は、取締役である独立役員を少なくとも1名以上確保するよう努めなければならないとされる（上場規定445条の4）。

独立性の判断

　「一般株主と利益相反が生ずるおそれがない者」か否かは、上場会社において実質的に判断する必要がある。

独立性の基準

A. 上場会社を主要な取引先とする者またはその業務執行者。
B. 上場会社の主要な取引先またはその業務執行者。
C. 上場会社から役員報酬以外に多額の金銭その他の財産を得ているコンサルタント、会計専門家または法律専門家（当該財産を得ているものが法人、組合などの団体である場合には、当該団体に所属する者）。
D. 最近においてA、BまたはCに掲げる者に該当していた者。
E. 就任の前10年以内のいずれかの時において次の（1）から（3）までのいずれかに該当していた者。

　独立性基準の参考までに、「議決権行使助言会社」が公表している基準を紹介します。「議決権行使助言会社」とは保有している銘柄の議決権行使に関する様々な助言を行う会社で、ISS（Institutional Shareholder Services）とグラスルイスの2社が事実上の寡占状態です。以下に示すのはISSの「独立していない」と判断される例[10]で、**図表4-8**にはグラスルイスの独立性基準を示します。雇用関係、親族関係、取引関係に注目する点は同じで、相違は、主幹事証券や政策保有株式、クーリングオフ期間（出身元からの独立性を認定する期間）の明示など、細かな点です。

- 会社の大株主である組織において、勤務経験がある。
- 会社の主要な借入先において、勤務経験がある。
- 会社の主幹事証券において、勤務経験がある。
- 会社の主要取引先である組織において、勤務経験がある。
- 会社の監査法人において、勤務経験がある。
- コンサルティングや顧問契約などの重要な取引関係が現在ある、または過去にあった。
- 親戚が会社に勤務している。
- 会社に勤務経験がある。
- 会社が政策保有目的で保有すると判断する投資先組織において、勤務経験がある。

　ISSの例として「コンサルティングや顧問契約などの重要な取引関係が現在ある、または過去にあった」とあります。東京証券取引所の独立性基準によれば、上場会社から役員報酬以外に多額の金銭その他の財産を得ているコ

図表4-8　グラスルイスによる社外取締役の独立性基準（2024年）

分類	定義	備考（具体的要件例など）
独立役員	利益相反が生じるおそれのない役員	当該会社またはその子会社や関連会社との重要な取引、その取引先との雇用関係、当該会社の関係者との親族関係などがなく、さらに、当該会社の主要借入先の関係者、10%以上の株式保有者またはその関係者でない役員
非独立役員	一般株主と著しく利害関係を異にする特定の利益相反が生じるおそれがある役員	当該会社またはその子会社や関連会社との重要な取引、その取引先との雇用関係、当該会社の関係者との親族関係のいずれかがある場合、あるいは当該会社の主要借入先の関係者、10%以上の株式保有者またはその関係者である場合、または、当該企業との株式持ち合い関係がある企業との関係が判明した場合、当該役員を非独立と判断する
社内役員	独立性のない社内の役員	当該企業またはその子会社の取締役、監査役、執行役またはその他使用人である者。当該企業の親会社または親会社の子会社の取締役、監査役、執行役またはその他使用人である者。社外役員の指定がない役員は、社内役員とみなす

出所：グラスルイス

ンサルタント、会計専門家または法律専門家は独立性基準に抵触しますが、抵触するのは役員在任中に多額の金銭を得ている場合で、会社の会計監査人である監査法人などにおいて過去に勤務経験があることは東京証券取引所の独立性基準では見受けられません。これは、会社法が定める社外取締役・社外監査役の要件でもありません。この点は、ISSの特徴と言えます。

　いずれにしても、独立性は形式的な基準がほとんどになりますが、現実の経営シーンにおいての独立性は形式的なものだけでなく、力関係や恩義といった人らしい点がポイントとなることも少なくありません。例えば、年齢や出身企業などによる力関係もあるでしょうし、社外役員の採用において社長自らが決裁することで、日本人らしい恩義も生じ得ます。これらはすべて精神的な独立性を阻害します。

　これらを踏まえ、監督や監査をする独立役員の選定にあたってはその求める役割やスキルなどを明確にするとともに、選任プロセスにおける公正性や

独立性への配慮が重要です。独立性へのケアとしては、CEOを面接プロセスから除外することで任命にかかる恩義を低減することや、候補者素案をCEO以外の取締役で策定することなどが考えられます。

とはいえ、長年監督者を続けていると、仲も深まり、事後的な情の発生は否定できません。だからこそ、監督者となる人材の倫理観が重要となります。

精神的な独立性は経済産業省の「社外取締役の現状について」にも記載があります。ベンチャー企業やスタートアップなどの知名度がまだ高くなく、高い報酬を捻出しづらい企業においては実態として友人、知人にお願いをするケースが多いと思います。友人、知人だから監督者として不適任というわけではなく、また取引関係などの形式的な要件だけで十分なわけではなく、本当に重要なのは精神的独立性であり、このチェックは容易ではありません。

ただ、取締役や監査役などの選任は株主総会決議事項であり、株主の経営参加権の象徴であると思います。故に、任命議案においてその精神独立性を問いただす質疑が建設的になされることは株主総会のあるべき姿であり、むしろ株主にしかできない重要な役割であると思います。

話を未上場のスタートアップ企業に限定すると、ベンチャーキャピタルなどから社外取締役が派遣され、コーポレート・ガバナンス機能を担うことが多々あります。業績を成長させたい、不祥事を起こさせたくない、その結果として上場させたいという利害は経営陣とほぼ完全一致するのではないでしょうか。

一方で、上場を急ぐあまり内部管理体制が不十分となり、上場後にそれを理由に虚偽表示やコンプライアンス事案に発展するケースもあります。この点において、ベンチャーキャピタルもビジネスであるからこそ、若干は内部管理体制などのリスクを許容するということが、起こってもおかしくありません。つまり、上場タイミングにおいては利害が不一致となるケースもあり、コーポレート・ガバナンスの強化という面では、ベンチャーキャピタルなどの投資家を社外取締役に任命するだけでは不十分とも考えられます。

（4）多重ディフェンス体制

内部統制では「3ラインディフェンス」という考え方が浸透しています。よ

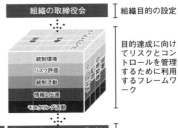

図表4-9　3ラインディフェンスの考え方

出所：内部監査人協会（IIA）情報／COSO「3つのディフェンスライン全体でのCOSOの活用」（https://www.iia japan.com/leg/pdf/data/iia/201510.pdf）

く利用されるのはトレッドウェイ委員会支援組織委員会（COSO）と内部監査人協会（IIA）が共同で作成したもので、COSOの「内部統制の統合的フレームワーク」と3つのディフェンスラインモデルを結びつけて内部統制に関する具体的な役割と責任の説明や割り当てをするものです（**図表4-9**）。

　これは、組織の規模や複雑性を問わず、リスクとコントロールに関する具体的な職務を組織内で割り当てて連携する方法で、前提として、リスクとコントロールの有効管理のために、上級経営者と取締役会の監督と指揮の下で3つの別々のグループ（またはディフェンスライン）が必要とされています。各ラインの役割は以下のとおりです。

- リスクとコントロールを所有し管理する（現業部門の経営者）。
- 経営者を支援してリスクとコントロールをモニターする（経営者が整備するリスク、コントロール、コンプライアンス機能）。
- リスクマネジメントとコントロールの有効性に関して取締役会と上級経営者に独立的なアシュアランスを提供する（内部監査）。

　3つのディフェンスラインについては、2019年6月にディスカッションペー

図表4-10　IIAの3ラインモデルの6つの原則

原則	概要
原則1： ガバナンス	• アカウンタビリティー（統治機関）：誠実性、リーダーシップ、透明性をもって組織体の監督を行い、ステークホルダーに対する説明責任を果たす • アクション（マネジメント）：リスクベースの意思決定と資源配分を通して組織目標の達成を実現する • アシュアランスと助言（内部監査機能）：厳格な調査やコミュニケーションを通して透明性や信頼の提供、継続的改善の促進を実現する
原則2： 統治機関の 役割	• 有効なガバナンスのための、適切な構造とプロセスを整備する • 組織体の目標と活動をステークホルダーが優先する利益と整合する • 経営管理者に責任を委ね資源を提供し、法規制上および倫理的な期待を確実に満たしながら、組織体の目標を達成する • 独立した客観的で有能な内部監査機能を確立し監督し、目標達成に向けた進捗状況について、明確にして確信を提供する
原則3： マネジメントと 第1線・第2線 の役割	• 組織体の目標を達成するための経営管理者の責任は、第1ラインと第2ラインの両方の役割で構成される • 第1ラインの役割は、組織体の顧客への製品やサービスの提供と最も直接的につながっており、これには支援機能も含まれる • 第2ラインの役割は、リスクの管理を支援することである
原則4： 第3線の役割	• 内部監査は、ガバナンスとリスクマネジメントの妥当性と有効性に関する独立して客観的なアシュアランスと助言を提供する • 内部監査は、体系的で規律あるプロセス、専門知識、および洞察を十分に適用することで、これを実現する • 内部監査は、発見事項を経営管理者と統治機関に報告し、継続的な改善を奨励して促進する。その際に内部監査は、組織体内外の内部監査以外の提供者によるアシュアランスを検討する場合がある
原則5： 第3線の独立性	• 内部監査が経営管理者の責任から独立していることは、内部監査の客観性、権限、および信頼性のために不可欠である • 内部監査の独立性は、統治機関に対するアカウンタビリティー、内部監査業務の遂行上必要な人員、資源およびデータへの自由なアクセス、並びに監査業務を計画し実施する上で偏りや干渉がないことによって確立される
原則6： 価値の創造と 保護	• すべての役割が互いに協調するとともに、ステークホルダーが優先する利益と整合している場合、すべての役割が全体として共に働くことは、価値の創造と保全に貢献する • 業務の調整は、コミュニケーション、協力、および協働によって達成される。これにより、リスクベースの意思決定に必要な情報の信頼性、一貫性、および透明性が確かなものになる

出所：IIA「IIAの3ラインモデル」（https://www.iiajapan.com/leg/pdf/data/iia/2020.07_1_Three-Lines-Model-Updated-Japanese.pdf）

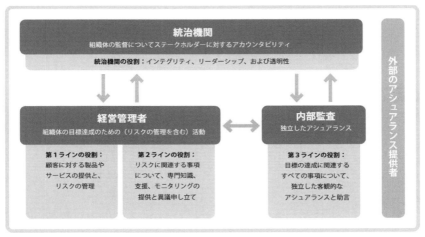

図表4-11　IIAの3ラインモデル
出所：IIA「IIAの3ラインモデル」(https://www.iiajapan.com/leg/pdf/data/iia/2020.07_1_Three-Lines-Model-Updated-Japanese.pdf)

パーが発行され、2020年にアップデートがなされました。3つのライン間の連携や協働、さらにガバナンスの観点から整理し直され、6つの原則が提示されています[11]（**図表4-10、図表4-11**）。

　この3ディフェンスライン、3ラインをガバナンス・システムにも応用したいところです。そこで、ケースとそれに対する3ディフェンスを考えてみたいと思います。

ケース1 取締役の任命基準を定めたにもかかわらず、CEOの思う通りに進められるようYesマン従業員を取締役に任命し、過半数を確保しようとする場合

　推薦人をここでは利害関係人に準ずるものと整理し、指名委員会が2層目、取締役会が3層目としての機能を確保する方法と、2層目までは同じとしながら業務執行取締役の任命は社外取締役会の同意を必要とする方法、つまり社外取締役を3層目にする方法が考えられます。監査等委員会設置会社を採

用する企業の監査等委員会には、指名に関して株主総会の意見陳述権が認められていることは3層目の強化につながっていると考えられます。3層目でも阻止できない場合には株主に報告することもできます。

ケース2 リスク管理体制を整えたと公表したにもかかわらず、CEOが不祥事を認識したがもみ消し、社外役員への共有を行わないよう指示する場合

内部通報制度の有効化により、通報者→内部通報窓口→監査役会等又は監査機関の3層確保をする方法や、不祥事をリスク管理委員会に報告すべき義務を明確にするとともにリスク管理委員会の議事や録画を監査役会などに共有することで3層確保をするなどが考えられます。

いずれにしても、内部通報窓口を担当するのは往々にして雇用関係のある社員であり、業務の独立性が求められます。監査役などの監査機関は内部通報業務の透明性と公正性を確保した運営がなされているのかを確認しておく必要があります。

ケース3 成長戦略を公表したにもかかわらず、CEOが独断で戦略外の事業への投資を決定する場合

少額投資の場合に職務権限上断行し得ることも踏まえ、投資判断の職務権限に年間投資案件を累積で判断する基準を適用させることや、経営会議などの重要会議の透明化などが考えられますが、3層目まで確保されません。そのため、職務権限上新規事業と特定される案件に関しては、社外取締役を含むリスク管理委員会でのリスクアセスメントを必須とすることで3層確保を目指すことができます。あるいはCEOと同様に経営企画などの担当役員の決裁を必須とし、その重要ポジションの使命は取締役会が主導することで3層の有効性を確保することも考えられます。

（5）監督行為の保全

監督行為として行われる社外取締役による発言は、議事録に記録することが望ましいです。また、監査報告や意見陳述において大枠問題がなかったとして記載される形骸化した報告を是正し、報告すべきアジェンダを明確にす

ることが考えられます。現代においてはチャットなどのコミュニケーションツールを用いる取締役会も多いことから、チャットなどでの質疑や意見についても社外取締役の監督行為として保全することも考えられます。

4-3-2 無効化防止策

前項では「規律」に関して説明しました。その内容を踏まえた上で、コーポレート・ガバナンスの無効化に対する有効な防止策をまとめます。

(1) 決議と公表義務の明文化

繰り返しになりますが、上場企業に義務付けられている有価証券報告書やコーポレート・ガバナンス報告書はすべて報告ベースであり、計画や宣言ベースではありません。また、コーポレート・ガバナンス・コードにおいてベストプラクティスが示されているとはいえ、あくまでもエクスプレインが認められ、もともとどうするつもりであったかは要求されず、記載内容にも企業に裁量が認められています。

ベンチャー企業にとっては、コーポレート・ガバナンス・コードの中に重要でない項目もありますが、計画を策定し、公表することはステークホルダーとの対話をさらに進化させます。自社が経営目標や経営戦略を遂行するにあたり、経営上のリスクを背負わないよう、あらかじめポリシーやルールを決めておくことは、財務基盤や内部管理体制が発展段階であり、余力の限られたベンチャー企業にこそ必要です。

ベンチャー企業では往々にして創業株主が経営を続けているケースも多く、ガバナンスの無効化に向けたハードルは比較的低いです。そのため、少数株主の権利保護、新たな投資家の出現などを目指すのであれば、株主構成や経営体制にまだ懸念が残るベンチャー企業ほど、これらの計画策定や公表は実施すべきで、そのための決議も必要です。

(2) 取締役などの選任要件とプロセス

ベンチャー企業では、創業者が大株主であり、経営者であり、取締役であっ

ても自由に意見を言えず、それが内部統制やガバナンスの無効化につながり、ステークホルダーへの大きな損失転嫁、上場取り消しから会社倒産につながる事例もあります。そうした事態を防ぐには、会社の機関設計、取締役会の役割、社外取締役を含む取締役などの選任要件とプロセスの検討、自社にあった体制構築が必要です。

　監督者としての社外取締役や監査役などが積極的に監督機能を発揮しない限り、制度の存在価値はなくなります。そのため、監督者の独立性の確保は必要です。一般に独立性の要件としては、雇用等関係の不存在、親族関係の不存在、取引関係（経済的利害関係）の不存在などですが、自社にあった独立性の高い社外取締役選定が特に必要とされます。

（3）監督機能の確保と社外役員の情報システム

　ガバナンスや内部統制の無効化は、多くのケースで経営陣や幹部が関与しています。それを知り得た社員はその非行を簡単には公表しづらく、まずは経営陣や幹部に対して、適切な助言や時にはブレーキをかけることができるのは、取締役や監査役などの監督や監査の役割を法的に持つ役員です。そのため、社外取締役や監査役などが適時、適切にリスク情報を知り得る情報システムの設計が重要です。指名や報酬に限らず、ガバナンスや内部統制の無効化が行われているかどうかを知り得る環境設定をすることは、監督機能のさらなる透明性の確保と言えます。

　また、従業員から社外取締役への内部通報制度も重要であり、それが実質的に機能するために通報者の保護のみでなく、インセンティブ確保も必要と考えられます。さらに、3つのディフェンスラインモデルのように、ガバナンス、内部統制に関する具体的な役割と責任の説明や割り当てを行うことも必要でしょう。具体的には、現業部門の経営者、経営者を支援してリスクとコントロールをモニターする組織、内部監査組織、といった3ラインを敷くことで、守りのみならず攻めのガバナンスにも有効と考えられます。

　コーポレート・ガバナンスの無効化防止策の一例として、第6章でポート社の規律設計の事例を紹介します。規律の確立には、①ポリシーなどの公表、②透明性の確保、③独立性と職業的倫理観、④多重ディフェンス体制、⑤監

督行為の保全が重要であり、無効化防止策としては、①決議と公表義務の明文化、②取締役などの選任要件とプロセス、③監督機能の確保と社外役員の情報システムが有効です。

コーポレート・ガバナンス事例

第 **5** 章

Venture Governance in the AI Era

5-1

5つの事例から学べる3つの論点

　本章では、ベンチャー企業を中心としたコーポレート・ガバナンス未要請企業群がコーポレート・ガバナンスを強化していくにあたり、参考となるいくつかの企業事例を紹介したいと思います。取り上げるのは、未上場のユニコーン企業であるSmartHR社、東証プライム上場企業ですが大規模なベンチャーとも言えるメルカリ社、東証プライム上場企業としてコーポレート・ガバナンスの優良企業である丸井グループ、未上場大会社であるサントリーHD（サントリーグループ）、EVメーカーとして有名なテスラ社の5社です。

　先に、各社に共通する重要な論点を3つ挙げ、次節以降で各社の取り組みを詳細に解説します。

(1) 経営トップによる強いリーダーシップ

　ベンチャー企業やオーナー企業の創業者は絶大な権力を有しています。事例で取り上げる各社は、その強い力をコーポレート・ガバナンスの強化に向けたリーダーシップとして発揮しています。たとえ優秀な社員がいたとしても、コーポレート・ガバナンスの強化を先導することは容易ではなく、不可能といっても過言ではないかもしれません。トップ自らが必要性を認識し、改革の陣頭指揮をとるからこそ実効性の高いシステムを構築することができます。コーポレート・ガバナンスは、上場企業や大会社の役員だけの責務ではありません。これから大きく成長したい企業、多くのステークホルダーからの信頼を確保したい企業など、すべての企業のトップが向き合うべきお題です。

(2) 監督機能を意識した機関設計や運営体制

　ベンチャー企業において人材の層がまだ厚くないフェーズでは、所有と経営、経営と執行の分離を推し進めることは現実的でないかもしれません。実

際に大株主であり、代表取締役であり、CEOとして執行の最前線にいる経営者は数多く存在すると思います。ただ、自らが客観性を欠いたとき、自らが間違った判断をしかねないとき、自らが私利私欲に侵されそうなとき、誰がそれを制御できるでしょうか。事例で取り上げる各社は、経営の監督機能を設けることでコーポレート・ガバナンス強化の幕開けとしています。年々増加するステークホルダーに目を向け、自分と利益が相反する際にそのストッパーとなり、時には相談相手となる人材なしでは、技術への変化が激しく、不祥事への目が厳しくなった現代で健全な経営判断を続けるのは極めて難しいと思います。

(3) AIなど先端技術の活用

　企業経営を取り巻く技術変化は激しさを増しています。ブームだから便利だからと新技術を利用するケースや、無関心になっているケースもあると思いますが、AIなどの先端技術に対応をするのは経営の重要な判断です。事例で取り上げる各社は、技術の進歩による環境変化に対して、「対応は必要ないのか」「検討してはどうか」と、建設的な対話を促す取締役会を機能させています。AIなどの技術革新とガバナンスの関係でいえば、経営としてどう判断すべきかを客観的・論理的に整理し、広い視野とリスク管理意識を促すことだと思います。

5-2

SmartHR

5-2-1 コーポレート・ガバナンスへの取り組み

(1) 企業と事業の概要

　SmartHRは2013年1月23日に設立され、2015年11月にクラウド人事労務ソフト「SmartHR」の提供を開始しました。2019年から人事データを活用した「人材マネジメント」領域に事業を拡大し、2023年10月には「SmartHR」の登録企業数は6万社を突破、5年連続シェアNo.1を獲得しました。雇用契約、年末調整などの人事・労務業務のペーパーレス化や、従業員サーベイや分析レポートなど蓄積された情報を活用する人材マネジメントまで、多様な人事・労務の業務効率化を実現しています。

　同社は未上場で、多額の資金調達を行っている成長企業です。2019年にはシリーズCラウンドで海外投資家などから62億円を資金調達し、2021年にはシリーズDラウンドで海外投資家などから約156億円を調達しています。こうした資金調達により株主が多様化したことが、コーポレート・ガバナンスを強化するきっかけになったのではないかと思います。

　2023年の1年間で約330人が入社し、既に1000人を超える組織規模となっていますが、2024年は半年間で約240人を採用する計画とされています。代表取締役の芹澤雅人氏は、現在の同社を「スケールアップ企業」と位置付け、「製品の市場テストが完了し、規模拡大を行う段階で、組織・事業ともに急成長する」としています[1]。未上場でありながらコーポレート・ガバナンスを重視する企業として、同社の事例は興味深いです。

(2) コーポレート・ガバナンス強化におけるリーダーシップ

　同社の元取締役CFOで現在は取締役兼監査等委員会委員長である玉木諒氏にインタビューを実施したところ、コーポレート・ガバナンスの取り組み

を先導したのは玉木氏と、創業者で現在は取締役を務める宮田昇始氏であったことがわかりました。玉木氏は「持続的な企業価値の向上にコーポレート・ガバナンスは欠かせない」という考えから、社内外の関係者と連携し、後述する機関設計などを実行しています。玉木氏の話で最も興味深かったのは、トップである宮田氏のリーダーシップでした。コーポレート・ガバナンス強化の必要性を認識し、けん制役となる社外取締役を勧誘したとのこと。当時のCEOおよびCFOという経営トップの強いリーダーシップがコーポレート・ガバナンスへの投資を加速させたと言えます。

コーポレート・ガバナンスの策定においては非常に多くのステークホルダーの期待を正確に理解し、トレードオフを解消し、時には自らをけん制する機能を検討します。故に、会社法やコーポレート・ガバナンスに知見のある人材が強化プロジェクトを推し進められるわけではなく、経営トップ自らが強い意志とリーダーシップを発揮しなければいけません。

(3) 監査等委員会設置会社への移行

同社は2021年3月に監査役設置会社から監査等委員会設置会社へ移行しています。経営における執行と監督を明確に分け、コーポレート・ガバナンス体制を一層充実させるための取り組みです。監査等委員3人の取締役のうち2人は社外取締役です。監査役設置会社から監査等委員会設置会社に移行する場合、監査を担当する役員は取締役となりますので、監査能力だけでなく取締役としての能力評価もしないといけません。人材獲得が難しいベンチャー企業でそうした人材の確保は容易ではありませんが、同社はコニカミノルタで代表を務めた松﨑氏やカルビーでCHROを務めた武田氏など、多彩な人材を登用しています。松﨑氏を招聘したのは当時のCEOであった宮田氏、また武田氏を招聘したのは現CEOである芹澤氏で、CEOが変わってもコーポレート・ガバナンスへの課題意識やリーダーシップは受け継がれていると言えます。

(4) 報酬委員会の設置による適切な報酬設計

2021年8月から準備を始め、2022年5月18日付で報酬委員会が設置されま

報酬制度の方針・設計

	取締役向け	VP向け	従業員向け
決定機関	報酬委員会	人事会議_CxO・VP	全社報酬会議
委員・決裁者	報酬委員 （村上さん・武田さん ・芹澤さん）	CxO	CxO・VP
事務局	カンパニーセクレタリー	人事	人事
決定時期	3月	1月	1月・7月

図表5-1　報酬に関係する業務を行っている人事と報酬委員会との役割分担
出所：SmartHR『『報酬委員会』設置が、なぜコーポレート・ガバナンス強化につながるのか」(https://note.com/smarthr_co/n/n1cff06430d8f)

した。報酬委員会は上場企業で指名委員会等設置会社を選択している会社には設置が義務付けられていますが、同社は未上場で監査等委員会設置会社なので、法律上の義務によるものではなく任意での設置になります。報酬委員会を設置した詳細な理由は開示されていませんが、一般に大株主経営者がいる場合はお手盛りになることが考えられるので、その対処として導入するケースがあります。他方で、ベンチャー企業の中には創業者が株主であり、会社の利益拡大を最優先にする考えから、役員報酬を抑えている企業もあります。これは経営者としての哲学として評価される一方で、優秀な人材を確保する上では阻害要因となることもあります。そのため、単にもらい過ぎ防止のためだけでなく、もらわなさ過ぎ防止も含め、一定規模になったタイミングで、報酬委員会などにおいて客観的に議論することが適切であるように思います。

　同社が報酬委員会設置において重視したことは、①客観性の高い決定機関・プロセスの構築、②妥当性とインセンティブのバランスの取れた水準設定、③内外のステークホルダーと利害一致を図るための報酬制度設計の3点だとしています。人事と報酬委員会との役割分担は**図表5-1**のようになっています。

(5) CEOのサクセッション（後継者育成）

　同社は2013年に創業（当時はKUFU社）以降、宮田氏が代表取締役CEOとしてけん引してきましたが、同氏は2022年1月1日に取締役ファウンダーとなり、代表取締役CEOには取締役CTOであった芹澤氏が就きました[2]。芹澤氏は2016年入社以降、SmartHRの開発の中心を担ってきた人材です。玉木氏は本件について「適材適所の采配」と話していました。実際に他の企業においても創業者が経営トップを離れ、取締役として資金調達や新規事業に専念するケースがあります。ゼロから事業を立ち上げ、成功させてきた起業家である創業者の強みを生かす体制という面では、持続的な成長に向けてすべてのベンチャー企業にとって検討に値する取り組みではないでしょうか。

(6) CFOのサクセッション（後継者育成）

　同社のCFOは2018年1月以降玉木氏が担い、財務戦略の強化および経営管理体制の構築などを行ってきましたが、同氏は2023年10月1日、取締役兼監査等委員会委員長（常勤）となりました。この件に関して玉木氏は、「これも適材適所であり、それを可能とする人材が集結しており、層の厚さがこの経営判断を支えた」と話しています。

　企業経営は財務基盤や業績規模、ステークホルダーの変化などにより、ステージが変化していきます。そのステージの変化において、これからも通用するかしないかといった観点ではなく、より客観的で公正性の高い視点で「強みを生かす適材適所」を考えることはなかなか容易なことではないかもしれません。ただ、企業の持続的な成長を考えた上で下す意思決定であり、これは経営者を支える周りのメンバーには決めることはできず、創業者をはじめとする現任取締役が会社と自らのスキルセットを客観的に見極め、断行していく他ありません。古くは「引き際」のように、続けるか辞めるかの二項対立であったものが、同社の例を機に柔軟性が増していくことは今後のベンチャー企業の成長可能性を高めるものかもしれません。

5-2-2　事例から得られる示唆

（1）未上場企業だが事業成長と企業価値向上の視点からコーポレート・ガバナンスを重視

　同社は多額の資金を調達し成長していますが、自社をスタートアップ企業と位置付けている未上場企業です。会社法やコーポレート・ガバナンス・コードの点では、法規制やソフトローによる縛りは上場企業ほどきつくはありません。しかし、「スタートアップ企業こそ事業成長とガバナンスとのバランスが大切」という考えで、コーポレート・ガバナンスを重視し、自主的に取り組んでいる点が注目されます。

（2）報酬委員会の設置によるコーポレート・ガバナンスの強化

　コーポレート・ガバナンスを「会社（経営者、社員ら）が自らを律して社内外のステークホルダーとともに持続的に成長していくための仕組み」と定義するなら、報酬委員会の設置はまさに、経営陣を律して目先の利得ではなく長期的な会社の成長へと向かわせるための重要な体制強化の一つとなります。同社は義務ではない報酬委員会を設置しており、このような考えを実践していると言えます。

　労働者ではない取締役の報酬は、責任や期待への対価と考えられます。自分の会社を冷静に評価し、ベンチマークする企業集団においてどの程度の役員報酬が一般的に適切なのか、それが利益を圧迫する場合ビジネスモデルとして改善すべき点はないかと考えます。また、単に報酬を下げてコストを抑制するだけでなく、激化する人材獲得競争の中で優秀な人材を登用していくために、必要な人材レベルと報酬レベルを認識し、事業収益とのバランスを鑑みることも重要です。

　しかし、利益拡大や黒字化をコミットメントするCEOにとっては、判断が難しいお題かもしれません。だからこそ、外部のコンサルティング会社の人材を招いたり、社外取締役を主要な構成員として議論したりすることは、真の意味で人材獲得競争に勝てる体制へと進化し、またビジネスモデルへのリクエストを明確にするのです。もらい過ぎ防止よりも、もらわなさ過ぎ防

止の観点が、ベンチャー企業には重要かもしれません。

(3) CEO、CFOのサクセッションと人材活用

成長のステージに応じて、CEOやCFOが交代しています。それらは社内でかなり議論されてのことと見られます。元CEO・元CFOは、同社のコーポレート・ガバナンスを構築した中心人物であり、その視点から考慮されたと考えられます。興味深いのは、元CEOは新規事業担当の取締役となり、元CFOは監査等委員会委員長となっている点で、この点においてもコーポレート・ガバナンス重視が読み取れます。

(4) 社外取締役を含む取締役の適切な選定

同社の企業規模からすると多いと思われる10人の取締役（うち3人は監査等委員会担当）を置き、企業成長と価値向上の視点から、コーポレート・ガバナンス、経営、投資などに経験のある社外取締役を選定して活用していることは注目されます。

5-3

メルカリ

5-3-1　コーポレート・ガバナンスへの取り組み

（1）企業と事業の概要

　メルカリは2013年に創業して現在は東証プライムに上場し、一般の人も知る有名企業です。同社が運営する「メルカリ」は個人間取引（CtoC）のマーケットプレイスであり、スマートフォンだけで簡単に利用できる特徴があります。2022年にはメルカードやメルコインという新規事業も立ち上げています。次の10年に向けて、従来のミッション「新たな価値を生み出す世界的なマーケットプレイスを創る」を、「あらゆる価値を循環させ、あらゆる人の可能性を広げる」へと刷新しました。

（2）人材採用、給与、福利厚生の特徴

　同社は「結果の平等」ではなく「機会の平等」にフォーカスした採用や登用を進めており、国籍やジェンダーなどの登用目標値は設定していないものの、各組織に応じたプロセスにおける目標値を設定・モニタリングしています。ミッション達成のため、ダイバーシティー＆インクルージョンは不可欠なものとし、2023年6月期において、ジェンダー平等に関するグローバル認証「EDGE Assess」を日本企業として初めて取得しました。また、男女間賃金格差の解消に向けた是正アクションも実施しており、全社員に占める女性比率は32%、女性管理職22%、女性役員30%、東京オフィスに勤務する社員の国籍は、50カ国を超えるとされています[※3]。同社の年間平均給与は1035万円（賞与・基準外賃金含む。2022年7月〜2023年6月）。株式報酬も積極的に活用し、新株予約権（SO）や譲渡制限株式ユニット（RSU）を役員だけでなく従業員にも広く付与してきました。また、卵子凍結費用補助をいち早く取り、出社かフルリモートかを社員自身が選べ、月15万円（上限）の交通費

を支給するなど、手厚い福利厚生や柔軟な働き方で知られています。

(3) 機関設計、取締役会の特徴

　同社のコーポレート・ガバナンスへの取り組みを**図表5-2**にまとめました。2023年9月28日の株主総会をもって、監査役会設置会社から指名委員会等設置会社に移行しています。指名委員会等設置会社は、最も導入事例が少ない機関設計です。取締役会は独立社外取締役6人を含む10人の取締役によって構成され、指名委員会と報酬委員会は独立社外取締役3人を含む4人の取締役、監査委員会は独立社外取締役2人を含む3人の取締役によって構成され、いずれも過半数の独立社外取締役によって構成されます。つまり、コーポレート・ガバナンス・コードが示す監督機能を確保していると考えられます。

　指名委員会等設置会社は他の機関設計に比べ、独立社外取締役の負担が大きいと評価されることがあります。それは指名委員会、報酬委員会、監査委員会というガバナンス上重要なテーマの委員会を社外取締役が積極的に関与して運用していくモデルだからです。そのため、監査役会設置会社からの移行モデルとして監査等委員会設置会社を選択する企業も少なくないように思います。その中で指名委員会等設置会社を選択した同社には、重要なテーマすべてかその一部かはわかりませんが、監督機能を強化したいという意思があると思います。

　2023年9月28日現在、6人いる執行役は、取締役会から業務執行に関する大幅な権限移譲を受けています。監督機能と執行機能を明確に分離し、取締役会の監督機能の強化を実現しながら、執行機能の迅速かつ果断な意思決定と積極的かつ健全なリスクテイクを支える体制構築を目指しています。

(4) トップの強い意志を反映する具体的な取り組み

　過半数の独立社外取締役から成る指名委員会、報酬委員会を設置し、経営陣の指名および報酬などの決定について、公正性・透明性を確保しています。また、2021年からESG委員会を設置し、各カンパニーから1人ずつ、合計7人のESG担当役員を選任し、ESG視点から事業に関する各種経営判断に関与しています。

図表5-2 　メルカリにおけるコーポレート・ガバナンスへの取り組み

項目	考え方、取り組み	具体的内容、特徴など
目指すゴール	メルカリグループに対するステークホルダー（お客様、社会、株主、投資家など）からの信頼獲得	ミッション達成に向けた最適な経営体制の整備、永続的な組織を目指すためのCEOサクセッションプランニングを目指す
取り組み方針	コーポレート・ガバナンス、ガイドラインを策定。ESG委員会を新たに設置	各カンパニーから1人ずつ、合計7人のESG担当役員を選任。ESG視点から事業に関する各種経営判断に関与し、メルカリの各事業とマテリアリティーごとのESG施策を両立し、かつスピーディーに実行・推進ができる体制を確保
実行体制・施策	過半数の独立社外取締役から成る指名報酬委員会を設置	経営陣の指名および報酬などの決定について、公正性・透明性を確保
ガバナンス体制	2023年9月、指名委員会等設置会社へ移行、監督機能と執行機能の分離を明確化	取締役会の監督機能の強化を実現しながら、執行機能の迅速かつ果断な意思決定と積極的かつ健全なリスクテイクを支える体制の構築を図る
取締役会の実効性	毎年、取締役会の実効性の評価を実施。評価結果を踏まえ、施策を実施し、取締役会のさらなる審議の充実と実効性の向上を図る	2022年の評価結果を踏まえた施策例 ・ロードマップとのつながりを意識して事業戦略、ESG戦略を議論する機会と場の創出 ・討議すべき経営アジェンダや戦略テーマを参加者が頻繁に主体的に提言できるメカニズムの構築・運用 ・活発かつ円滑な討議を実現するための運営方法・資料形式の継続的な改善 ・新任取締役に対するオンボーディングのさらなる充実化
コンプライアンスリスク管理に関する体制	コンプライアンスやリスク管理の各分野で高い知見を有する人材を採用、社員への継続的な教育や適切なモニタリング活動などを行うことで、コンプライアンスおよびリスク管理の徹底	反社会的勢力との一切の関係遮断やマネーロンダリングおよびテロ資金供与への対策を含むコンプライアンスを徹底すること、並びに事業遂行に関わる様々なリスクについて、その特性や重要度、複雑性などを踏まえ分析・評価しリスクを適切にコントロール
セキュリティーに関する体制	「情報セキュリティー基本方針」を宣言し、順守	グループ横断でセキュリティー対策の継続的な強化やセキュリティーに関する注意喚起などに取り組む
データプライバシーに関する体制	個人情報保護法などの各種法令・ガイドラインの順守やお客様のプライバシーの尊重に努める	お客様に関する情報を取得し利用することで、よりお客様に適したサービスを提供することができると考えている。同時に、メルカリグループは、お客様の情報を取得し扱うことに対して大きな責任があることを認識

出所：メルカリ「コーポレート・ガバナンス/コンプライアンス」（https://about.mercari.com/sustainability/governance-compliance/）をもとに筆者作成

本書執筆にあたり、同社のコーポレート・ガバナンスに関与する社員にインタビューを実施しました。そのインタビューにおいて、指名委員会等設置会社への移行はトップである山田進太郎氏の強い意志であるなど、山田氏の強いリーダーシップが確認されました。東証プライムに上場しているので、コーポレート・ガバナンスに対応する優秀なチームがあると思われますが、大きな意思決定はトップのリーダーシップが発揮されているとのことです。ベンチャー企業をはじめとするコーポレート・ガバナンス未要請企業群にとって、強く認識すべき事象であると思います。

5-3-2 事例から得られる示唆

(1) 指名委員会等設置会社の選択

大手企業でも採用比率の低い「指名委員会等設置会社」という機関設計を選択していることが特徴です。監督機能と執行機能の分離を明確にして、取締役会の監督機能の強化を実現しながら、執行機能の迅速かつ果断な意思決定と積極的かつ健全なリスクテイクを支える体制を構築しています。

(2) 後継者育成の重視

新体制の新たな社外取締役として、パナソニックホールディングスなど複数企業で社外取締役を務め、日本取締役協会会長の冨山和彦氏（指名・報酬委員）が選ばれました。この背景として、「次のCEOをどうするか？」というサクセッションプラン（後継者育成計画）もあるとされます[4]。

(3) 従業員に対する手厚いインセンティブ方策と組織のミッション達成の両立

一般に、従業員エンゲージメントが高い企業ほどROE（自己資本利益率）やROIC（投下資本利益率）、PBR（株価純資産倍率）が高いことが知られています。同社は、給与、人材育成、福利厚生などの点から、従業員のモチベーションやエンゲージメントも重視していますが、成果を出すことこそが大事という考え方も有しています。そのため、新しいプロジェクトや新事業の機会への参加を促し、個人のモチベーションと組織のミッションのベクト

ルを合わせるマネジメントの在り方が特徴と考えられます。これは直接的な
コーポレート・ガバナンス業務ではないものの、経営と執行を切り分け、執
行を担う幹部だけでなく組織全体を活性化させることは取締役会が検討すべ
きテーマであり、取締役会は人的資本経営というテーマにおいて役職員がど
のようにモチベーション高く働くのかという点を検討する必要があると思い
ます。

（4）中長期計画策定でなく、企業風土醸成、プロセス管理で成果を出す攻めの
ガバナンス

　具体的・固定的な中長期計画を策定しなくても、成果を出すことこそが大
事という企業風土が醸成されており、攻めのコーポレート・ガバナンスが特
徴と考えられます。「結果の平等ではなく、機会の平等を」というコンセプ
トで、女性管理職などの数値目標は置かず、採用時の候補者のジェンダー比
率など、プロセスでのKPIを設けていることも特徴と言えます。

　内部統制では統制環境という考え方があります。それは往々にして経営陣
がどのようなメッセージを伝えているのか、どういった風土が醸成されてい
るのかという観点で語られます。攻めのコーポレート・ガバナンスが機能す
るための内部統制、統制環境として同社の例は参考になると言えます。

（5）コーポレート・ガバナンスへの活用を含むAIの利用

　同社ではビジネスモデルの中核を占めるAI出品が注目されますが、コン
プライアンスチェックやリスク管理の視点からは、「AI＋人間による適正利
用などのリスク管理」が重要と考えられます。これは、出品・入金の不正取
引の検知や、模倣品検知にAIを活用するもので、自社および顧客にとって
のリスク管理となり、AIのみでなく最終的には人間が判断していることが
注目されます。与信審査モデルも、コンプライアンスチェックやリスク管理
の視点から重要です。他にも人材育成やマーケティングにAIを活用して生
成AIチームを設置したことから、コーポレート・ガバナンスに関わるAI活
用がさらに進展する可能性があります。

5-4

丸井グループ

5-4-1　コーポレート・ガバナンスへの取り組み

(1) 企業と事業の概要

　丸井グループは1931年の創業以来、小売・クレジット一体のビジネスを展開し、「小売」と「フィンテック」の2つのセグメントを一体運営する企業グループです。現在では、未来投資‥（スタートアップ企業や新規事業への投資）も加えています。持株会社である丸井グループと子会社18社および関連会社7社から構成されています。2019年2月、「丸井グループビジョン2050」を公表し、共創を基盤とした3つのビジネス「世代間をつなぐビジネス」「共創ビジネス」「ファイナンシャル・インクルージョン」を設定しました。

　2021年5月には2026年3月期を最終年度とする5カ年の中期経営計画を策定し、「事業戦略×資本政策×インパクト」を掲げ、方向性を示すサステナビリティーとウェルビーイングに関わる目標として「インパクト」を設定しました。また、長期投資家やサステナビリティーの専門家をボードに迎えることで、ガバナンス体制を進化させました。

(2) 全般的取り組み

　お客様、株主・投資家の皆様、地域・社会、お取引先さま、社員、将来世代の6つのすべてのステークホルダーの「利益」と「しあわせ」を目指し、すべてをステークホルダー視点で考え、行動することにより共有できる価値づくりに取り組み、結果として企業価値の向上を図る「ステークホルダー経営」を進めるとしており、そのために、コーポレート・ガバナンスの強化を経営の最重要課題の一つとして位置付けています[5]。コーポレート・ガバナンス体制を**図表5-3**に示します。

図表5-3　コーポレート・ガバナンス体制の概要

項目	内容
組織形態	監査役設置会社
取締役会	6人（うち、社外取締役3人）
取締役会開催状況 （2023年3月期）	開催回数：10回 出席率：100% 独立取締役出席率：100%
監査役	4人（うち、社外監査役2人）
監査役会開催状況 （2023年3月期）	開催回数：16回 出席率：95% 独立監査役出席率：96%

出所：丸井グループ「コーポレートガバナンス」（https://www.0101maruigroup.co.jp/ci/governance/）

　同社は、取締役会および監査役会の他、業務執行レベルの最高意思決定機関として、17人の執行役員で構成する経営会議を設置しています。また、コーポレート・ガバナンスの基本的な考え方や取り組み方針を体系化した「丸井グループ　コーポレート・ガバナンス・ガイドライン」を策定し、実施状況については「コーポレート・ガバナンス報告書」に記載されています。

（3）指名・報酬委員会の役割と取締役・経営陣幹部の報酬

　取締役、執行役員の報酬は、株主総会で決議された報酬限度額の範囲内で、指名・報酬委員会が決定しています。指名・報酬委員会は、委員3人以上で組織し、原則としてそのうち2人以上を社外取締役で構成しています。これは「丸井グループ　コーポレートガバナンス・ガイドライン」にのっとり、またコーポレートガバナンス・コードが求める「主要な構成員を社外取締役とする」という要請を満たしています。

　取締役、執行役員の報酬は、①定額報酬、②短期インセンティブとして事業年度ごとの会社業績に基づく業績連動賞与、③中長期インセンティブとして中長期的な会社業績に基づく業績連動型株式報酬で構成されています。さらに、取締役の個人別の報酬などの内容に関わる決定方針についても詳述されています。

　同社は、2020年3月期より役員報酬制度を見直し、短期および中長期のイ

ンセンティブ報酬の割合を高め、中長期インセンティブの評価指標としてサステナビリティー目標を導入し、共創サステナビリティー経営と連動した役員報酬を設計していることが特徴です。2020年3月期以降の報酬構成比率は、「基本報酬：業績連動賞与：業績連動型株式報酬＝6：1：3」となっています。業績連動型株式報酬は、2024年3月末日で終了する事業年度までの3事業年度において、各取締役の役位に応じて毎年一定の時期にポイントを付与します。最終事業年度の会社業績指数の目標達成度などの業績指標（会社業績指数EPS、ROE、ROICに加え、共創サステナビリティー経営を推進するためのESG評価指標などを使用）に応じて0～110％の範囲で業績連動係数を決定し、これを累積ポイント数に乗じて各取締役に交付する株式数を算出しています。さらに、執行役員や次世代経営者への報酬の在り方について、検討が必要としています。

(4) 全般的特徴

2022年3月に、年金積立金管理運用独立行政法人（GPIF）が国内株式の運用を委託している運用機関に「優れたコーポレート・ガバナンス報告書」の選定を依頼したところ、同社の報告書への得票数が最も多く[6]、その際、以下のようなコメントが示されています。

- サステナビリティー課題に対するガバナンス体制が詳細に記載されている。
- 指名・報酬委員会における意思決定の手続や対象範囲、後継者育成に関する取り組みも詳細な記載があり、透明性が高い開示となっている。
- ダイバーシティー、女性活躍について、管理職比率などの基本的な数値に加えて、女性活躍浸透度、女性の上位職志向といった意識調査面の数値も開示している。
- 非財務情報を中心に各項目の説明が丁寧で、コーポレート・ガバナンスに関して確認したい事項を報告書単体で理解することができる。

(5) 後継者育成に関わるサクセッションプラン

2018年3月期より代表取締役社長を含む経営幹部の発掘と育成を目的とした次世代経営者育成プログラム（共創経営塾CMA）を策定し、取り組みを進めています。さらに、2023年4月より若手人材の早期抜擢を目的とした「昇進・昇格要件の見直し」、経営人材の早期育成を目的とした「上級マネジメント研修」開始しています[7]。

次世代経営者育成プログラム（共創経営塾CMA）は、2018年3月期より10年後の同社の経営を担う次世代リーダーの発掘・育成と社長の後継者候補を含め、200人程度の経営幹部候補グループの形成を目的に、同社社外取締役監修の下で取り組みを進めています。このプログラムは公募制で、2023年3月期までに累計90人が参加しています。選出された社員は、経営幹部に必要な知識の習得、経営層や外部の経営者・有識者との対話など、社外取締役の監修を受けて設計した研修により、経営の視点を1年かけて学びます。

カリキュラム終了後も、協業先への出向や戦略・企画部門への配置を通じ、次世代リーダーとしての継続的な育成とモニタリングを進めています。6期目となる2023年3月期は、同社のコアコンピタンスの理解、リーダーに必要な力の体得、経営者視座の獲得をテーマとしたプログラムを実施しました。また、1～5期生によるメンター制を導入し、お互いの成長につながっています。

これらの次世代経営者育成プログラムを通じ、今後も若手・女性役員候補者の発掘・育成を継続して推進していくとしています。

(6) AIや先進技術に関わる取り組み、対応

「丸井グループビジョン2050」にデジタルトランスフォーメーションの推進が示され、2017年10月にはCDO（Chief Digital Officer）を任命、経営トップ自らが参加する「デジタル化推進委員会」を設置し、グループのIT部門にデジタルトランスフォーメーション推進本部R＆Dセンターを設立しました。グループ全体の情報セキュリティーの強化も進めています。2018年6月には、「情報セキュリティー委員会」を設置し、グループ全体の情報資産などを保護・管理する最高セキュリティー責任者としてCSO（Chief Security

Officer）を配置。CSOは、グループ全体の情報セキュリティーシステムを管理するCIO（Chief Information Officer）と連携するとしています。

2022年4月にはUXデザインの先進企業グッドパッチと共同でMutureを設立。高度な専門人材の採用を開始し、ライフスタイルアプリやイベント出店手続がすべてオンラインでできるサービスOMEMIE（おめみえ）の開発に貢献しています。また、アジャイルな組織開発推進のため、デジタル専門家と経営者の両方の視点を持つ人材を2023年6月よりCDXO（チーフデジタルトランスフォーメーションオフィサー）に迎えています。デジタルとAIを掛け合わせた事業展開や社内業務変革として、以下が行われています[8]。

- 小売事業では、ECサイト上で顧客の趣味嗜好を分析し、おすすめの商品を表示するパーソナルレコメンドを提供。
- フィンテック事業では、クレジットカードの不正利用検知やFAQチャットボットなどにAIを活用、便利で安心なサービスの提供や、お客様の体験価値の向上に注力。
- 社内業務では、AI-OCRや音声議事録など、AIを活用した働き方のDX化を推進。今後は、ChatGPTをはじめとする生成AIを活用。

5-4-2　事例から得られる示唆

(1) 将来世代を含むステークホルダーを明確化して役割を重視

6つのステークホルダーを明確化し、その中に「将来世代」を含めています。6ステークホルダーの利益（しあわせ）を調和・拡大させた新たな価値創出を共創サステナビリティー経営としています。また、ステークホルダーを取締役に迎え、共に取り組みを進めていくガバナンス体制の構築がされてきました。株主だけに注力する会社や、多様なステークホルダーを意識しようとも目に見える従業員や取引先だけにとどまる会社が少なくない中、「将来世代」というステークホルダーを認識して対話をする姿勢からも、同社は日本のコーポレート・ガバナンスのリーダー的存在であると言えます。

（2）取締役会と取締役の位置付け

　取締役会は、主に社外取締役との対話により、ステークホルダーの共通利益を探求（特定のステークホルダーへの利益偏重を是正）する場として重要としています。ベンチャー企業をはじめとするコーポレート・ガバナンス未要請企業群が取締役会の在り方を考えるにあたって、業務執行と監督のバランスがあります。多くのベンチャー企業では重要な業務執行の決定の場としての取締役会が存在しているように思いますが、コーポレート・ガバナンス論の進化の過程では監督の重要性が問われています。

　会社法学者の中には、取締役会の役割は監督であるからこそ、決議よりも報告事項を重視すべきとする人もいますが、同社はそれよりも一歩先を行き、ステークホルダーの共通利益の探求の場としています。取締役会は多様なステークホルダーの利害を調整し、コンフリクトを解消する場と解するのであれば、同社の取り組みはまさにその象徴的なモデルであると思います。

（3）バックキャストされた視点からのサステナビリティー・ガバナンスの重視

　サステナビリティーを事業の延長戦上で考えるのではなく、長期ビジョン・長期目標から「目標とする未来に向けて、今何ができるか？」をバックキャストして検討し、そのガバナンスを検討、構築しています。同社では、「株価がEPS（1株あたり利益）をどれだけ上回ったか＝ESGプレミアム」という指標を設けており、ESGの取り組みが加速し始めた2015年3月期以降、ESGプレミアムが拡大しています。これは、ESGが企業価値として評価されるようになったからだと考えています[9]。

（4）ダイバーシティー、女性活躍の重視とそれらに関わる指標設定

　多様性推進は重視され、2014年より女性活躍の重点指標を「女性イキイキ指数」として設定している他、「女性活躍浸透度」も指標としています。「女性活躍浸透度」とは、女性の活躍や多様性推進の目的・必要性を理解していると回答した社員の割合を示す指標です。なお、社員4435人の約45％にあたる2009人（2023年3月期）が女性で、社員女性リーダー比率は2022年度で34％、2025年度40％を目標としています。取締役6人中2人が女性で、その

うち社外取締役3人中1人が女性です。

(5) 指名・報酬委員会の役割の重要性、報酬機能の活用

　監査役設置会社ですが、指名・報酬委員会の役割が重視され、取締役や監査役の個別評価や個人別報酬の決定などに関する役割が詳細に示されています。報酬機能については、共創サステナビリティー経営を推進するためのESG評価指標などが利用されていますが、さらにインパクト目標・ESG指標の設計、執行役員や次世代経営者に対する報酬の在り方に加え、優秀な中途採用を促進する観点から検討が必要としています。

(6) 後継者育成に関わるサクセッションプラン

　2018年3月期より代表取締役社長を含む経営幹部の発掘と育成を目的とした次世代経営者育成プログラム（共創経営塾CMA）を策定し、取り組みを進めています。2023年4月より若手人材の早期抜擢を目的とした「昇進・昇格要件の見直し」、経営人材の早期育成を目的とした「上級マネジメント研修」開始しています。

(7) デジタル化、情報セキュリティーに関する取り組み

　デジタル対応は2017年ごろから具体化し、グループ全体の情報セキュリティーの強化が進んでいます。デジタル系企業との連携やデジタルの専門家を活用することで、AI事業や社内業務への活用が進みつつあります。同社の3本目の柱は、未来投資（スタートアップ企業や新規事業への投資）であり、AI関連の技術や企業を発掘し、投資や連携を行うことも考えられます。

5-5

サントリーグループ

5-5-1　コーポレート・ガバナンスへの取り組み

（1）企業と事業の概要

　鳥井信治郎氏が1899年に鳥井商店を開業してぶどう酒の製造販売を開始したのがサントリーの始まりです。1923年には本格的なウイスキー生産を開始し、1961年に創業者の次男・佐治敬三氏が2代目社長に就任し、1963年にサントリービールを発売しました。サントリーの創業家一族による未上場での経営を続け、食品・飲料関係を中心に事業を拡大してグローバル展開を進めていました。2009年、持株会社としてサントリーホールディングス（サントリーHD）が設立され、事業会社は持株会社の傘下の子会社となりました。2014年10月、サントリーHDはグローバル化を加速するため創業家以外の初めての社長としてコンビニエンスストア大手であるローソン会長の新浪剛史氏を5代目社長に迎えました。なお、清涼飲料事業の子会社サントリー食品インターナショナルは2013年に東京証券取引所に上場していますが、持株会社であるサントリーHDは一貫して未上場企業です。

（2）サントリーHDのコーポレート・ガバナンス

　サントリーグループは、「グループ経営」と「業務執行」を分離させる純粋持株会社制を導入しています。持株会社であるサントリーHDの取締役会は、社外取締役1人を含む11人（2023年4月現在）の取締役で構成されています。取締役会はグループ全体の経営課題について具体的な検討・協議・意思決定を行うとともに、グループ各社の業務執行を監督する役割を担っています。また、執行役員制度の導入により、経営の意思決定と業務執行を分離し、機動的な意思決定を実現しています（**図表5-4**）。

　サントリーHDの監査役会は、社外監査役2人を含む4人（2023年4月現在）

経営

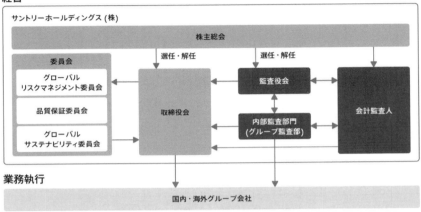

図表5-4　サントリー HDのコーポレート・ガバナンス体制
出所：サントリーグループ「コーポレート・ガバナンス」(https://www.suntory.co.jp/company/csr/gov_governance/)

の監査役で構成され、業務の執行状況や内部統制システムの整備状況など
を監査しています。監査役室を設置して監査役会の監査活動を補助している
他、グループ各社の業務執行状況などを監査・検証する内部監査部門として
グループ監査部を設けています。外部監査法人が会計監査を実施し、会計や
会計に関わる内部統制の適正性並びに適法性について、客観的な立場から検
証しています。

(3) サントリー食品インターナショナルのコーポレート・ガバナンス

　東証プライムに上場しているサントリー食品インターナショナルは、監査
等委員会設置会社です。これは、取締役会の議決権を有する取締役で構成さ
れる監査等委員会が監査を行うことや、内部統制システムを活用すること
で監査・監督の実効性の向上を目指す機関設計といえます。取締役会を構
成する取締役9人（監査等委員である取締役を含む）のうち3人は社外取締役
（2023年2月現在）です（**図表5-5**）。

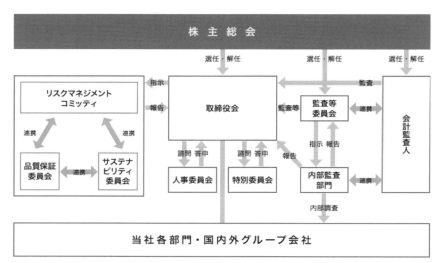

図表5-5　サントリー食品インターナショナルのコーポレート・ガバナンス体制
出所：https://www.suntory.co.jp/softdrink/ir/management/governance.html

(4) コーポレート・ガバナンスに関わる特徴

　同グループは未上場企業のサントリーHDが事業会社を束ねており、同HDの大株主は寿不動産です。寿不動産は創業者一族の担う会社です。サントリーHDは未上場企業ですが、コーポレート・ガバナンスには以前から積極的に取り組んできました。また、東証プライムに上場しているサントリー食品インターナショナルは、上場基準、コーポレート・ガバナンス・コードへの対応を含む、コーポレート・ガバナンスを実践しています。これらにより、サントリーHDは長期的・横断的に、サントリー食品インターナショナルは事業に合わせたコーポレート・ガバナンスを実践するなど、HD企業とその傘下企業、未上場企業と上場企業、それらの特徴に合わせて、役割分担していることが特徴です。

(5) AIや先進技術に関わるサントリーHDの取り組み
サントリーシステムテクノロジー社

　同グループには1990年に設立されたIT戦略実行企業のサントリーシステ

ムテクノロジーがあり、生産計画の立案や製造ラインでの異常検知をはじめ、R＆D・SCMなどの分野で幅広くAIを活用しています。2022年には、Googleの元AIインフラ構築責任者が開発をリードするスタートアップ企業Citadel AIが開発した、AIの自動モニタリングシステムの共同検証を完了し、有効性を確認しました。Citadel AIには資本参加もしています。これは、コーポレート・ベンチャー・キャピタル（CVC）機能を有する同HD未来事業開発部による、スタートアップ企業との連携推進です。

　様々な社会環境の変化（国際物流網の混乱による原材料輸入の遅延、コロナ禍での嗜好や消費行動の変化・多様化、エシカルなSCM要求）を受けて、業務プロセス変革、戦略立案・推進業務へのシフト、および需給業務負荷削減を実現するため、AI導入を決定しています。AI導入にあたっては「ヒトの仕事をAIに置き換えるのではなく、ヒトの業務ノウハウと協業してはじめてAIは有効活用できる」と考え、AI活用に最適となる業務プロセスを見直しています。具体的には、「予測の見せ方の工夫」としてAI予測だけではなく予測根拠および予測・実績乖離を可視化し、「業務の工夫」として人が予測・実績乖離、昨年売上などを参考に必要に応じて修正します。その効果として、需給業務時間の削減（創出時間約6000時間/年）、中長期的な戦略・

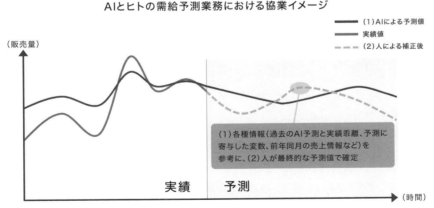

AIとヒトの需給予測業務における協業イメージ

図表5-6　需給業務におけるAI活用
出所：サントリーホールディングス「サントリーのデジタルへの取り組み　AI活用による需給改革」（https://www.suntory.co.jp/company/digital/innovation/ai.html）

戦術立案業務へのシフト（需給業務比率：約75%→約50%）を見込んでいます（**図表5-6**）。

サントリー食品インターナショナル社

　サントリー食品インターナショナルは、AIの活用や技術検証を実施しています。例えば、生産計画の最適化、需要変動対応、業務効率改善による生産性の向上、働き方改革を目的に日立製作所と協創し[10]、AIを活用した生産計画立案システムや、原材料入荷から製造、物流、倉庫保管までの情報を一元管理するチェーントレーサビリティーシステムを開発しています（**図表5-7**）。チェーントレーサビリティーシステムは、異常のあった原材料を使用して商品を製造するリスクを低減し、原材料や工程の異常による疑義商品製造の把握など、食品・飲料における不祥事発生を検知・予防できるシステムです。2024年1月以降、同社の委託先を含めた工場約60拠点、および倉庫約300拠点で運用を開始しています。

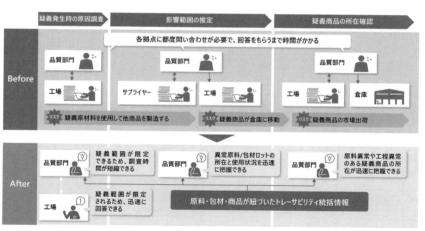

図表5-7　原材料入荷から製造、物流、倉庫保管までの情報を一元管理するチェーントレーサビリティーシステム
出所：日立製作所「日立とサントリー食品が協創し、原材料入荷から製造、物流、倉庫保管までの情報を一元管理するチェーントレーサビリティシステムを開発、サントリー清涼飲料の国内全工場・倉庫で運用開始」
（https://www.hitachi.co.jp/New/cnews/month/2024/01/0124.html）

5-5-2　事例から得られる示唆

(1) 未上場企業でありながらコーポレート・ガバナンスを重視

　サントリー HD は売上高や従業員規模では大企業ですが、一貫して未上場です。持株会社として法規制やコーポレート・ガバナンス・コードの制約はなくても、独自にコーポレート・ガバナンスを重視し、それが事業の成長などにも生かされたと考えられます。一方で、創業家によるファミリービジネスという色彩がありますが、所有と経営、グループ経営と業務執行を分離し、適切なガバナンスが実現できたと考えられます。なお、サントリー食品インターナショナルが上場することでサントリー HD は多額の資金を得ており、それを活用しつつグループ横断的な戦略や基盤開発、中長期の事業開発を遂行できるメリットがあります。

(2) AIを積極活用し、グループ横断技術開発を推進

　AI活用にはサントリー HD もサントリー食品インターナショナルも積極的で、既に原料調達、製造、物流、販売、マーケティングなどバリューチェーン、サプライチェーンの多くの部分で活用されています。1990年に設立された専門会社サントリーシステムテクノロジーは、AI活用やサプライチェーンマネジメントに関わるIT活用、大手システム会社との連携において重要な役割を果たし、同グループ全体で利用するIT/AI技術の開発に貢献しています。

5-6

テスラ

5-6-1　コーポレート・ガバナンスへの取り組み

(1) 企業と事業の概要

　テスラは2003年に設立され、EV（電気自動車）を製造するビジョンを持っていましたが、当初は自動車の工具を製造してバッテリーを販売することにとどまっていました。EVを製造するリソースがなかったのですが、当時の経営者がイーロン・マスク氏のスピーチを聞き、短期間で彼を会社に参加させることを決定しました。2004年にイーロン・マスク氏は同社の資金調達を主導するとともに、取締役会長に就任しました。この時期はまだ小規模な企業で、コーポレート・ガバナンスはあまり重視されていなかったとされています。

　2008年10月、会長のイーロン・マスク氏がCEOを兼務することとなり、2009年1月にはEVの納入を開始し、2010年6月には株式上場を果たしました。以降の同社は、以下のような意思決定を行い、それを実現してきました。

- EVの部品供給だけでなく、ゼロからEVをつくる。
- 規制障壁や多額の資本投資が必要だとしても、直営店、サービスセンター、スーパーチャージャーステーションのグローバルネットワークを確立する。
- 生産規模を最大限効率的に拡大するため、世界最大のリチウムイオン電池工場であるギガファクトリーを建設する。
- 2016年、SolarCityの買収によりエネルギー生成および貯蔵に進出し、垂直統合型の持続可能なエネルギー企業を設立する。
- 将来的にフルセルフドライビング（完全自動運転）を実現するために、ソフトウエアをテスラの車両に導入する。

(2) コーポレート・ガバナンスにおける7つの特徴

①優秀なリーダーであるイーロン・マスク氏の指名、登用

　事業展開および企業価値を飛躍的に高めるために優秀なリーダーとして、イーロン・マスク氏を登用しました。イーロン・マスク氏は当初は会長として資金調達を推進し、CEOに就任後は会社のビジョンや製品に対して直接的で影響力のある役割を果たしてきました。それは、同社がビジョンを達成してグローバルEV企業として大きく成長し、企業価値を高めたという点で、非常に大きな要因だったと言えます。

②株主との対話を重視した資金調達、株主への還元

　通常の株主総会に加え、株主との対話や質疑応答セッションを開催し、意見交換を行う機会を設けています。2010年のIPO以降、2021年12月31日までの株主還元率が年率換算で65％に達していることも株主重視の表れと言えます。

③ソーシャルメディアを活用したコミュニケーション

　イーロン・マスク氏がソーシャルメディアを通じて積極的に情報を発信しています。企業方針や新製品に関する情報を迅速に提供していることで透明性が向上し、同時に市場や投資家とのコミュニケーションを強化しています。

④取締役会と委員会の役割

　取締役会には、監査委員会、報酬委員会、指名・コーポレート・ガバナンス委員会、開示管理委員会という4つの常任委員会があります。これらの委員会のそれぞれのメンバーは、NASDAQの上場基準の下で独立取締役としての資格を得ています。

⑤後継者育成、リーダーシップの評価

　ガバナンス審査や後継者育成計画の一環として、取締役会（指名・コーポレート・ガバナンス委員会が主導）は、リーダーシップ構造が同社にとって

最適かどうかの評価、取締役会とその委員会の構成や規模、業績の審査、個々の取締役の評価、取締役の選挙または再選挙に備えた候補者の選任と評価を行います。

⑥環境重視、サステナビリティー重視の経営

同社は環境への取り組みや持続可能性に焦点を当て、EVの製造と普及を通じて環境負荷の軽減を重視しています。これがコーポレート・ガバナンスにも影響を与えており、取締役会と関わるサステナビリティー評議会も設置しています。

⑦CEOの報酬と企業価値の連動

イーロン・マスク氏は、2004年に同社の資金調達を主導するとともに、自身でもテスラに出資して取締役会長に就任しましたが、報酬については一貫して自社株報酬制度を選択しています。2018年には、イーロン・マスク氏の報酬について株式の時価総額などが一定の基準に達した場合に、およそ550億ドルを受け取れる仕組みを導入しましたが、米国裁判所は無効判断を下しました。一方で2020年の報酬はゼロだったとの報道記事もあります。賛否はあると思いますし、同社におけるCEOの報酬制度は極端ともいえますが、自社株報酬制度は経営者のインセンティブを高め、企業価値も向上するという点で、注目すべきと思います。

5-6-2 事例から得られる示唆

同社の事例は、CEOのリーダーシップの重要性と、そのCEOを監視する取締役会や独立取締役の重要性を示していると言えるでしょう。

(1) イーロン・マスク氏のリーダーシップと弊害

同社の事業およびコーポレート・ガバナンスにおいては、CEOであるイーロン・マスク氏の役割と個性が大きな役割を果たしていますが、弊害もかなり多く指摘されています。2018年以降の報道では、取締役会が同氏をコン

トロールできていないのではないかという指摘が複数なされました。同氏は2018年8月、同社の買収を検討しているとツイートし、株式市場で同社の株価は変動しました。証券取引委員会（SEC）から詐欺容疑で告訴され、判決後、イーロン・マスク氏は3年間会長職を辞し、イーロン・マスク氏と同社はそれぞれ2000万ドルの罰金を科されました。新たに2人の独立取締役を雇用し、イーロン・マスク氏とのやりとりを監視する「正式な開示委員会」を設置するよう指示されました。

(2) 取締役に対する高い基準の設定と水野弘道の取締役就任

　同社は、健全なコーポレート・ガバナンスの重要性という視点から、取締役に対して高い基準を設定しています。2020年には水野弘道氏を独立取締役に加え、同氏は2023年5月の任期満了まで務めています。水野氏は年金積立金管理運用独立行政法人（GPIF）の最高投資責任者（CIO）などを歴任した人物で、経済産業省の元参与で2020年の東芝の株主総会において、海外ファンドに議決権行使の見送りを働きかけたとされています。また、革新的ファイナンスと持続可能な投資に関する国連事務総長特使、ハーバード、オックスフォード、ケンブリッジ、ノースウエスタンのビジネススクールのフェローとしてサステナビリティーファイナンスの推進に努めています。

コーポレート・ガバナンス改革のリーダー

第**6**章

Venture Governance in the AI Era

6-1

本章の要点

　本章では、筆者（本章では「私」と書きます）が取締役副社長CGO兼取締役会議長を務めるポート社を例にとり、私自身の経験、考え方を含めつつ、当社のコーポレート・ガバナンスの概要、特徴と考えられる点について述べます。先に、要点を整理し、その後、「ベンチャーのガバナンス改革初期に検討すべきこと」（6-2）と、「ポート社のコーポレート・ガバナンスへの取り組み」（6-3）を説明します。

　ガバナンス改革において、企業における最高経営責任者であり、組織の全体的な運営を統括する立場であるCEOの役割は非常に大きいと言えます。特に創業者であり株式保有比率が一般的に高いベンチャー企業や同族企業では、その傾向が強くなります。実際、最も会社を大切に思う人にしかコーポレート・ガバナンス改革はできず、それはCEOおよびそれに準ずる人間であり、創業者で株式保有比率が高ければ、その力は高まります。「自分（自社のCEO）はこのような取り決めがなくとも適切な経営をするはずだ」、そう信じたい気持ちはわかりますが、会社経営のプレッシャーは計り知れず、誰にしてもいつ判断を誤るかはわかりません。

　CEOによるガバナンス無効化のリスクも存在し、それが会社業績の低迷のみならず、不祥事や不正の発生につながる場合もあります。そのため、自らに緊張感をもたせるためにCEOは経営目標を明確に定め、また必要なガバナンス体制の構築、そのための投資を行うことが重要です。具体的施策としては、指名委員会、報酬委員会の役割は重要です。指名委員会は単に再任議案を決めることが仕事ではなく、経営目標が適切であるか、またその結果がどうであったかを客観的に評価するとともに、今後の会社の方向性を踏まえ、どのようなスキルを有する取締役が必要であるかを考え、採用や育成を実行、ないしは実行の指示、助言を行います。大手企業では数年でCEOが交代することも珍しくありません。それほど大きくない上場企業でも株主提

案によりCEO解任が要求されることもあります。ただ、大志を成し遂げるには2年や4年では難しいケースも少なくありません。また未上場企業やベンチャー企業にとって現CEOに代わる有能な人材を確保することも容易ではありません。

　実際のところ、指名委員会はCEOが適任であるかを判断するわけですが、経営目標が適切で、納得感のある結果を残せている場合、長期政権になることを可能にさせると解釈することもできます。大志に向け、長期間かけて取り組みたいと思うCEOにとって指名委員会はある意味後ろ盾とも考えられるわけです。もちろん、指名委員会の審議のプロセスが健全であることが前提です。企業の成長段階、外部環境変化に対応できる後継者輩出も、特にベンチャー企業では知名度などの観点からも難度が高く、この際も指名委員会、報酬委員会の役割は大きいと考えられます。

　本章は私自身が主体的立場として一人称で記述しますが、ガバナンス改革においてCEOが重要な役割を果たしている企業は多くあります。第5章で示した通り、テスラやメルカリでは、CEOの強いリーダーシップのもとガバナンスに投資してきたことが確認できます。特にテスラのイーロン・マスク氏は、株主との対話を重視した資金調達、環境・サステナビリティー重視、委員会活用、CEOの報酬と株主価値の連動、年金積立金管理運用独立行政法人（GPIF）の最高投資責任者（CIO）だった水野氏を独立社外取締役活用、といった独自なガバナンス戦略を有していました。いずれにしても、ガバナンス改革のリーダーシップは企業の最高経営責任者であり、組織の全体的な運営を統括する立場にあるCEOが担うのです。これが、本章で最も伝えたいことです。

6-2

ベンチャーのガバナンス改革初期に検討すべきこと

コーポレート・ガバナンスは、会社法や金融証券取引法などのハードローや、コーポレート・ガバナンス・コードなどのソフトローと密接な関係にあります。ハードローは仕組みに関しての基本的な枠組みを求めており、ソフトローはコンプライ・オア・エクスプレインという選択的な意思表示のコンセプトが組み込まれています。また、東証グロース市場の企業に求められるコーポレート・ガバナンス・コードは基本5原則（「株主の権利・平等性の確保」「株主以外のステークホルダーとの適切な協働」「適切な情報開示と透明性の確保」「取締役会等の責務」「株主との対話」）に限定されています。これら基本原則へのコンプライだけでは、当該企業のコーポレート・ガバナンスのレベルを引き上げるほどの力はありません。なおかつコンプライしない場合はエクスプレインすればよく、コンプライする場合も具体的な運用方法まで示されているわけではありません。

つまり、具体的に「どのようなガバナンス・システムを構築すべきである」と提示されているわけではありませんし、ひな型も提供されていないので、何をすべきかわからず戸惑っている人もいるように思います。実際、私自身がそうでしたので、その戸惑いはよくわかります。

私は創業間もないスタートアップに入社し、いわゆるNo.2として経営のかじ取りをしてきました。当社を信頼してくれた顧客やユーザー、取引先、株主、そして夢をもって入社してくれた社員など、様々なステークホルダーの期待に応え続けたいとの思いを持って取り組んできました。本節では、ベンチャー企業のコーポレート・ガバナンスは何をどのように考えていけばいいのか、特に初期に検討すべきポイントについて、私自身が感じたことを中心に説明します。

6-2-1 「私」が感じたコーポレート・ガバナンス

(1) コーポレート・ガバナンスの主体者は誰か

　まずは、コーポレート・ガバナンスの主体についてです。コーポレート・ガバナンスの構築に向けた社会的な要請では、「会社は」とか「経営者は」といった主語で語られますが、「代表取締役」なのか、「社長」なのか、「取締役会議長」なのか、具体的な主体者は明言されていない部分が多々あります。

　大企業の場合、証券市場や株主、その他のステークホルダーからの要請が明確で、ガバナンス対応をする各部門が備わっています。例えば、機関設計や機関運営を行う部門があり、株主総会の事務を担当する部門があり、コーポレート・ガバナンス報告書をはじめとする開示書類を作成する部門があります。社会的な要請に対して、分業的に対処するメカニズムがあるのです。

　規模の小さいベンチャー企業の場合、専任の担当者がいないことがほとんどです。たとえ東証グロース市場に上場をしていたとしても、大企業に向けられる社会的な要請に比べるとその力学は限定的であり、それに対処するリソースも十分ではありません。故に、「やるか、やらないか」「どの程度やるか」を誰かが決めなければなりません。コーポレート・ガバナンスの教科書的な観点で考えると、その主体は「取締役会」にあると考えられますが、その取締役会をどの程度コーポレート・ガバナンスとして有効な組織体にするのかを誰かが決めなければなりません。社外取締役を何人にするのか、社外取締役の比率はどうするのか、どのような人に社外取締役になってもらうのか、これらは自然に決まることではありません。

　コーポレート・ガバナンスを強化するには、取締役をはじめとする役員の選任から、取締役会などの権限の整理、監督機能や監査機能の確保が必要となり、まだ未整備な環境において1人の社員が陣頭指揮をとれるプロジェクトではありません。そして、コーポレート・ガバナンスは攻めの機能も守りの機能も備えた経営の武器ですが、中長期的な視点で会社の企業価値や存続意義を深く考えなければその必要性を理解することは困難です。だからこそ、CEOが向き合うべきだと考えます。

　社会的要請も強くなく、自立して動く部門を有していないベンチャー企業

では、リーダーがコーポレート・ガバナンスの基本的方針を打ち出す必要があります。そうでなければコーポレート・ガバナンスを戦略として見なすことはなく、上場をはじめとしたイベントを機に、部分的に、そして対症療法的に最低限の取り扱いをし、場合によってはその不十分さ故に発生した不正や不祥事を機に本気で向き合うことになりかねません。もしかすると、そういった経営者や文化の企業は、不正や不祥事を目の前にしても、最低限の対処を続けるのかもしれません。

　コーポレート・ガバナンスの欠点は、主体者責任が不明瞭な点です。故にベンチャー企業やスタートアップといわれる社会的要請が強くないコーポレート・ガバナンス未要請企業群は、戦略性をもたずに大海原に出てしまいがちなのです。私は、創業者やそれに近しい思いをもつ経営陣がガバナンス改革の陣頭指揮をとらないといけないと考えました。

(2) 属人的なパフォーマンスに頼らない仕組み

　「この先10年というスパンでなく、50年、100年と繁栄し続ける会社にしたい」——そう思うと、果敢な挑戦を続けなければいけないですし、不正や不祥事に足をすくわれている場合ではありません。会社を大切に思うからこそ、コーポレート・ガバナンスに投資し、ステークホルダーの期待に真摯に向き合い、応え続けていきたいと考えます。そのためには、自分が健全な判断をしていかねばならないと考えていましたが、業績が拡大して組織規模が大きくなり、権限移譲は進み、社員全員の顔を覚えられなくなりました。取締役会の場においても、情報の非対称性などを解消しきれず、「本当にこのままで適切な会社運営をし続けられるのか」と心配になりました。

　ある時、株主からリクエストを受けました。それは私たち経営陣が望むものでもなければ、ステークホルダーである従業員が望むものでもありませんでした。会社を大切に思うからこそ、一部の株主の望みだけをかなえてはいけないと考えたのですが、同時に、株主がそのようなリクエストを出したのは、「私たち経営陣が適切な議論をしているという信頼が足りず、またアカウンタビリティーも確保できていないから」ではないかと思ったのです。

　また、新規事業に参入する際、多額の投資を必要とし、その最終意思決定

に躊躇していたことがあります。会社の行く末を決めるこの重要な決定を私（当時はCOO）とCEOの2人で決めてもいいのだろうかと思い悩みました。そのプランに自信がなかったわけではありません。ただ単にこれまで経験したことのない大きな意思決定でしたので、根拠のない漠然とした不安でした。

　新規事業に伴うリスクに対しては、経営陣でも温度感のばらつきが生じます。そうした際に、力関係や経営状況に左右されず、適切な意思決定がなされるために必要なシステムは何かを考えました。また、業務執行部門が客観性を失いケアすべき事象を軽く評価してしまっているとき、監督者として社外取締役が適切に状況をキャッチアップした上で、賛成・反対の意見を述べることのできる取締役会の運営とはどのような運営なのか。業績予想やそれに影響を与えうる事象に関するディスクロージャーにおいて、どのように公正な判断をすべきなのか。上場前後から業績というプレッシャーが明確になったが故、様々なトレードオフが眼前に現れました。内部統制部門を管掌する取締役として、精いっぱい、検証すること、客観性を保つことを意識してきましたが、従業員数が200人を超え、M＆Aの数が増え、意思決定の数が増えることで、それを私や執行部門だけで受け止め、適切に処理することに限界を感じたことも事実です。

　だからこそ、属人的なパフォーマンスに頼ることのない仕組みとしてのコーポレート・ガバナンスが必要であると痛感しました。この先も経験したことのない大きな意思決定を幾度となく経験していく、そう思うと自らが適切なリスクテイクができる監督機能は欠かせない、という結論に至りました。

　そして、コーポレート・ガバナンスと向き合うようになりましたが、その際に痛感したことは、解決するトレードオフの難度が非常に高く、リーダーシップをもたない限り、結局は形式的なシステムを構築したり、断念したりすることになりかねないということです。戦略的な意図を持たない形式的なシステムはコストとなり、ベンチャー企業らしい成長スピードを失いかねません。機関設計から取締役会の構成、独立社外取締役の独立性担保、内部統制システムによる監査手法、成長戦略への監督など、コーポレート・ガバナンスが管掌するどのプロジェクトも、その対処は容易ではありません。故に、経営陣自ら対処しなければ、本当の意味でコーポレート・ガバナンスが強化

されることはないように思います。

　ここでは便宜上CEOと表現していますが、それに相当するリーダーであれば十分に担うことのできる役割であると思っています。むしろ、会社組織に高い理解のあるCOOやCFOなどのNo.2の方が場合によっては適任かもしれません。私もCEOではなくNo.2としてこの問題に向き合いました。そのとき最も大切にしたのは、形式論に振り回されないこと、成長スピードを失わないこと、またリーダーであるCEOの良さを奪い取らないことでした。

　ただ、いずれにしても、CEOの高い理解と思いがなければ、No.2も真剣にこの問題と向き合うことはできませんので経営トップであるリーダーが覚悟をもって向き合うということには変わりないと思います。

(3) ガバナンスの無効化はトップが実行する

　ガバナンスや内部統制においては、その機能自体を無効化するという事象が発生する事態があり、その無効化は経営者自らによって行われることも忘れてはなりません。自らその必要性を感じ、ガバナンスや内部統制に投資をしようとも、緊張感のある経営判断の局面において、つまり本来ガバナンスが有効に作用すべきタイミングにおいて、面倒になり逸脱することを指示してしまい、その機能が十分に発揮されないこともあります。

　経営者はコーポレート・ガバナンスを構築し、設計する高度な義務と権限があります。これは創業間もないベンチャー企業であれば、特に権限は強力であり、明確です。その背景には、例えば大株主であることや、事業を生み出した創業者であること、またそこで働く社員を採用し育てたボスであることがあります。

　ガバナンスや内部統制を構築するその高い権限の裏を返せば、それを無効化する措置を決定する権限や影響力も有するのです。もう少し具体的に言うと、ベンチャーの経営者は大株主であるからこそ、株主総会での普通決議は自分の意思が尊重されることを知って、重要な意思決定に対してトップダウンに進めることができます。事業を生み出した張本人はその事業に対して最も強い熱量を有しているが故、その事業判断においては不用意に固執することもあります。そして、人事権をもつ経営者はこれらのトレードオフを解消

させるために、従業員に対して無効化の指示を下すことも容易です。

　だからこそ、経営者自らがガバナンスに投資をする価値を感じるのであれば、自らが窮地に陥った際にも、それを不必要に無効化しないための措置も併せて検討すべきです。大株主であり、創業者である経営者が存在するベンチャー企業や同族経営企業においては、特にこの大きな権力を持つ経営者に対して、その無効化を止めることのできる人材は社内に少ないと考えられます。故に経営者である創業者、CEO、No.2などの経営トップは自ら公正な視点に立ち、自ら無効化を防止するための措置を講じなければなりません。

　こうした自己けん制機能は、経営がうまくいっていない時には検討しづらいものです。そのため、健全な心理状態を維持できる経営状況が良好な時にこそ、自ら犯しかねない無効化措置とは何かを検討し、そのソリューションを導入することまでをなし得てこそ、経営者によるガバナンス改革は成立すると考えます。無効化措置とは、例えば、一時的に取締役会の構成比率において独立社外取締役の比率を向上させていたものの、説明コストが増大している状況を踏まえ、あるいは重要な業務執行において反対意見が発生していることを踏まえ、次の再任議案において、社内取締役比率を高めること。独立社外取締役の指名において、自身の経営スタンスをより理解してもらえる友人知人を招聘すること。情報システムを遮断して監督機能を制限すること。これらはすべて経営陣によって実行し得る策であり、往々にしてガバナンスの無効化に向かう措置であると言えます。

　実際にこれらのガバナンス無効化措置により不祥事などが発生したと類推できる事案がいくつかあります。コーポレート・ガバナンスの問題が問われた全112事例について、第三者調査報告書などの記述から、社外役員の機能不全が問われた事例が半数の56事例あったという報告もあります[※1]。この報告では、社外取締役の機能不全の事例として、以下が挙げられています。

- 社外取締役の知見を活用するための取締役会の運営が行われておらず、事前の資料配布などもなく、時間もない（情報・通信業界）。
- 社外取締役に対しては、基本的に指名委員会・取締役会当日に初めて議案内容が提示される運用であった。

- 社外役員に意図的にリスク情報を伝えない、社外役員が出席する取締役会にリスク情報が報告されない。
- 社外役員本人が知識や経験などの点から不適切である。
- 社外取締役からの提案について真摯に検討する姿勢を欠いていた。

　社外取締役に問題がある場合もありますが、多くは社外取締役の選任、知識伝達、意見の反映など、企業側に問題が多く、ガバナンス無効化につながったと見られます。「知っていなければ責任はない」ということで、社外役員の責任が問われていない事例が多いとされています。

　では、どうすれば、無意味な、また恣意的なガバナンスの無効化を防げるでしょうか。必要なことは、「意思決定権限の透明性」の確保と、その「公表」によるプレッシャーだと思います。「意思決定権限の透明性」とは、ガバナンスにとって重要な取り決めに関する決定権限を社外取締役会議の権限、ないしは社外取締役を過半数とする会議体での決定、取締役会において社外取締役の過半数の賛成を必要とするといったことが考えられます。「公表」は、これらの方針を有価証券報告書やコーポレート・ガバナンス報告書などに明示することでも対応できますが、個人的にはコーポレート・ガバナンスに関するポリシーやガイドラインを対外的に公表することが適切だと考えています。公表により、事後的に変更ができるとしても、その変更においては対外的な目を気にすることとなり、また説明責任が求められ、これらが実質的なけん制機能になるからです。

　ベンチャー企業などの比較的小規模な組織体では、後者の「公表」が適切だと考えます。なぜなら、社外取締役会議による決定などはガバナンス機能として充実していても、ベンチャー企業では会議体を構成できるほどの人材を確保できない可能性や、ベンチャー企業を取り巻く経営環境の変化は激しく、時として機動的な意思決定をしなければならないからです。財務基盤や内部管理体制が発展途上であるベンチャー企業では、一時的にはガバナンスの無効化が適切な判断であることも考えられます。それはガバナンス自体が監督機能であり、単純に禁止事項を整理するものではない故、監督の結果元の取り決めを破ることが妥当と判断されることもあり得ます。そのため、無

効化措置を全面的にブロックするのではなく、行為への重み付けを行う、つまり心的ハードルを高めるガバナンスの切り口が適切のように思えます。

　最も重要なのは、コーポレート・ガバナンス改革を経営陣自らが実行することと併せて、自らその無効化措置へ対処することであると考えます。

　なお、社外取締役が取締役会議長を務める割合は東証上場企業の2.1％にとどまるとされ、東証プライム市場で3.6％、東証スタンダード市場で0.5％、東証グロース市場では0.6％にとどまります。JPX日経400企業では8.5％に高まり[※2]、代表的な企業として日立製作所、ソニー、AGC、オリンパス、日産自動車などがあります。外形的な基準であり、不祥事後にこの体制をとる企業も多いのですが、社外取締役の重視を示していると言えそうです。

(4) ステークホルダーとの利害調整は真のリーダーシップ

　コーポレート・ガバナンスに関する方針やその変更趣旨を「公表」する行為は、昨今のステークホルダーを意識した発展的なガバナンス論とも整合します。株主だけでなく広くステークホルダーに対して方針を説明するのは、経営者が複雑化するステークホルダーマネジメントの中でリーダーシップを発揮し、リーダーで居続けるための方法だと思います。

　実際、取締役会では、株主、顧客、消費者、従業員、地域社会などのステークホルダーとの利害を調整する意思決定が多数行われます。例えば、余剰金の活用方法やコンプライアンス体制の強化などもそうです。多くの取り組みではコストが伴うため、直接・間接を問わず配分される主体同士に実質的な利益相反が生じ、取締役会はそれらを総合的に判断して決定を下します。いわば、トレードオフの集合場所のようなものです。

　これは身近なケースでも理解できます。例えば、大手中古車販売店の不正に関して、専門家はガバナンスや内部統制、文化面の問題であると指摘しています。経営上の高度な判断の良し悪しはわからずとも、このような不祥事を起こす会社で車を買いたくないと考える消費者は少なくないのではないでしょうか。これは、企業にとって重要なステークホルダーであるユーザーや消費者といった個人の利害と、利益を出したい経営陣または企業価値を高めたい株主の間で、ガバナンスや内部統制に対してどの程度コストを投じるの

かで、実質的な利益相反が成立していたという見方もできます。無論、長期目線では企業価値の向上やサービス品質の向上など、利害の折り合いはつきますが、短期的にはトレードオフに見受けられることも否定できません。

　株主、顧客、取引先、従業員など企業には目に見えるだけでも数多くのステークホルダーが存在し、それらの期待を背負って経営をしています。それらの期待に見合わなかった場合、私たち経営者は企業価値を下げ、業績を下げ、退職者を増やすことにもつながります。つまりはステークホルダーの期待のど真ん中で経営をしていますが、これらを面倒なことと解さず、自らどのような経営を実施していくのか、それによって各ステークホルダーにはどのようなメリットがあるのか、それを公表することがリーダーシップであるように思えます。コーポレート・ガバナンスの分野における経営上のトレードオフを明確にし、その対処方法を宣言することが期待されるリーダーシップであると考えるのです。

　多種多様なステークホルダーを抱える企業にとって、一人一人の利害の調整を丁寧に進めることは合理的ではありません。株主と一言でいっても、機関投資家やベンチャーキャピタルのような法人なのか、個人投資家なのか、業務提携先なのかで調整すべき利害は異なります。だからこそ、会社が向かうべき方向性や戦略、それに必要なポリシーなどを制定して公表し、多くのステークホルダーの賛同を得るリーダーシップが重要になると考えます。

　コーポレート・ガバナンスは要請への対応ではなく、のるかそるかを問うようなリーダーとしての指針公表と捉えると、ステークホルダーマネジメントは効率的なのかもしれません。

6-3
ポート社の
コーポレート・ガバナンスへの取り組み

　ここまで、コーポレート・ガバナンス改革におるリーダーの重要性について、私自身の思いを中心に述べてきました。本節では私が副社長を務めるポート社（以下、当社）がどのようにコーポレート・ガバナンスに取り組んできたのか、その検討背景を含めて説明します。当社のシステムはまだ運用して期間が長くありません。これまでの学びを可能な限り経営のフィールドに落とし込んだ壮大な検証と認識していただき、恐縮ながら事例の一つとしてご参考いただければと思います。

6-3-1　基本的な考え方

(1) 企業概要

　当社は2011年、創業者の春日博文が大学卒業と同時に設立（当時は「株式会社ソーシャルリクルーティング」）し、2014年にインターネットメディア（現在の成約支援事業）に参入して2015年に社名を「ポート株式会社」に変更しました。2018年12月に東証グロース市場、福証Q-Board市場に上場し、現在は東証グロース市場に移行しています。2020年以降、就活口コミ情報サイト、外壁塗装領域メディア、エネルギー領域の企業に対してM＆Aを実施し、事業領域を拡大しています。創業13年目の2024年3月期には、グループ売上収益166億円、EBITDA28億円を突破しました。グループとして積極的な投資を続け事業規模を拡大させ、グロース銘柄らしく高い成長率を実現してきました（**図表6-1**）。

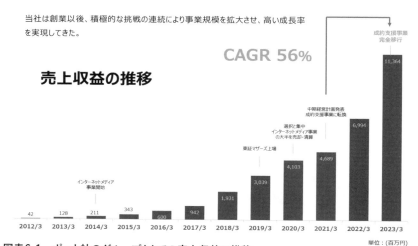

当社は創業以後、積極的な挑戦の連続により事業規模を拡大させ、高い成長率を実現してきた。

CAGR 56%

成約支援事業
完全移行

売上収益の推移

中期経営計画発表
成約支援事業に転換

選択と集中
インターネットメディア事業
の大半を売却・清算

東証マザーズ上場

インターネットメディア
事業開始

2012/3	2013/3	2014/3	2015/3	2016/3	2017/3	2018/3	2019/3	2020/3	2021/3	2022/3	2023/3
42	128	211	343	600	942	1,931	3,039	4,103	4,689	6,994	11,364

単位：(百万円)

図表6-1　ポート社のグループとしての売上収益の推移
出所：ポート「コーポレート・ガバナンス強化とガイドラインの公表について」(https://www.nikkei.com/nkd/disclosure/tdnr/20231130597183/)

（2）コーポレート・ガバナンスに対する基本的な考え方

　コーポレート・ガバナンスについては、継続的な挑戦の土台として捉えています。当社はパーパスの体現に向け、適切かつ積極的なリスクテイクを継続していく方針であり、多様なステークホルダーの期待に応えながら、人的資本投資、事業投資、M＆Aなどを行い、持続的に企業価値を向上させていく考えです。その挑戦の土台作りとして、コーポレート・ガバナンスやリスクマネジメントへの投資を積極的に行っています。

　高い成長率をコミットし、M＆Aなどの比較的高度な経営判断を繰り返す企業として、客観性や慎重さを欠いてしまわぬようにコーポレート・ガバナンスに投資することに決めました。経営者として、内部管理体制や内部統制、その他リスクマネジメントという点において体制や仕組みが構築されていなければ、いくら挑戦するといっても状況によっては臆することも当然あります。成長を使命とするグロース企業として、引き続き積極的な判断をするために私たちにとってコーポレート・ガバナンスはなくてはならない存在です（**図表6-2**）。

　私はCGO（チーフ・ガバナンス・オフィサー）とCCO（チーフ・コンプラ

今後も当社はパーパスの体現に向け、適切かつ積極的なリスクテイクを継続していく方針。多様なステークホルダーの期待に応えながら持続的に企業価値を向上させていくために、その挑戦の土台作りとして、コーポレート・ガバナンスやリスクマネジメントへの投資を積極的に行う。

図表6-2　継続的な挑戦の土台としてのコーポレート・ガバナンス
出所：ポート「コーポレート・ガバナンス強化とガイドラインの公表について」（https://www.nikkei.com/nkd/disclosure/tdnr/20231130597183/）

イアンス・オフィサー）を務めていますが、財務や法務といったコーポレート・ガバナンス分野でキャリアを積んできたわけではありません。幾多の時間をかけて学んできましたが、知識の量以上に当社のコーポレート・ガバナンスを指揮するにあたり自分以上に適任者はいないと考えています。それは創業時からこの会社の経営を担い、他に負けないほどこの会社に対する愛情があるからです。CEOをはじめとする経営陣のスキルやくせも熟知しています。そして、ビジネス上の特性や内部管理体制、文化などすべてを理解できています。

　だからこそ、教科書的な理論は不十分であっても、当社にとって最も効果的なアプローチを立案できると考えています。これは本章で示しているリーダーシップに対する考え方と通ずるところです。

6-3-2　コーポレート・ガバナンス体制

(1) 機関設計
　当社は監査等委員会設置会社で、独立社外取締役を過半数とする取締役

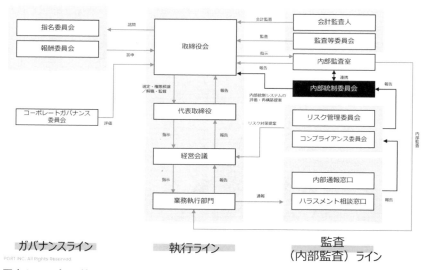

図表6-3　ポート社のコーポレート・ガバナンス体制全体図
出所：ポート「リスク管理および内部統制システムの運用体制強化について」

会の組成、コーポレート・ガバナンス委員会設置などを特徴としています。取締役会の諮問機関として、社外取締役を主要な構成員とする報酬委員会と、社外取締役を含む取締役で構成する指名委員会を設置しています（**図表6-3**）。

　上場時は監査役会設置会社でした。2022年6月の株主総会において定款を変更し、監査等委員会設置会社に移行しました。この背景には、現在の当社においては、現場レベルでは対処すべき課題はあろうとも、取締役会のレイヤーにおけるコンプライアンス上の課題は限定的であり、むしろM＆Aや資金調達といった議題が重要で、その議論の場に社外取締役を増やすべきと考えたことがあります。他方でまだ財務基盤としては成長段階であり、監査役会設置会社で監査役の3人に加えて、社外取締役の数を大きく増やせるほどではないと判断しました。また、M＆Aをはじめとした経営判断はスピードが求められます。時には数週間で大事な方針を決議しなければならないときもあります。そのため、会社法399条13の5項および6項に定められる取締役会の権限を取締役に委任することのできるスキームを活用したいと考えまし

た。取締役への重要な業務執行の決定権限の委任が進めば、スピードが求められる局面でも応えることができると考えました。

(2) 業務執行の決定権限を取締役に移譲するにあたって重視したこと

　重要な業務執行の決定権限を取締役に移譲するにあたっては、次に示す3点に注意すべきと考えました。

①社外取締役が監督し得る透明性の高い運営

　1つめは「社外取締役が監督し得る透明性の高い運営」です。取締役会がもつ権限を個別の取締役に委任したからといって、取締役会による業務執行の監督義務が免れるわけではありません。これまでは目の前で審議し決議されてきた内容が、自らが直接参加しない（あるいは議決権をもたない）場で決定されていくわけですから、委任が進むということは監督の在り方を変えていかなければならないということです。

　実際に社外取締役は、重要な業務執行について審議して1票を投じることで監督を果たしていると解される中、間接的となると状況をモニタリングするための情報システム（ルート）を確保しなければなりません。当社では取締役による決定のみならず執行役員以上で開催する経営会議においても社外取締役にすべての議事録、参照資料へのアクセス権を付与しており、また内部監査室の報告に私たち業務執行取締役がコントロールできぬよう統制を図り、いわゆるデュアルレポーティング体制を整備しています。つまり、見ようと思えばいつでも見ることができ、何かまずいことがあれば内部監査が報告するし、報告をした内部監査人の人事に関しては監査等委員会の許可なく不利益に取り扱えなくしています。

②取締役を補佐する経営幹部の育成

　2つめは「取締役を補佐する経営幹部の育成」です。取締役に委任された権限については取締役が意思決定するとしても、その審議の過程においては執行役員をはじめとする経営幹部が起案し、助言し、執行することがほとんどです。社外取締役による監督が間接的になるからこそ、取締役を支える経

営幹部が経営や管掌領域の専門性を有する必要があり、加えて一定程度けん制的な役割を担える必要があります。当社では新任を含む経営陣が適切な意思決定を図れるよう、「経営判断ポリシー」という経営判断における指針を明確にしています。また、経営者として必要なリスクマネジメントやその他経営の専門知識について、定期的な勉強会を開催しています。

③内部監査部門の監査能力の向上

3つめは「内部監査部門の監査能力の向上」です。監査等委員会設置会社では内部統制システム監査という手法を用います。また監査役会設置会社と異なり、監査等委員の中に常駐者を設置する義務はありません。当社においても常勤監査等委員は現在設置しておりません。

個人的には内部統制システムが実効性高く構築されることで、常勤の有無に関してはそれほど差がなく運用できる（場合によっては内部統制の高度化により監査機能が強化されることもあるかもしれません）と考えています。そのため、会社法および法務省令にて定められる、いわゆる「内部統制システムの基本方針」を本当の意味で実効性の高いものにすること、そして新たなリスクが浮上するなどして内部統制システムの再構築の必要性が認識された場合に迅速に対応できる体制を整備すること、そして内部統制システムに基づいた業務監査が実行されること、が重要であると考えました。

つまり、内部監査室が内部統制システムに基づく業務監査を常勤監査等委員に代わって実施し、監査等委員会が適切に判断して報告できるようにならなければなりません。

実は監査等委員会設置会社への移行理由であるスピード、つまり重要な業務執行の決定権限の委任に関しては、執筆現在ではスタートしていますが、機関設計を変更した2022年時点では実行していませんでした。それは先に挙げた②、および③の成熟に一定の時間が必要だからです。実際、経営幹部の育成は順調に推移し、信頼できるメンバーによる経営会議も開催されています。内部監査室も増員し、内部統制システムの有効性を判断しうる業務監査とは何かを丁寧に検討して監査能力を少しずつ高めているところです。

これらがある程度の納得度に達したので、当社は監査等委員会設置会社に

切り替えたメリットを最大限享受し得る体制へと進めたいと思います。

(3) チーフ・ガバナンス・オフィサーの設置と委員会の新設

コーポレート・ガバナンスには主体者責任が不明瞭であるという欠陥があります。当社ではその責任を明確にするため、CGO（チーフ・ガバナンス・オフィサー）を新設し、初代CGOを私が拝命しています。同時にコーポレート・ガバナンスの肝でもある取締役会の実効性を高めるため取締役会議長にも就任しています。この背景はこれまで述べてきた通り、リーダーが先導すべきところ、私かCEOかという選択の中で決定しました。

これも前章までに述べましたが、コーポレート・ガバナンスの強化は会社が好調な折に実行することが望ましいと考えます。ただそれだけでなく、理想的なコーポレート・ガバナンス・システムをできるだけ風呂敷を広げて構想を描き、機関決定しておくことが重要であると認識しました。それはコーポレート・ガバナンスに関するプロジェクトは専門性が高く、また関係者も

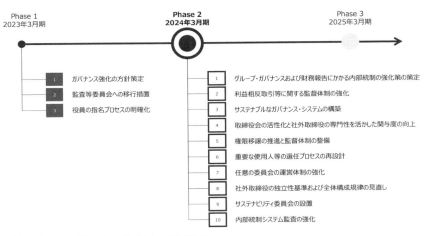

積極的な挑戦を支えるコーポレート・ガバナンス体制を構築するため、2023年3月期より「コーポレート・ガバナンス改革1.0」を推進。3か年計画を策定し、2024年3月期は10のテーマを設定。

Phase 1 2023年3月期	Phase 2 2024年3月期	Phase 3 2025年3月期

1 ガバナンス強化の方針策定
2 監査等委員会への移行措置
3 役員の指名プロセスの明確化

1 グループ・ガバナンスおよび財務報告にかかる内部統制の強化策の策定
2 利益相反取引等に関する監督体制の強化
3 サステナブルなガバナンス・システムの構築
4 取締役会の活性化と社外取締役の専門性を活かした関与度の向上
5 権限移譲の推進と監督体制の整備
6 重要な使用人等の選任プロセスの再設計
7 任意の委員会の運営体制の強化
8 社外取締役の独立性基準および全体構成規律の見直し
9 サステナビリティ委員会の設置
10 内部統制システム監査の強化

図表6-4　コーポレート・ガバナンス改革1.0
出所：ポート「コーポレート・ガバナンス強化とガイドラインの公表について」(https://www.nikkei.com/nkd/disclosure/tdnr/20231130597183/)

コーポレート・ガバナンス改革1.0～具体的な取り組み事例～
・CGO（Chief Governance Officer）の新設
・監査等委員会設置会社への移行
・独立社外取締役を過半数とする取締役会の組成
・代表取締役と取締役会議長の分化
・社外取締役を主要な構成員とする報酬委員会の設置
・監査等委員である独立社外取締役の指名の選考プロセスに代表取締役（CEO）が関与しない旨を規定
・監査等委員である取締役による社内会議等へのアクセス権の拡大
・取締役会の運用状況を評価するコーポレート・ガバナンス委員会を設置
・取締役会直下に内部統制システムに特化した「内部統制委員会」を設置 New
・各種委員会、内部通報窓口等からの情報集約システムの構築 New
・内部監査による法定監査のサポート体制の強化 New
・指名委員会、報酬委員会による重要な使用人等の選任及び報酬の決定に関するプロセスを設計 New

※Newは当期実施事項

図表6-5　コーポレート・ガバナンス改革1.0における具体的な取り組み
出所：ポート「コーポレート・ガバナンス強化とガイドラインの公表について」（https://www.nikkei.com/nkd/disclosure/tdnr/20231130597183/）

重役がほとんど、また先例の通り育成や制度の見直しを含め一朝一夕にはなし得ません。そのプロジェクトが進行中に業績が陰り始めると、プロジェクトはとん挫する可能性を秘めています。

当社では「コーポレート・ガバナンス改革1.0」と称し、約3年間の改革プロジェクトとスケジュールを作成し、取締役会およびコーポレート・ガバナンス委員会（監督機能の健全性などを評価する会議）にて審議して決議しました。コーポレート・ガバナンスが行うアプローチは、制度設計、イベント企画、ドキュメンテーション、ファシリテーション、人材育成など多種多様です。ポイントは、これらが複合的にストーリー展開して有機的に連携すると、明確に示すことだと思います（**図表6-4、図表6-5**）。

(4) コーポレート・ガバナンス・ガイドライン

コーポレート・ガバナンスに関する開示は有価証券報告書やコーポレート・ガバナンス報告書、統合報告書が中心となりますが、おおよそそれは活動内容の報告であり、方針や計画の公表ではないように思います。方針や計画がない中で報告をするという、不可思議なコミュニケーションに私は違和感を

図表6-6　コーポレート・ガバナンス・ガイドライン
出所：ポート「コーポレート・ガバナンス強化とガイドラインの公表について」（https://www.nikkei.com/nkd/disclosure/tdnr/20231130597183/）

覚えました。

　そこで当社は「コーポレート・ガバナンス改革1.0」の一環として、経営の透明性と公正性、迅速かつ果敢な意思決定を実現すべく、子会社などを含む当社グループ全体のコーポレート・ガバナンスに関する最上位規定として、新たに「コーポレート・ガバナンス・ガイドライン」を制定しました（**図表6-6**）。

　私は数多く存在するステークホルダーの期待をまとめあげ、トレードオフを解消していくにはリーダーシップが必要であると考えています。そのリーダーシップは利害や期待を整理した上で、進むべき方向性やその歩み方を示すことにあります。このリーダーシップや方針や計画を担うのが、コーポレート・ガバナンス・ガイドラインではないかと考えています。コーポレート・ガバナンス・ガイドラインは作成や開示義務があるものではありませんし、ひな型があるわけではありませんが、金融機関などの比較的大きな会社を中心に自社のコーポレート・ガバナンスの基本方針やそれにひも付く重要項目の進め方について定めた指針です。多くはボイラープレート化した資料であるためあまり能動的に見る人は少ないのかもしれません。大手企業以外で開示されている例はあまり見受けませんが、当社はこのガイドラインを自社のリーダーシップの証し、また無効化防止措置の切り札として活用することにしました。

　この目的達成に重要であると考えたのは、コーポレート・ガバナンス・シ

ステム自体の「①健全性を確保するための仕組み」と、「②無効化防止に向けた規律設計」です。それらを以下に示します。

①健全性を確保するための仕組み
　（1）「コーポレート・ガバナンス委員会の設置」　取締役会議長および監査等委員会委員長を主要な構成員とするコーポレート・ガバナンス委員会を設置し、当社のガバナンス・システムにおける課題について審議し、より適切なシステム構築を目指すべく取締役会に対して助言します。
　（2）「コーポレート・ガバナンス・ガイドラインの順守体制」　取締役会およびその諮問機関である指名委員会・報酬委員会・内部統制委員会、並びにそれらの機関における規定などは当ガイドラインを順守することとします。
　（3）「コーポレート・ガバナンス・ガイドラインの改廃権限および公表方針」　当ガイドラインの改廃は当社取締役会がその権限を有するものとしています。なお、当社取締役会の構成員が独立社外取締役過半数体制を下回る場合においては、独立社外取締役の合議によるものとしています。なお、改廃後は速やかに当社ホームページなどにおいて公表するものとしています。

②無効化防止に向けた規律設計
　健全性の高いガバナンス体制には、ガバナンスの無効化を抑止し、ガバナンス・システム全体の秩序を保つ役割としての規律が必要であると考えています。そのため、経営環境などを踏まえ、当社のコーポレート・ガバナンスに必要な規律を明確にし、当該規律に関連する取締役会規定などの内容の改訂にあたってはガイドラインの改訂を前提とし、また公表を義務とすることで透明性を確保しています（**図表6-7**）。
　つまり、本章で述べた「公表」による無効化防止措置です。当社の場合は単に公表するだけでなく、このガイドラインの改廃権限を取締役会に、その取締役会は独立社外取締役が過半数を占め、改廃した場合は公表するとしています。しかしこれはあくまでも公表の義務であり、変更ができないわけではありません。

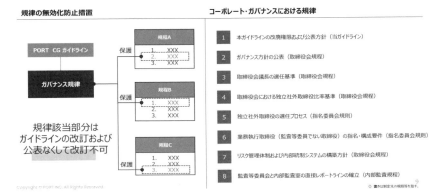

規律の無効化防止措置

コーポレート・ガバナンスにおける規律

1	本ガイドラインの改廃権限および公表方針（当ガイドライン）
2	ガバナンス方針の公表（取締役会規程）
3	取締役会議長の選任基準（取締役会規程）
4	取締役会における独立社外取締役比率基準（取締役会規程）
5	独立社外取締役の選任プロセス（指名委員会規則）
6	業務執行取締役（監査等委員でない取締役）の指名・構成要件（指名委員会規則）
7	リスク管理体制および内部統制システムの構築方針（取締役会規程）
8	監査等委員会と内部監査室の直接レポートラインの確立（内部監査規程）

（）書きは制定の規程等を指す。

図表6-7　コーポレート・ガバナンスにおける規律設計
出所：ポート「コーポレート・ガバナンス強化とガイドラインの公表について」（https://www.nikkei.com/nkd/disclosure/tdnr/20231130597183/）

6-3-3　リスク管理および内部統制システムの運用体制強化

　当社は監査等委員会設置会社ですので、会社法や法務省令の求める「内部統制システムの基本方針」を定めています。これは、取締役会が決める、会社が健全に機能するためのモニタリングテーマの設計と私は理解しています。内部統制システムを導入していない場合、「法令順守やリスク回避、業績低迷やガバナンスの不健全化の防止などを目的に、最低限取締役会が監督しておくべきテーマは何かを定めている方針」と理解してもいいと思います。昨今の社外取締役登用ブームやベンチャーキャピタルなどによるボードシートのリクエストなど、社外役員登用の検討機会が増える中において、代表取締役やCEOをはじめとした業務執行部門である経営陣に経営を任せてもらうために、「ここは監督してほしいです」と説得する材料と解してもいいのかもしれません。

　社外取締役の比率が高まるとともに、業務執行部門への権限移譲が進むモニタリング型ボードの場合、内部統制システムの充実が監督機能を確保するための重要な手段であると考えます。実際の効果はわかりませんが、開示されている上場企業の内部統制システムの基本方針を見る限り、その業界や企業特有の記述が中心というよりは、ほとんどが、どこの会社の方針にしても

使えるようなボイラープレートであることは残念な事実です。これで本当に取締役会としての監督機能を果たせるのか、数多くのステークホルダーや株主から任命された社外取締役は自分が監督できる状態が整っているといえるのか、私は疑問を抱いています。

　ベンチャー企業をはじめとするコーポレート・ガバナンス未要請企業群は、内部統制システムを設計することが重要であると考えます。本書では内部統制システムの設計に関する専門的な議論は控えますが、簡単なポイントとしては先に述べた通り、法令順守やリスク回避、業績低迷やガバナンスの不健全化の防止に向け、取締役会が何を決め、何の報告を受けておくべきかを決め、それが期待通り執行されるために必要な具体的な業務手順（内部統制）を整備することです。例えば、昨今話題の人的資本経営においては、その方針を年1回程度は取締役会で審議することとし、四半期に1度人事部門から資料ベースでもいいので報告をもらい、監査役や内部監査などの監査機関がその通りに運用しているか確認をする、といったことが考えられます。これには、「会社にとって人的資本が重要である」という取締役会のコンセンサス、日常業務で疎かにしないためのルール化、報告を受けるという監督体制の整備、監査機関によるダブルチェックが存在しています。

　業績を高めることに必死でいると面倒な業務と思うかもしれませんし、重要なことと理解しつつ時間の経過とともに大事なことも疎かにしかねません。また、「あれはどうなっている？」「本当に大丈夫か？」とステークホルダーを代表する社外取締役に問いただされ、説明に四苦八苦するようなことはコストでしかありません。だからこそ、こちらから監督できる情報を提供し、取締役会などの場では本当に必要なテーマについて議論できるようにすることが大切です。

　私は迅速かつ果敢な意思決定をしたい、そうするためには代表取締役を中心とする業務執行部門を信じていただき、適切な権限をもつことでスピーディーな意思決定を実現したいと考えています。よって、私はこの内部統制システムの基本方針が取締役会による監督並びに監査等委員会による法定監査の十分性をみたすものでなければならいと思い再構築しました。内部統制システムの新体制の整備にあたって、具体的なポイントは以下の3点です。

（1）取締役会直下に内部統制システムに特化した「内部統制委員会」を設置

　取締役会による内部統制システムの構築や監視の実効性を高めるべく、取締役会の直下に内部統制システムの監視および再構築の必要性の検討を専門的に行う内部統制委員会を設置しています（**図表6-8**）。また執行ラインにおける内部統制上のキーパーソンをアサインし、代表取締役や業務執行取締役による具体的な内部統制システムの構築も支援しています。

　内部統制システムは構築して終わりではなく、それが実効性を保てているのかを監視すること、また不十分と判断された場合には再構築することが取締役会には求められます。ただ、昨今社外取締役の登用を求められている中において、社外比率の高い取締役会が具体的な内部統制（社員の業務に関する統制レベル）まで検討することは現実的でなく、また何かリスク事象が発生しても詳細に検証することなく取締役会に速報を入れることに、従業員にとっては心理的なハードルが存在することは事実です。しかしその結果取締役会は適時に情報を収集すること、対処することができません。そのためにも、業務執行部門の中に受付的な存在として内部統制に関する委員会を設置しています。

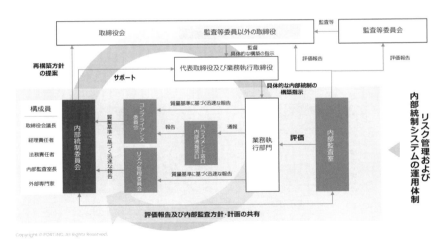

図表6-8　取締役会直下に内部統制システムに特化した「内部統制委員会」を設置
出所：ポート「リスク管理および内部統制システムの運用体制強化について」（https://www2.jpx.co.jp/disc/70470/140120230821544538.pdf）

（2）各種委員会、内部通報窓口などからの情報集約システムの構築

適切な意思決定を促進するため、各委員会や内部通報窓口からの報告に関して量的・質的基準を明確にするとともに、内部統制委員会をその報告先とすることで、取締役会への報告に比べ、頻度や心理的障壁に関する課題を解消します。また、内部統制委員会の健全な運営に向け、委員長がもみ消し等をしないために構成員による取締役会への直接的な報告権を確立する、リスク管理体制全体の透明性と健全性を担保します（**図表6-9**）。

いわゆる「目詰まり防止」策です。いくら制度を設計しても、物理的、心理的な障害により取締役会や内部統制委員会に情報が入ってこなければ机上の空論です。だからこそ、どこに「目詰まり」が起こりうるのかを検証し、解消しています。例えば、リスク管理委員会やコンプライアンス部門からの報告基準の明確化や議事録の公開などがあります。

（3）内部監査による法定監査のサポート体制の強化

内部統制委員会を通じて具体的な内部統制システムへの落とし込みを実現しつつ、内部監査による監査計画や手法とも強く連携を実施します。またそれらの過程を通じて得た情報をもとに内部監査室より直接的に取締役会・監

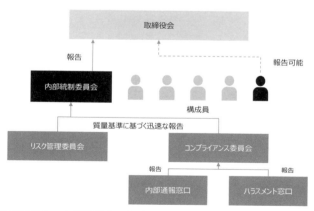

図表6-9　各種委員会、内部通報窓口など
出所：ポート「リスク管理および内部統制システムの運用体制強化について」(https://www2.jpx.co.jp/disc/
70470/140120230821544538.pdf)

査等委員会に報告を実施することで、常勤の監査等委員が不在ではあるものの、取締役による監督および監査等委員会による法定監査の実効性を高めます（**図表6-10**）。

　内部監査に従事した方なら理解されると思いますが、これまでの業務監査と内部統制システム監査ではどう手続を変えるべきか、こう問われると意外とイメージがつくようでつきません。ただおそらく適切に内部監査を実施している企業であればそれほど手続は変わることなく、監査等委員会などへの報告の際に内部統制システムの基本方針の項目に沿って、報告をするということになろうかと思います。以上の体制変更を踏まえ、コーポレート・ガバナンス全体の体制図も変更しています。

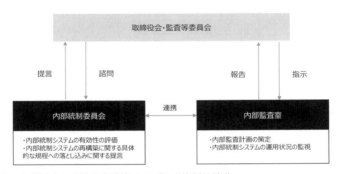

図表6-10　内部監査による法定監査のサポート体制の強化

出所：ポート「リスク管理および内部統制システムの運用体制強化について」（https://www2.jpx.co.jp/disc/70470/140120230821544538.pdf）

コーポレート・ガバナンス・リーダーの後継問題

第7章

Venture Governance in the AI Era

7-1

経営者人事の重要性

7-1-1　ベンチャー企業における継続的成長の難しさ

　未上場の企業、東証グロースの上場企業にとっては、ある程度のリスクをとっても業績を成長させ、企業価値を高めていくことが、株主などのステークホルダーから求められます。ただ誤解のないように解説すると、ステークホルダーの期待するリスクテイクは事業が伸びるか伸びないか、ユーザーが集まるか集まらないかといった成功率の話であり、内部統制やリスク管理をしないでむやみに突き進むことを指すものではないと理解すべきです。ニーズやトレンドが激変する現代において、その変化を正確に捉え、経営戦略を描き、継続的に成長を遂げられる経営者はまれです。

　実際、2015年から2022年までに上場した企業で上場を継続している約700社のうち、上場時の公募価格を下回る企業が42％、公募価格から10倍に切り上げられている会社は1％というデータがあります。株式上場時の初値は公開価格に対して上昇する場合が多いのですが、これは新規上場企業の価値が未知数であり、投資家保護や新規上場需要の確保も含めて、公開価格が低めに設定されているためと見られます。上場後の成長を企業の時価総額でみると、**図表7-1**のような結果が得られています。上場後5年で時価総額が3000億円を超えるような企業があるため、時価総額の平均値は増加しているのですが、中央値は大きく増加していません。上場5年後には時価総額が10億円を下回る企業もあり、上場の維持が困難になります。実際は不祥事の発生や経営状況の悪化で、倒産に至った企業も存在しています。少し詳しく上場後経過年数別の時価総額分布をみると、**図表7-2**のようになります。

　上場後3年未満で時価総額が250億円以上に増加する企業がある一方で、時価総額が20億円未満となる企業も一定比率であります。東証グロース市場での上場維持基準は上場10年後経過後で40億円以上ですが、**図表7-2**から

● マザーズ上場後、**平均値としては一定の成長が実現**している一方、中央値としては高い成長は見られず、**半数前後の会社が上場時の時価総額を下回る状況**

上場月の月末時価総額を100とした上場 x 年後の時価総額

	上場1年後	3年後	5年後	7年後
平均値	132	153	230	283
最大値	2,992	1,323	3,421	2,312
p75	150	179	251	359
中央値	88	90	107	126
p25	56	50	58	60
最小値	15	11	6	7
サンプル数	488社	362社	243社	142社

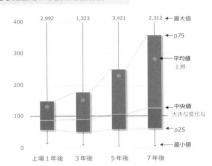

注：
- 2010年以降にマザーズに上場した会社を対象とし、上場した月の月末時点の時価総額を100として、上場 x 年後の月末時点の時価総額をスコア化
- 上場 x 年後時点で上場廃止している場合、当該時点の集計対象から除く
- P75は下位から75%に位置する企業、P25は下位から25%に位置する企業の数値を示す

図表7-1　上場後の成長
出所：東京証券取引所「グロース市場の状況とフォローアップ会議における議論」（https://www.jpx.co.jp/equities/follow-up/nlsgeu000006gevo-att/cg27su00000073nj.pdf）

● **上場後一定期間経過後も、高い成長を実現できなかった事例**も見られる（上場後経過年数１０年以上で時価総額４０億円未満の会社は３０社）

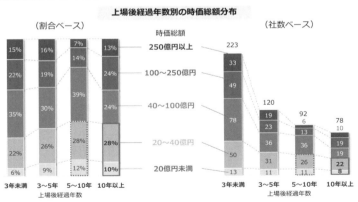

注：2022年末時点におけるグロース市場上場会社513社を対象
注：時価総額は、2022年10月〜12月の終値平均ベース

図表7-2　上場後経過年数別の時価総額分布
出所：東京証券取引所「グロース市場の状況とフォローアップ会議における議論」（https://www.jpx.co.jp/equities/follow-up/nlsgeu000006gevo-att/cg27su00000073nj.pdf）

みると78社中30社が上場を維持できなくなると考えられます。東証グロース市場（旧東証マザーズ市場）に上場し、東証スタンダード市場から東証プライム市場に移行して成長を継続する企業がある一方で、かなりの企業が東証グロース市場での上場も維持できず、場合によっては企業の存続自体が難しくなってしまうというのが実情です。

　時代の変化を適切に捉えた成長戦略を示し、そして実績を積み重ねていくことがいかに難しいことか、これをみても明らかです。企業における成長継続には、経営者、また取締役、取締役会が大きな役割を果たします。

7-1-2　ベンチャー企業における経営者人事と経営者、取締役の役割

　だからこそ、経営者が野心に満ちあふれ、適切な緊張感や高揚感に包まれながら、モチベーション高く経営に挑み続けられる環境を整備することは取締役会や社外取締役の役目の一つであるように思えます。ここでいう経営者人事とは、「目標設計と指名基準」「目標設計と報酬設計」の2つです。

　成長企業はオーナー代表取締役が当たり前であり、いかにこのトップに対して緊張感あるストレッチゴールを提供し続けられるのかは、企業の持続的な成長にとって重要課題で、取締役会および社外取締役の担うべき役割は大きいと言えます。これらのテーマに対して本項では、上場直後のベンチャー企業を主に想定しながら解説していきたいと思います。

　まずは野心の確認にあります。東証グロース市場に上場する会社では創業者がIPOを目指してまい進してきた結果、満足感や疲労感を持ち合わせていることも多くあります。実際に筆者も創業8年目でIPOをし、その直後は脱力感さえ抱きました。また中には上場という大き過ぎるイベントを通過することに集中するあまり、その先のエクイティストーリーがなおざりなケースもあります。社外取締役はこのような経営トップの功績をたたえるとともに、上場などのタイミングで改めて経営者がもつ野心を確認することが大切です。

　野心とは、己の人生で成し遂げたいことです。野心と会社のビジョンが完

全一致、ないしはそれに近い状態が創業者のエネルギーの源泉であり、その創業者や経営者が会社をブーストさせられる根拠の一つでもあると思います。故に会社の向かうべき方向性とともに、個人の野心を再度整理するプロセスを促すことをお勧めします。

次に適切な緊張感や高揚感のある目標設定です。コーポレート・ガバナンスの目的は多様なステークホルダーの利害の調整であり、トレードオフの解消であり、エージェンシー・コストの抑制です。その議論のスタートは株主をはじめとしたステークホルダーの期待です。そういう意味で、昨今では社外取締役が株主との対話機会を設けることが推奨されています（対話ガイドラインや社外取締役活用ガイドラインなど）。

それらを踏まえ、適切な緊張感をもたらす経営目標の設計を行う必要があり、ここには客観的な目線は欠かせません。現実的ではあるが成長性の乏しい計画では、将来の成長期待が盛り込まれる成長企業の企業価値の世界では高い評価は期待できません。この場合、取締役会は成長戦略の見直しを要求するのが適切であると思います。

現在、東京証券取引所はグロース市場の上場企業に対して、「事業計画及び成長可能性に関する事項」、いわゆる成長戦略の開示を義務化しており、それも頻度は「少なくとも1事業年度に対して1回以上の頻度」としており決して低い頻度とはいえません。成長を期待されるグロース市場において取締役会や社外取締役は成長性に課題がある場合、この成長戦略の開示に向けて客観的な視点から戦略の見直しをサポートする必要があります。

他方で、成長性があると評価されるために高い目標設定をしたとしても、達成ができなければステークホルダーからの信頼を失います。結果として、連続未達成や連続最終赤字など、持続的な企業成長に相ふさわしいリーダーではないと判断された場合は、別の者を経営トップに任命すべきであり、その役割は取締役会や指名委員会などに期待されています。

つまりは個人の野心を抑えつつ、熱量高く向き合える会社の方向性を再確認し、経営者のスキルや性格、企業のケイパビリティーや文化などを押さえ、成長戦略と事業計画をレビューする――この監督の結果、将来に期待ができなければ自らの手でCEOを解任する手続を断行しなければならなくなるわ

けです。

　これらの実現に向け、社外取締役はどの程度ステークホルダーと対話をしているのか、どの程度成長戦略の策定にコミットしているのか、どの程度事業計画のレビューをしているのか、これらを自らに問い直す必要があるかもしれません。

7-1-3　起業家と経営者の相違と役割

　資本規模の小さなベンチャー企業が資本市場からのプレッシャーに耐えながら、継続的に企業価値を高めることは簡単ではありません。それに加えて、変化が激しく、先の見通しが立ちづらくなった現代において、成長することを命題とするベンチャー企業のプレッシャーは計り知れません。そのプレッシャーを乗り越えていける経営人材は数少なく、リスク許容度やリテラシー、リーダーシップにおいて、創業期から会社をけん引してきた起業家に引き続きCEOを委ねたいと思うでしょう。

　ただ、上場前後で起業家の置かれた環境が大きく変化するので、その対策を講じなければ起業家の良さを生かせないと考えています。起業家とはビジョンに向かってリスクを恐れず挑戦し続けるマインドをもつ人であり、その姿勢がリーダーシップの源泉となります。起業家以外の経営者は、全体を俯瞰し、リスクに対処し、結果として最も合理的と思われる手段で経営目標を達成させるマネジャーです。経営者になると、内部統制システムなどのリスクマネジメント、業績不振や投資行為に対する蓋然性の説明責任などが求められ、起業家の良さを生かして伸びてきたスタートアップにおいて、これらの変化を起業家自らに対処させると起業家の良さを失わせる（萎縮させる）といっても過言ではありません。とはいえ、これらは上場企業の経営者（取締役）の義務です。

　だからこそ筆者は、攻める経営者にこそ自らが、あるいは自らが指名する信頼する取締役によって、早急にガバナンス・リスク管理体制を整備し、果敢な挑戦を可能とする環境を整えてほしいと考えます。コーポレート・ガバナンスを建設的に捉え、設計することで、より一層成長に向けた果敢な挑戦、

意思決定が可能になります。コーポレート・ガバナンス・システムを構築せず、中途半端に世の中やステークホルダー、東京証券取引所の要望を聞いていては攻め切れません。

7-1-4　報酬設計と報酬委員会の重要性

　起業家に引き続きベンチャー企業のリーダーシップを託すにあたっては、適切な報酬の設計が欠かせません。業界水準なども重要ですが、インセンティブとして機能しない程度の報酬設計では意味がありません。起業家は時として、自社の株式の売却などで多額の資金を得ているケースも上場企業では少なくなく、その人間に他社水準だからといって満足のいかない報酬設計をすることはガバナンスが有効作用している結果ではありません。社外取締役を中心とする取締役会や報酬委員会は、自社の置かれた環境や経営の難易度、経営トップの代替可能性などを鑑み、インセンティブに足る報酬を積極的に設計してほしく、そうでなければガバナンスは起業家のやる気を高めることなく、単に守りだけに徹することになりかねません。また他社水準がインセンティブになる水準でもないからこそ、役員報酬というコストに目を向け、低額報酬にし、少しでも利益を創出しようとする起業家も発生してしまいます。これもまた最終的に優秀な経営陣の輩出にとっては阻害要因となりかねません。

　指名や報酬委員会は公正性と透明性を確保する役割を果たしますが、確実に機能することで執行部にいい緊張感とエネルギーを提供することができます。そういう意味で、委員会は単に説明責任を果たさなければならないコストではなく、企業価値の継続成長に向け、長期政権を可能にする制度であることを忘れてはなりません。ただ、過去の会社におけるexitや当該企業の株式の売り出しなどで、ある一定の資金を有している起業家に対して、報酬委員会が説明責任を十分に果たしながら適切な高額報酬設計を公表しているベンチャー企業を筆者はほぼ知りません。ベンチャー企業における報酬委員会や社外取締役が持続的な成長に向けてチャレンジするべきお題ではないかと考えます。

7-2

経営者報酬の動向

　本節では、主に経済産業省の資料をもとに、経営者報酬の国内外の動向や国の施策、提言などについて説明します。

7-2-1　時系列の動向、海外との比較

　時系列の変化、海外との比較から以下のことが指摘されています。

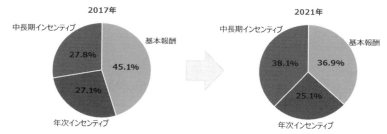

図表7-3　社長報酬の構成比の変化
出所：経済産業省「コーポレート・ガバナンス改革における株式報酬導入の意義と展望」（https://www8.cao.go.jp/kisei-kaikaku/kisei/meeting/wg/2210_01startup/230411/startup11_06.pdf）

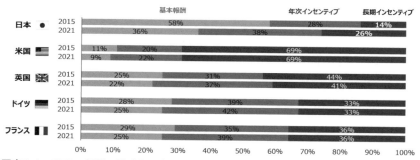

図表7-4　CEOの報酬の構成比の各国比較
出所：経済産業省「コーポレート・ガバナンス改革における株式報酬導入の意義と展望」（https://www8.cao.go.jp/kisei-kaikaku/kisei/meeting/wg/2210_01startup/230411/startup11_06.pdf）

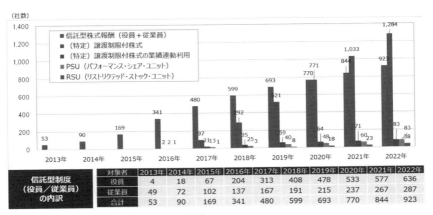

図表7-5　株式報酬制度の導入社数の推移

出所：経済産業省「コーポレート・ガバナンス改革における株式報酬導入の意義と展望」（https://www8.cao.go.jp/kisei-kaikaku/kisei/meeting/wg/2210_01startup/230411/startup11_06.pdf）

信託型制度（役員／従業員）の内訳	対象者	2013年	2014年	2015年	2016年	2017年	2018年	2019年	2020年	2021年	2022年
	役員	4	18	67	204	313	408	478	533	577	636
	従業員	49	72	102	137	167	191	215	237	267	287
	合計	53	90	169	341	480	599	693	770	844	923

- コーポレート・ガバナンス・コードの導入以降、日本企業の経営者報酬は、企業業績に連動する部分の比率が高まり、インセンティブ報酬が社長報酬の6割超を占めている（**図表7-3**）。
- 長期インセンティブ報酬（主に株式報酬）の比率は3割程度まで高まっているが、欧米と比較すると低い（**図表7-4**）。
- 様々な類型の株式報酬の導入が急速に進展している（**図表7-5**）。

7-2-2　報酬に関わる法規制の変化

　役員報酬・株式報酬に関しては、法規制関連の動向を見ても、役員の株式報酬の導入、業績連動給与の導入などの拡大がしやすい環境が整えられつつあります（**図表7-6**）。

　株式報酬に対して、今後の展望・提案として以下が示されています。

- 日本のコーポレート・ガバナンス改革においては、コード対応などが形式的なものにとどまっているとの指摘があり、実質化に向けては、経営陣の報酬政策は重要であり、特に、経営戦略を踏まえて具体的な目標となる

図表7-6　役員報酬・株式報酬に関する近年の取り組み

項目	法規制などの根拠	内容
会社法関連	コーポレート・ガバナンス・システムの在り方に関する研究会	・役員に付与する株式報酬について、法解釈を明確化し、株式報酬導入の手続を整理
	改正会社法（2019年成立）	・取締役または執行役に対する株式などの無償発行制度を創設
税法関連	平成28年度税制改正	・特定譲渡制限付株式を事前確定届出給与として損金算入の対象へ ・利益連動給与について、対象となる指標（ROEなど）を追加および明確化
	平成29年度税制改正	・株式交付信託やストックオプションなど各役員給与類型について、全体として整合的な税制となるよう見直し ・特定譲渡制限付株式、ストックオプションに関わる課税の特例の対象を、非居住者役員や完全子会社以外の子会社の役員にも拡大 ・業績連動給与（利益連動給与）について、複数年度の利益に連動したものや、株価に連動したものも損金算入の対象へ
	平成31年度税制改正	・近年のコーポレート・ガバナンスの進展を踏まえて報酬委員会などの構成の要件などを見直し
実務指針・手引き	CGSガイドラインの策定（2017年3月公表、2022年7月再改訂）	・経営陣の指名・報酬の在り方を含む「コーポレート・ガバナンス・システムに関する実務指針」
	2016年に策定後、累次改訂	・「攻めの経営」を促す役員報酬（役員報酬の手引き）の策定 ・中長期の企業価値向上に対応する役員報酬プラン導入促進

出所：経済産業省「コーポレート・ガバナンス改革における株式報酬導入の意義と展望」（https://www8.cao.go.jp/kisei-kaikaku/kisei/meeting/wg/2210_01startup/230411/startup11_06.pdf）

　KPIを設定し、それを実現するための適切なインセンティブ構造となるよう経営陣の報酬体系を設計することが必要。

・株式報酬は、経営陣への中長期的な企業価値向上への動機付け、および経営陣と株主との価値共有に資するもので、周知活動や環境整備を継続的に実施することで、導入を促す。

・株式報酬には特徴の異なる様々なスキームがあり、平成29年度税制改正

のように、それぞれの制度趣旨の下で、株式報酬のスキーム間の均衡も考慮することにより、企業が自社にとって最適な株式報酬を実現しやすい仕組みを構築していくことが重要。

- 自社株報酬は役員のみならず幹部候補の従業員に対する動機付けとして有益であり、人的資本拡大にも資する。
- 社長・CEO就任年齢の若返り、長期インセンティブ報酬の引き上げ（グローバル水準である40〜50％程度）、幹部候補に対する自社株報酬の活用による幹部候補の育成も有益（CGSガイドライン、2022年7月再改訂）。
- 自社株報酬については、自社株を保有することにより、経営陣と株主の価値共有に資するというメリットもある（CGSガイドライン、2022年7月再改訂）。

　以上は、大企業を中心に示されている部分が多いと考えられますが、ベンチャー企業は大企業以上に経営者のインセンティブ報酬が重要です。特に、上場に成功した企業における創業者かつ経営者は、大企業以上の報酬や資産を得ている場合も多く、多額のインセンティブが必要な場合があります。

　最近は、後継者育成から後継者の指名に至る段階で、長期のインセンティブを含む次期経営者の報酬制度が議論されている場合が多くあります。その際には、指名委員会、報酬委員会が大きな役割を果たします。この件については、次節以降でも取り上げます。

7-3
後継者計画に対する経済産業省の指針

本節では経済産業省の資料「指名委員会・報酬委員会及び後継者計画の活用に関する指針─コーポレート・ガバナンス・システムに関する実務指針（CGSガイドライン）別冊─」[1]に基づいて、後継者計画における指名委員会、報酬委員会を利用した一般的検討について示します。

7-3-1 社長・CEOの選解任における指名委員会・報酬委員会の役割

企業価値向上の中心的役割を果たすのは社長・CEOら経営陣である点はいずれの企業でも同様であり、優れた社長・CEOら経営陣を選び、適切なインセンティブを与え、その成果をチェックしていく仕組みを作ることはすべての企業において必須で、以下の方策が考えられます。

なお、会社法との関係で見た機関設計別のCEO選任などについては**図表7-7**にまとめています。

- 社長・CEOの選解任の局面で、指名委員会を活用する。
- 適切なインセンティブ付与の点から、社長・CEOの報酬について報酬委員会が監督する。
- 社長・CEOの解任・不再任基準（解任・不再任の要否について議論を始める契機となる基準）を平時から設けておくことを検討すべきである。
- 指名委員会と報酬委員会は両方同時に設ける方がよい。
- 指名委員会と報酬委員会を別の委員会として設置する場合にも、例えば一部の社外取締役の委員を共通にするなど、両者の間で緊密な連携を図れるようにすることが重要である。
- 指名委員会において、社長・CEOの後継者の指名に加え、その前提とな

図表7-7　会社法との関係で見た機関設計別のCEO選任などについて

項目	監査役設置会社	監査等委員会設置会社	指名委員会等設置会社
CEOの選定	取締役会が決定（各社の任意により、委員会などを関与させることができる）		
取締役の選任	株主総会が決定		指名委員会が提出した議案をもとに、株主総会が決定
取締役候補者の決定	取締役会が決定（各社の任意により、委員会などを関与させることができる）		指名委員会が決定

出所：経済産業省「コーポレート・ガバナンス・システムに関する実務指針（CGSガイドライン）」2022年7月19日
（https://www.meti.go.jp/shingikai/economy/cgs_kenkyukai/pdf/20220719_02.pdf）をもとに筆者作成

る後継者計画の策定・運用に主体的に関与し、その適切な監督に努めることを検討すべきである。

・報酬委員会においても、社長・CEOの個別の報酬額の決定に加え、その前提となる報酬方針の策定に関与することを検討すべきである。

・報酬委員会において議論が考えられる事項として、①自社における社長・CEOの役割・権限、②報酬水準、③固定報酬・業績連動報酬・自社株報酬の構成割合、④業績連動報酬の設計・仕組み、⑤自社株報酬の設計・仕組み、⑥リスク管理メカニズムの仕組みなどがある。

7-3-2　社長・CEOの後継者計画の策定・運用

後継者計画を構成する取り組みについて、以下が示されています（一部抜粋）。

・社長・CEOの後継者計画とは、企業の持続的な成長と中長期的な企業価値の向上を確保することを目的として、そこで中心的な役割を果たす社長・CEOの交代が優れた後継者に対して最適なタイミングでなされることを確保するための取り組み。

・「想定される現社長・CEOの交代時期」を見据えて、後継者候補を選抜・育成し、必要な資質を備えさせるとともに、経営トップとして最もふさわしい人材を見極める中長期的な取り組み。

- 交代時期は、経営計画などにおける業績目標の達成状況などによっては当初の想定を見直し、また不測の事態で急遽社長・CEOの交代が必要となることもあり得る。このような状況変化に適切に対応し、緊急事態においても経営の空白を作らず、経営の安定性と持続可能性確保のために、平時から備えておくための取り組みも後継者計画の重要な要素。
- 緊急事態には時間をかけて後継者候補育成や見極めができず、通常時とは時間軸やプロセス、後継者の役割が異なる別途検討（エマージェンシー・プランや有事対応プラン）が必要。
- 将来の状況変化や不測の事態にも適切に対応できるよう、様々なシナリオを想定し、複数の時間軸で後継者計画に取り組んでおくことが望ましい。

　後継者計画の策定・運用に取り組むにあたっては、次に示す7つのステップに分けて検討することが有益としています。

ステップ1　後継者計画のロードマップの立案
ステップ2　「あるべき社長・CEO像」と評価基準の策定
ステップ3　後継者候補の選出
ステップ4　育成計画の策定・実施
ステップ5　後継者候補の評価、絞り込み・入れ替え
ステップ6　最終候補者に対する評価と後継者の指名
ステップ7　指名後のサポート

　ただし、後継者計画の策定・運用の具体的な取り組みの在り方は、各社が置かれている状況や企業文化、候補人材の状況などに応じて企業ごとに異なり得るものであり、重要なのは基本形を踏まえつつ、最適なタイミングで最適な後継者に経営トップを交代するという本来の目的を実現するために、自社にとってどのような取り組みが必要かを議論し、試行錯誤と工夫を重ねることとしています。

　他に、以下の指摘をしています。

- 後継者指名プロセスの客観性・透明性を確保するための方策として、指名委員会が後継者計画の策定・運用に主体的に関与し、これを適切に監督することを検討すべきである。
- 後継者計画のプロセス全般にわたって指名委員会を関与させ、社内論理が優先されていないか、主観的・恣意的判断に陥っていないかなどをチェックさせる。
- 後継者計画に関する重要な事項は言語化・文書化し、監督を担う指名委員会などに共有することを検討すべきである。
- 社長・CEOの後継者計画・後継者指名は、株主などのステークホルダーにとっても重大な関心事であり、そのプロセスや指名委員会の構成・役割や関与状況などに関わる基本方針について情報発信することを検討すべきである。

7-4

CEOの指名や報酬に関わる事例分析

　本節では、CEOの指名や報酬において、指名委員会、報酬委員会などを活用し、特徴的な決定を行った企業を取り上げ、その目的やプロセス、外部への公表、想定される効果などを示します。取り上げるのは、ラクスル、ユーグレナ、サイバーエージェント、SmartHR、丸井グループの5社です。SmartHRと丸井グループは第5章でも取り上げていますが、CEOの指名や報酬に関してここで改めて説明します。

7-4-1　ラクスル

　ラクスルは2009年、印刷の新しい発注の仕組みづくりを目的として設立された企業です。現在はインターネット関連事業を広く展開し、2023年7月期の売上額は400億円を超え、東証プライム市場に上場しています。2023年8月に創業者からのサクセッションを行うにあたり、「新CEOが、経営後継者（雇われ経営者）ではなく、次の10年の企業価値拡大のための"創業者"になることを企図し、長期目線で企業価値向上を推進することに注力できる環境をつくる」という目的で、ロングタームインセンティブパッケージの報酬制度を導入しています[※2]。CEOに対する報酬設計として日本ではあまり例がなく、その決定プロセスの点からも注目されます。報酬に関しては、以下の3点が特徴的です。

①譲渡制限付株式ユニット（RSU：リストリクテッド・ストック・ユニット）

　2023年度から2032年度の10事業年度の職務執行の対価として、毎年一定の条件を満たした場合に限り、当該事業年度にかかる付与分の権利が確定し、株式が交付される事後交付型の自社株報酬制度です。10年間しっかりコミットしてほしいという「信頼」の証しと同時に、「粗利成長率15％」という「規

「律」の証しでもあります。

②有償ストックオプション（SO）

2032年度までに、企業価値評価の指標であるEBITDA、1株あたり株価を設定し、株式時価総額が約5000億円〜約1兆円を行使条件として、長期的な業績拡大と企業価値の増大を目指すためのインセンティブプランです。高い業績条件に対する大きなリターンとなるための「期待」の証しと言えます。

③同社株式の買い付け

同社株式の買い付けのための融資として、新CEO個人が12億円規模の当社発行済み株式を、代表取締役会長である旧CEOとの相対取引による取得、および市場から買い付けることを予定しています。CEO個人がリスクを負う「覚悟」の証しと言えます。

以上のうち、特に③については、新CEO個人が10億円を超える投資を行うことを意味しており、大きいインセンティブとはいえ、長期のコミットメントが必要と言え、日本の他企業ではあまり見られないプランです。なお、新CEOは、以下のようにコメントしています（一部抜粋）。

「ロングタームインセンティブパッケージの導入は、まさに"創業者"のようなコミットメントおよび長期的視点で経営に取り組むために不可欠な環境創りであると考えています。また、報酬のみならず私自身がリスクをとって株式を購入することで、株主・投資家の皆様と同じ目線で経営を行う環境を構築したいと考えています。なお、現金報酬については国内労働市場における経営者の報酬水準よりは低く抑え、株式報酬を中心とした報酬設計となっています」。

CEOの報酬制度設計においては、指名報酬委員会が中心的な役割を果たしたとされます[※3]。指名報酬委員会での具体的な話し合いは2023年4月からスタートし、「第二の創業者に即した報酬設計はどうすべきか」についてずっと議論していたとされます。

7-4-2　ユーグレナ

　ユーグレナは、バングラデシュの栄養問題の解決を目指して創業し、誰も
なしえないと考えられていた微細藻類ユーグレナの食用屋外大量培養を世界
で初めて成功させ、それを起点として事業を展開してきました。2005年8月
に設立され、2012年12月に東証マザーズ市場に上場、2014年12月には東証1
部（現東証プライム市場）に市場変更と、順調に成長しています。最新の第
19期では、通期連結売上高が過去最高の464億円となり、ヘルスケア事業で
はセグメント損益の黒字化達成、バイオ燃料事業ではバイオ燃料の大口テス
ト取引の実施による売上高の増加など、ユーグレナグループの持続的成長を
支える事業基盤が着実に強化された1年となっています[※4]。

　2023年には「サステナビリティー委員会」を設置し、ESG投資の世界的指
数「FTSE Blossom Japan Index」の構成銘柄に選定されるなど、SDGsの達
成に注力した事業展開に注力していることが特徴です。人事面では、2019
年10月に東証1部上場企業（当時）として初めて10代のCFO（Chief Future
Officer：最高未来責任者）が就任しています。2021年10月以降、代表取締役
社長が中長期的経営を担い、取締役代表執行役員CEOが業務執行を統括す
る経営体制のもと事業を推進してきました。

　2023年12月にはCEOが退任し、2024年1月1日より2人のCo-CEOが務める
新執行体制に移行しています。新執行体制への移行において、指名報酬委員
会の答申を受けたとされています[※5]。指名報酬委員会の委員長は、以下の発
言をしています（一部省略）。

　「急なCEO交代の難局を乗り切り、むしろサステナブルな成長を指向する
チーム執行体制へと移行するチャンスと捉えるべきだとの論点で深く濃く協
議しました。次のCEOの母集団形成と選考プロセスを実施し、『未来を共創
するCo-CEO』として選定しました」

　「両名は、ユーグレナの企業価値創出に強く前向きにコミットし、強みの
専門領域もリーダーシップスタイルも補完関係にあるリーダーです。相互の
信頼感も強く、フレッシュな感性を持つ次世代リーダーたちとの新執行体制
を力強くリードしていくCo-CEOとして適任であると認定し、選定いたしま

した。指名報酬委員会としても、新しい執行体制を全力で支援してまいります」

　同社の指名報酬委員会は、取締役会の任意の諮問機関として、委員の半数を独立社外取締役で構成しています。取締役の報酬は、取締役会の諮問に対する指名報酬委員会の答申に基づき、常勤又は非常勤の別、会社業績、各取締役の管掌業務の成績等を考慮し、取締役会で協議のうえ決定されています。2024年3月19日の第19期定時株主総会では、「新執行体制の株式報酬制度」に関する議案が提示されています。これは新執行体制と同時に、同社のフィロソフィー「Sustainability First」とパーパス「人と地球を健康にする」に立ち返るとともに、より強い財務体質、より成長志向の企業文化を確立すべく、2024年事業年度より開始し、2026年事業年度を最終年度とする中期経営方針が策定されています。そこで、Co-CEOの両名などに対して中期経営方針の着実な遂行、その結果としての同社の企業価値、株主価値向上に向けたインセンティブを付与することが、この報酬制度（事前交付型譲渡制限付株式報酬）の目的とされています[4]。

　報酬水準に関しては、3年間の勤務継続に対する対価であること、日本国における同規模スタートアップ企業の経営者報酬と比較したときに合理性を認められる水準であること、十分に難易度が高く意義のある業績目標水準が設定されていることから、同社の企業価値向上に対する取り組みの対価として合理的であると判断されています。

　また、本株式報酬による希薄化率は2024年1月1日時点の発行済み株式数に対して最大1.0％を上限として発行、並びに金銭報酬ではなく株式報酬としたことにより、条件達成した場合の同社業績やキャッシュフローへの影響も限定的で、本株式報酬は株主価値を著しく毀損するものではなく、適切であると判断されています。

　本事例は、CEOなどの後継者における報酬などのインセンティブ設計が重要であるとともに、その実現における、社外取締役が過半数を占める指名報酬委員会の役割の重要性を示すものと言えます。

7-4-3　サイバーエージェント

　サイバーエージェントは1998年に設立され、2000年に代表取締役は史上最年少で東証マザーズに上場しました。2014年には東証1部に上場、2022年東証プライム市場に移行しています。同社は、インターネット産業に軸足を置き、メディア事業、インターネット広告事業、ゲーム事業の3本柱の事業ポートフォリオを有しています。2023年度の売上高は7202億円であり、インターネット広告事業が53％、ゲーム事業は24％、メディア事業が19％を占めます[※6]。2018年10月「日経225」に加わり、ESGなど計10の指数に採用されています。

　同社は、AI活用の取り組みを戦略に組み入れていることも特徴です。2016年に「AI Lab」を設立し、2023年9月時点で在籍する研究者は66人、うち6割以上が博士号を取得しています。2023年10月に新設した「AIオペレーション室」は、業務におけるAI技術の活用を目指し、全社横断的に生成AI導入を進め、革新的事業推進や業務効率化を実現していくとされています。

　成長フェーズや事業戦略に合わせ、独自の制度を活用して経営体制を刷新してきました。コーポレート・ガバナンスのさらなる強化に向け、2020年12月より監督と執行を明確に区分し、新執行役員体制に移行するとともに、取締役の監督機能を充実させるため社外取締役が半数を占める体制としています。監査等委員会設置会社を選択しており、独立社外取締役4人が経営方針などに対する助言、取締役および執行役員の業務執行の監査・監督、会社と取締役との間の利益相反の監督などを行っており、社外からの経営監視が十分に機能する体制が整っているとしています。同社の取締役は8人で、社外取締役比率は50％の4人。2023年度より執行役員を増員し、執行役員以上の女性比率は18.2％としています。2019年10月30日開催の取締役会において、取締役会の諮問機関として「指名報酬諮問委員会」の設置を決議しました。指名報酬諮問委員会の役割は、取締役報酬制度、取締役の評価報酬額、取締役の選解任、取締役の選解任方針の策定、その他取締役会が必要と認めた事項とされています。

　同社の創業者である現社長は、2026年に会長に退き、新社長を社内から

起用すると2023年に表明しています。その布石として、サイバーエージェントの経営について考えをまとめた「引き継ぎ書」を作成し、16人の後継者候補を選出して研修を行っているとされます。16人の後継者候補は、外資コンサルティングや大学のチームが構築した研修プログラムに加え、2人の社外取締役も加わったプレゼンテーションなどの選抜プロセスが3年間にわたって組まれたとされています。

「引き継ぎ書」の内容は100項目以上ありますが、その一部として、2023年4月に新入社員に向けて以下の3項目を説明しています[7]（一部抜粋して引用します）。

①成長分野で事業をする

事業の伸びの9割は成長分野からつくられるが、本当の目的は、社員の成長で、新しいポストがうまれるし、新しい仕事をする経験が積め、モチベーション高く働けるのは成長分野である。

②自分で考え、自分で決めて、自分でやる

セルフ・リーダーシップの考え方であり、仕事をしていて心から面白いと感じるのは、自分で考えて決めた自分のアイデアを実行した時であり、一人一人の社員にセルフ・リーダーシップを求め、決断経験を積んで自分自身で能力を引き出せる環境をつくる。

③社員を大人として扱う

創業以来大事にしてきた「自由と自己責任」で、能力を存分に発揮してもらう。

以上は、あくまで公表されている新入社員向けの内容です。同社ではCEOが主体的に後継者を育成し、また選抜していく意思が感じられます。現社長はまだ50代前半で、大企業のCEOとしては若い年齢であり、CEOを退くのは時期尚早との見方もあるようですが、「10年はすぐ経過するため、いち早く後継者育成が必要」との考え方に至ったとされています。後継者候

補の16人は、営業や事業責任者などの仕事で結果を残し、幹部としてマネジメントで高い評価を得た人材ばかりだが、社員や幹部として優秀なことと、社長になれることは全く違う、という見解も示されています。

　CEOの自著の中で、東証マザーズ上場時は225億円の資金を調達しながら、その後株価が低迷し、会社の保有現金が180億円もあるのに、時価総額が90億円になった時期があったと書かれています。そのような経験も含めて、CEOとして自身が後継者を育成・選抜し、自身は3年後に会長に退くという意思決定がなされたのだろうと推測されます。

7-4-4　SmartHR

　SmartHRについては第5章でも取り上げましたが、ここでは後継者育成と報酬制度に焦点を当てて記述します。

①CEOのサクセッション[8]

　同社は2013年にKUFU（現SmartHR）創業以降、宮田昇始氏が、代表取締役CEOとしてけん引してきましたが、2022年1月に取締役ファウンダーとなり、代表取締役CEOには取締役CTOであった芹澤雅人氏が就きました。芹澤氏は2016年入社以降、「SmartHR」の開発の中心を担ってきた人材です。インタビューを行った取締役兼監査等委員会委員長の玉木諒氏は本件について、適材適所の采配と話していました。実際に他の企業においても創業者が代表取締役やCEOといった経営トップを離れ、取締役として資金調達や新規事業に専念するケースがあります。ゼロから事業を立ち上げ、成功させてきた起業家である創業者の強みを生かす体制という面では持続的な成長に向けて、すべてのベンチャー企業にとって検討に値する取り組みでしょう。

②CFOのサクセッション

　同社のCFOは、2018年1月以降玉木氏が担い、財務戦略の強化および経営管理体制の構築などを行ってきました。2023年10月1日、取締役兼監査等委員会委員長（常勤）となりました。この件に関しても、玉木氏は適材適所で

あり、それを可能とする人材が集結しており、層の厚さがこの経営判断を支えたと話しています。

なお、同社には2022年5月18日付で報酬委員会が設置されています。未上場で監査等委員会設置会社なので、法律上義務はないのですが、2021年8月から準備をスタートして設置までに10カ月をかけました。この報酬委員会が人事と共に報酬制度決定に重要な役割を担っていることは注目されます。

企業経営は、財務基盤や業績規模、ステークホルダーの変化などにより、ステージが変化していきます。そのステージの変化において、これからも通用するかしないかといった観点ではなく、より客観的で公正性の高い視点で「強みを生かす適材適所」を考えることはなかなか容易なことではないかもしれません。ただ、企業の持続的な成長を考えた上で下す意思決定であり、これは経営者を支える周りのメンバーには決めることはできず、創業者をはじめとする現任取締役が会社と自らのスキルセットを客観的に見極め、断行していく他ありません。古くは「引き際」のように、続けるか辞めるかの二項対立であったものが、同社の例を機に柔軟性が増していくことは今後のベンチャー企業の成長可能性を高めるものかもしれません。

7-4-5　丸井グループ

丸井グループのコーポレート・ガバナンスに関わる全般的な取り組みは第5章で示しました。そこでも示したように、同社は指名報酬委員会の役割が非常に重視されており、また後継者育成に関わるサクセッションプランに特徴があり、その2点について、ここで詳述します。

(1) 指名報酬委員会の役割と取締役・経営陣幹部の報酬

取締役、執行役員の報酬は、株主総会で決議された報酬限度額の範囲内で、指名報酬委員会が決定します。具体的には、「定額報酬」「短期インセンティブとして事業年度ごとの会社業績に基づく業績連動賞与」「中長期インセンティブとして中長期的な会社業績に基づく業績連動型株式報酬」で構成されています。さらに、取締役の個人別の報酬など、内容に関わる決定方針につ

いても示されています。なお、指名報酬委員会は、委員3人以上で組織し、原則としてそのうち2人以上を社外取締役で構成しています。

　同社は、2020年3月期より役員報酬制度の見直しを実施し、短期および中長期のインセンティブ報酬の割合を高め、中長期インセンティブの評価指標としてサステナビリティー目標を導入し、共創サステナビリティー経営と連動した役員報酬の設計を行っていることが特徴です。2020年3月期以降の報酬構成比率は、「基本報酬：業績連動賞与：業績連動型株式報酬＝6：1：3」となっています。業績連動型株式報酬は2024年3月末日で終了する事業年度までの3事業年度において、各取締役の役位に応じて毎年一定の時期にポイントを付与します。最終事業年度の会社業績指数（EPS、ROE、ROICに加え、共創サステナビリティー経営を推進するためのESG評価指標などを使用）に応じて0〜110％の範囲で業績連動係数を決定し、これを累積ポイント数に乗じて各取締役に交付する株式数を算出しています。

（2）後継者育成に関わるサクセッションプラン

　2018年3月期より、代表取締役社長を含む経営幹部の発掘と育成を目的とした次世代経営者育成プログラム（共創経営塾CMA）を策定し、取り組みを進めています。さらに、2023年4月より若手人材の早期抜擢を目的とした「昇進・昇格要件の見直し」、経営人材の早期育成を目的とした「上級マネジメント研修」開始しています。

　次世代経営者育成プログラム（共創経営塾CMA）は、2018年3月期より10年後の丸井グループの経営を担う次世代リーダーの発掘・育成と社長の後継者候補を含め、200人程度の経営幹部候補グループの形成を目的に、丸井グループ社外取締役監修のもと、取り組みを進めています。このプログラムは公募制で、2023年3月期までに累計90人が参加しています。選出された社員は、経営幹部に必要な知識の習得、経営層や外部の経営者・有識者との対話など、社外取締役の監修を受けて設計した研修により、経営の視点を1年かけて学びます。カリキュラム終了後も、協業先への出向や戦略・企画部門への配置を通じ、次世代リーダーとしての継続的な育成とモニタリングを進めています。6期目となる2023年3月期は、「丸井グループのコアコンピタン

ス」の理解、「リーダーに必要な力」の体得、経営者視座の獲得をテーマとしたプログラムを実施しました。また、1〜5期生によるメンター制を導入し、お互いの成長につながっています。これらの次世代経営者育成プログラムを通じ、今後も若手・女性役員候補者の発掘・育成を継続して推進していくとしています。

　同社は、指名機能、報酬機能について、さらに以下を検討課題としています。

指名機能の強化

　指名報酬委員会の役割や範囲、次期社長に求める人物像や調達・育成方法、CMA（共創経営塾）との連動が必要。

報酬機能の強化

　インパクト目標・ESG指標の設計、副社長以下の執行役員や次世代経営者に対する報酬の在り方に関する議論を深め、優秀な中途採用促進の観点からも、報酬機能の検討が必要。

7-5

まとめ

　ベンチャー企業、東証グロースの上場企業にとっては、内部統制を重視する守りのガバナンスとともに、リスクをとって企業を成長させ、企業価値を高める攻めのガバナンスが必要です。そのためには、外部環境変化を捉えて予測しつつ、自社のミッション、ビジョンを明確にして経営戦略を描き、継続的に成長を遂げる経営者、CEOが必要です。CEOには、本来有している資質も望まれますが、それに加えて目標を達成し、さらに未来にもっと大きな目標を描き続けるための人事措置が必要となります。経営者人事とは、「目標設計と指名基準」「目標設計と報酬設計」の2つが重要なカギを握ります。一方、CEOを含む経営者、取締役の目標達成の状況を客観的に評価し、指名の妥当性、報酬の在り方を検討するには、社外取締役などによる指名委員会、報酬委員会が大きな役割を果たします。

　ベンチャー企業や東証グロースの上場企業では創業経営者が多く、後継者の指名が重要であると同時に、人材層がまだ不十分であることから、後継者の育成を計画的に進めることは非常に重要であり、本章で事例に取り上げたラクスルや丸井グループの取り組みは参考になります。

　後継者育成、次期CEOの候補者探し、指名においても、指名委員会、報酬委員会の役割は大きいと言えます。

　なお、ベンチャー企業の創業経営者、また上場を果たした東証グロースのCEOは、保有株式などにより大手企業と比較しても相当程度高額な報酬、またリスクをとった際に大きなリターンが得られる報酬制度でないと、CEOとなる人材にとってインセンティブにならないことがあります。ただそれを自ら要求するのは難しく、故に、社外取締役をはじめとする報酬設計に関わる人は客観的な目線でCEOを分析することが必要です。ラクスルのような方策をとる企業は増加すると考えられますし、法規制の変更や欧米のベンチャー企業などの報酬制度を参考にして、多様な報酬制度の導入が進む

でしょう。

　CEOに適切な報酬が設計されること、指名プロセスが適切な緊張感を与えること、そして依存度や層の薄さから計画的に後継者育成に取り掛かること、そうでなければCEOのやる気とともに上場後の業績は失速し、また代替わりがうまくできずに経営環境の変化に適応できないことなどが発生しかねません。

　いずれにしても、大手企業と異なり資本家であるCEOに対しては、いかなるプレッシャーとリターンが必要なのかという視点で、指名、報酬を検討する必要があると言えます。

AIとベンチャー経営

第 **8** 章

Venture Governance in the AI Era

8-1

AI技術の動向

　今、ガバナンスを考える上で、「AI」を無視することはできません。AIが自社の不祥事の原因になることもありますし、逆に、不祥事の発見や再発予防などにAIが有効に機能することも期待されています。これからのガバナンスにおいて、経営者自身がAIを理解して使いこなすことが求められるのです。

　本章ではAIが企業に与える影響について解説します。なお本書はベンチャー企業を念頭に置いているので、特にそうした企業への影響について深く考察します。そうした議論の前提として、本節ではAI技術開発の動向を解説します。

8-1-1　生成AIの開発動向と応用の広がり

　AI技術は、人間の知的活動（認識、判断、計画、学習など）をコンピューターで実現するための技術群です。最近ではChatGPTのような生成AI技術が注目されていますが、そこに至るまでに長い時間をかけて多様なAI技術の開発がされてきました（**図表8-1**）。

　AI研究としては、人間の知能のように動作する汎用性の高い「汎用AI」を目指す取り組みと、特定の機能に絞った「特化型AI」を目指す取り組みがあります。現在のAI技術は基本的に「特化型AI」に相当しますが、大規模な深層学習（Deep Learning）によって作られた基盤モデル（Foundation Model）が登場し、AIの汎用性は急速に高まりつつあります。

　AIの重要な技術要素である「機械学習」は、「識別モデル（Discriminative Model）」と「生成モデル（Generative Model）」に大別されます（**図表8-2**）。識別モデルはデータの属するクラスを同定するもので、画像認識や異常検知のような認識系の応用を中心に実用化が大きく進展しました。これを本書で

は「従来型AI」と呼びます。一方の生成モデルは2014年ごろから技術開発が進展し、2022年ごろから「生成AI（Generative AI）」として注目されるよう

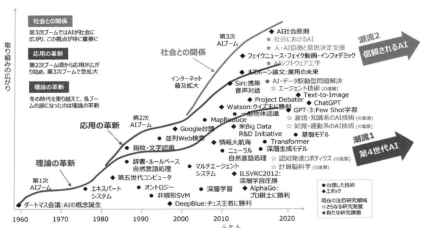

図表8-1　AI（人工知能）・ビッグデータ技術の俯瞰図（時系列）

出所：CRDS研究開発戦略センター「人工知能研究の新潮流2 ～基盤モデル・生成AI のインパクト～」（https://www.jst.go.jp/crds/pdf/2023/RR/CRDS-FY2023-RR-02.pdf）

図表8-2　生成モデルと識別モデルの比較

項目	生成モデル（生成AI）	識別モデル（従来型AI）
機能	• データを学習し新しいデータを生成	• データを識別
目的	• テキスト、画像、動画、音声、プログラムコードなど生成（汎用性高い）	• 特定タスクに対する解決策提示
用途例	• 知識提示、文章作成、要約 • 画像生成アート、デザイン • 音楽生成、動画生成 • プログラムコード、データ補完	• 画像認識、音声認識 • 分類や予測 • 病気の診断、異常検出 • 顧客セグメンテーション
共通技術	• ニューラルネットワーク（Neural Networks） • ディープラーニング（Deep Learning） • GPU（Graphics Processing Unit）などの高速な演算処理ユニット	
特徴的な技術	• 大規模言語処理モデル（LLM）、基盤モデル • トランスフォーマー • GAN、VAE、RNN	• 分類、回帰、クラスタリング、推論、最適化などのアルゴリズム

出所：筆者作成

になりました。自然言語による指示文（プロンプト）に応答する場合が多く「対話型生成AI」とも呼ばれています。

生成AIは入力された自然言語に対してテキストで応答する他、画像・映像・音声・動作、そしてそれらを組み合わせたマルチモーダル応答が可能です。また、画像やウェブページなど言語以外のモーダルを併用した入力も可能になりつつあります。テキスト生成AIではChatGPT（OpenAIが開発）やGemini（Googleが開発）、画像生成AIではDALL-E2（OpenAIが開発）、Stable Diffusion（Stability AIらが開発）、Midjourney（Midjourneyが開発）が代表的です。

生成モデルの学習では、自己教師あり学習（Self-supervised Learning）開発で人手負荷がなくなり、超大規模学習が可能になりました。まず、言語を中心に大規模言語モデル（LLM：Large Language Model）が開発され、言語に他のモーダル（画像など）も対応付けられ、マルチモーダル性・汎用性が高まり、基盤モデルと呼ばれるようになっています。

2022年半ばごろからMidjourneyやStable Diffusionなどの画像生成AIが一般にも話題になり、同年11月末にはChatGPTが登場し、史上最速2カ月でアクティブユーザー数が1億人を突破しました。このようなブームが生まれたのは、ウェブ上で使える形で提供されたことが大きな要因で、予測精度が劇的に向上した他、対話型ユーザーインターフェースの採用で人間の意図・価値観に合わせてAIを振る舞わせる仕組み（AIアライメント）が大きく寄与しました。

対話型生成AIの応用分野の一例として、チャットボット、バーチャルアシスタント、医療診断、創薬支援、法的支援、科学的仮説生成、コンテンツ作成、ゲーミング、ライティング支援、プログラミングとデバッグ、言語翻訳、ニュース要約、マーケティング、感情分析、ソーシャルメディア分析、カスタマーサービス、教育支援、メンタルヘルス、人材マネジメント、ファイナンシャル・プランニング、データレポート作成などが挙げられます。

マルチモーダルLLMであるGPT-4を搭載したChatGPTの精度・性能の高さについては、米国司法試験の上位10％に入るレベル、米国医師資格試験でも合格できるレベル、米国名門大学のMBA（経営学修士）に合格できるレ

ベルといった評価が示されています。また、画像生成AIで生成した画像をもとにした作品が、絵画コンテストや写真コンテストで優勝するという事例も生じています。

8-1-2　今後のAI技術の研究開発の方向性

異論もありますが、**図表8-3**に示すようにAIの世代を見た場合、現在の生成AIは深層学習（第3世代AI）ベースで、基盤モデルを利用する第3.5世代になります。次の第4世代のAIは、パターン処理から言語・記号処理までを統一的な考え方で融合させるものと考えられています。

第3.5世代のAIは大きな成功を収めつつありますが、以下の課題もあり、第4世代のAIでは解決が望まれ、研究開発も開始されています。

①大規模な計算資源と消費エネルギーの必要性

GPUを含む大規模なデータセンターに加え、最先端の基盤モデルは1回の学習に1億円を超える計算費用を要するとされますが、人間の脳の消費電力はわずか20ワット程度で済んでいます。

図表8-3　第4世代AIへの発展の流れ
出所：CRDS研究開発戦略センター「人工知能研究の新潮流2～基盤モデル・生成AIのインパクト～」（https://www.jst.go.jp/crds/pdf/2023/RR/CRDS-FY2023-RR-02.pdf）

②論理推論・論理構築や実世界操作への対応が不十分

　確率モデルに基づいた予測が基本で、論理的な組み立てができません。AIの判定は高精度ですが、なぜそう判定したのか、人間に理解可能な形で理由を説明してくれないブラックボックス問題もあります。また、サイバー空間内に蓄積されたデータから学習し、実世界操作やそのプランニングが不十分です。

③ELSI（倫理的・法的・社会的課題）に関わる様々な懸念が存在

　ハルシネーション（もっともらしく嘘をつく）、フェイク生成の悪用、著作権侵害、情報漏洩、過度の依存などのリスクとそれを要因とする不祥事などの実害があります。

<u>8-1-3</u>　意思決定、合意形成支援につながる　　エージェントモデルの技術開発

　生成AIが人間の「意思決定」にどのように影響するのかは、コーポレート・ガバナンスへの利用において非常に大きな意味を持ちます。生成AIの課題であるフェイク問題やブラックボックス問題などは人間の意思決定に大きな影響を与え、情報化の進展そのものが人間の意思決定の要因や主体性に影響

(a)「限定合理性」問題の深刻化　　　　(b)「確証バイアス」問題の深刻化

図表8-4　人間の主体的意思決定を阻む要因
出所：CRDS研究開発戦略センター「人工知能研究の新潮流2 〜基盤モデル・生成AI のインパクト〜」（https://www.jst.go.jp/crds/pdf/2023/RR/CRDS-FY2023-RR-02.pdf）

図表8-5　意思決定や合意形成支援につながるAIの研究開発

研究開発要素	取り組み状況・方向性
膨大な可能性の探索・評価	マルチエージェントシミュレーション、因果推論・探索、常識推論
自動意思決定・自動交渉	機械学習・最適化、自動交渉エージェントなど
大規模意見集約・合意形成	討論型世論調査、ファシリテーションエージェント、メカニズムデザイン
多様な価値観の把握・可視化	言論マップ生成、議論マイニング、VR・ゲーミングによる追体験
フェイク対策	ソーシャルネット分析、フェイク検出、ファクトチェック支援
意思決定に関する基礎研究	脳の意思決定メカニズム、行動経済学、ELSI・社会受容性

出所：CRDS研究開発戦略センター「人工知能研究の新潮流2 〜基盤モデル・生成AI のインパクト〜」（https://www.jst.go.jp/crds/pdf/2023/RR/CRDS-FY2023-RR-02.pdf）

を与えている面もあります（**図表8-4**）。AIには課題もある一方、人間の認知や意思決定における限界や偏向をAIが支援や補完する、もしくはそのような部分をAIが担うことができれば、企業における意思決定、コーポレート・ガバナンスの実現にとても有効と考えられます。

　そもそも「意思決定」とは、個人や集団がある目標を達成するために、考えられる複数の選択肢の中から1つを選択する行為です。企業経営のような集団の意思決定では、取締役などの個人の見解をベースにしつつ、取締役会や他のステークホルダーとの間で複数の関係者が関わるため、意見が分かれることがあります。関係者内で意見が分かれた時、その一致を図るプロセスが「合意形成」です。企業経営における意思決定ミスは企業の業績悪化、さらには倒産につながりかねず、これをAIが補完するかAIが代替することが考えられ、今後検討すべきテーマとして、研究開発や技術開発は重要と考えられます（**図表8-5**）。

　意思決定や合意形成支援につながるAIの研究開発で重要なのが、エージェント技術です。エージェントは自ら判断して行動する主体をコンピューターシステムとして実現したもので、以下の特徴を持つとされます。

- 自律性、自発性：自分自身の動作の目標を設定して動作
- 社会性：他のエージェントと協力して組織を構成して問題解決を実行

・反射性：種々の変化や変動を察知して適応的に動作

　エージェントには、自律的メカニズムを主眼とした自律エージェント、複数主体の協調を行うマルチエージェントシステム、人間とのインタラクションを重視するインターフェースエージェント、社会的活動・現象のシミュレーションを行うマルチエージェントシミュレーションなどがあり、研究開発が進められています。なお、人とAIが協働して意思決定支援を行うことも重要と考えられ、集団による意思決定を支援する研究開発も進められています。
　情報氾濫による可能性の見落としや、フェイク生成などを用いた情報操作などにより意思決定ミスを起こすリスクが高まっています。このような問題・リスクを軽減するために、AI技術を活用した「意思決定支援」が期待され、将来的には企業経営に役立つと考えられます。

8-2

AIによる企業への影響

8-2-1　企業経営へのAI活用

　企業の規模や上場／未上場にかかわらず、AIは企業経営に多様なメリットをもたらします。従来型AIだけでなく生成AIも活用し、その範囲は広がっています（**図表8-6**）。AIは個々の業務改善や事業への貢献のみでなく、課題対応も含めてガバナンス改善に寄与するのです。

　生成AIをはじめとした新たな技術は事業やリスク管理など企業経営に大きな影響を与えるため、その導入を検討して実施することは、現代において取締役会の義務といっても過言ではないかもしれません。競合他社が事業にAIを導入することにより競争で劣勢となることや、競合他社がリスク管理に導入することで内部統制に後れを取り、不祥事発生時に十分なリスク管理が行われていなかったと解されることも考えられます。

　一方で、AIの導入によって新たなリスクが生じ、それが不祥事につながることもあり得ます。そのため、自社におけるAI導入によるメリット／デメリットを評価し、それが業務や事業のみでなく、ガバナンスに与える影響を検討する必要があります。特にベンチャー企業の視点で見た場合、生成AIは少ないリソースでの業務実施、新たなビジネスモデル構築、新領域への展開といった点で、適合性が高いと言えます。ガバナンスの視点でも、攻めのガバナンス、不祥事や不正の早期発見や再発予防などのメリットがあります。

　自社業務への利用として、AIは自動化による生産性向上、従業員の負担軽減、コスト削減を可能とし、ロボットなどとの併用を含め、既に多くの業務やプロセスで利用されていますが、導入コストが高く、一部雇用の喪失や代替が起こるという課題もあります。また、大量のデータを蓄積して活用することで予測が可能になり、顧客ニーズの把握と対応が可能になるメリット

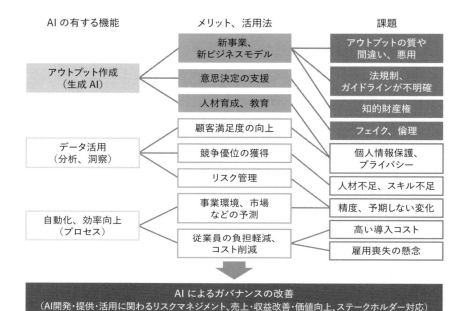

AIの有する機能	メリット、活用法	課題
アウトプット作成 （生成 AI）	新事業、 新ビジネスモデル	アウトプットの質や 間違い、悪用
	意思決定の支援	法規制、 ガイドラインが不明確
	人材育成、教育	知的財産権
データ活用 （分析、洞察）	顧客満足度の向上	フェイク、倫理
	競争優位の獲得	個人情報保護、 プライバシー
	リスク管理	人材不足、スキル不足
自動化、効率向上 （プロセス）	事業環境、市場 などの予測	精度、予期しない変化
	従業員の負担軽減、 コスト削減	高い導入コスト
		雇用喪失の懸念

AIによるガバナンスの改善
（AI開発・提供・活用に関わるリスクマネジメント、売上・収益改善・価値向上、ステークホルダー対応）

図表8-6　AIの機能とメリット、課題、ガバナンス改善
出所：筆者作成

があり、市場・事業環境の予測、データに基づく顧客エクスペリエンスの向上、個人に合わせたマーケティングなどに利用されつつあります。一般的でないデータを活用したり、独自のデータ解析を行ったりすることで、企業は競争優位を獲得でき、自社および事業環境に関わるリスク管理を行うことも可能になります。ただ、利用する個人のプライバシーや個人情報保護、データ不足や予測精度の問題、利用する人材やスキルの不足から、思わぬ誤りや予想しない結果になってしまうこともあり得ます。

　生成AIの登場は、従来型AIの有するこのようなメリットや利用法を大きく拡大する一方で、激しい技術革新の途上にあることから、解決すべき課題も大きくなっています。生成AIはデータ分析のみならず、文章や図表、音楽、プログラムなどの生成が可能であるため、人によって行われてきた多くの業務やクリエイティブな活動を代替し、補完しつつあります。そのため、デー

タに基づいて意思決定を支援する、新事業・新ビジネスモデル策定を支援する、人材育成や教育に利用するなど、利用できる領域が大幅に拡大します。

一方で、フェイクによる事実誤認や報道への悪用、人権や倫理の問題、元データや作成されるアウトプットの知的財産権など、解決すべき課題も飛躍的に多くなります。また、技術革新が激しく競争も激しいため、例えば当面はOpenAIのChatGPTが優位であっても、今後どうなるか不透明な部分も多く、技術標準の確立も進んでいません。そのため、国による法規制の検討は行われていますが、その動向に留意しつつ企業は自主的判断で業務や事業への活用、それに伴う影響を見定める必要があります。

ここまでのまとめとして、**図表8-7**には生成AIの用途を、**図表8-8**には生

図表8-7　生成AIの機能による種類とその用途例

機能	概要	用途例
テキスト生成	自然言語のテキスト入力により、自然言語で回答を行うAI。他の機能との統合や高度化が図られている。OpenAI (ChatGPT)、Google (BERT、Gemini) などがある	・ライティング、文章の要約 ・マーケティング、キャッチコピー作成 ・営業、顧客支援（パーソナライズ） ・法務支援（リーガルチェック、文書作成） ・経理、会計支援（データ入力、サマリー） ・教育、人材育成（AI教師、人事評価） ・研究開発（探索、シミュレーション） ・調達（調達先、調達物の探索、評価） ・音声認識、議事録作成、翻訳、通訳
画像生成	テキストでの指示に基づき、画像を生成、編集や画像処理も可能なAI。Midjourney、Stability AI (Stable Diffusion)、OpenAI (DALL·E2) などがある	・画像生成、編集 ・デザイン ・プレゼンテーション資料作成 ・音声可視化
動画生成	テキスト入力や画像、動画フレームなどから動画が作成できるAI	・動画生成・編集 ・3Dモデル、シミュレーション
音声生成	音声の生成、音楽の自動作曲ができるAI	・音声合成、作曲 ・音声クローン（アナウンス代替など）
コード生成	自然言語処理により、プログラム知識がなくてもプログラムコードを自動生成できる	・コードの生成、修正（プログラミング支援） ・ウェブやそのためのアプリの作成支援

出所：筆者作成

図表8-8　生成AIの機能を生かした自社業務への適用例

機能（用途）	概要	事例など
マーケティング	・効果的なマーケティング戦略開発	・自然言語処理による消費者の言語や好みを分析、ターゲットに合った広告を配信
広告、宣伝	・マルチモーダル利用コンテンツ作成 ・コピーライティングへの利用 ・顧客へのパーソナライズ対応	・顧客の購買履歴や行動に基づき、個々の顧客に合わせた広告を作成
カスタマーサポート	・カスタマーサポートの自動化 ・顧客へのパーソナライズ対応	・自然言語処理を使用した、顧客からの問い合わせを解決するための自動応答システム
ライティング、コンテンツ作成	・文章の作成、チェック ・専門的な文書作成 ・多言語間の自動翻訳	・記事、商品説明、商品レビューなどのコンテンツ自動作成、チェック ・法的契約書の作成、脚本作成
予測、分析	・ビジネスの将来の需要や市場トレンド予測	・需要に応じた生産計画、出荷調整などへの応用
コード作成、プログラミング	・コード生成や説明、バグの特定、コードの間違い修正	・GPT-3のCodexプログラム（様々な言語でコード生成） ・Microsoft Github CoPilot（コード生成のGPT-3のバージョン）
画像、動画作成	・レンダリング（データ処理・演算による画像や映像表示） ・プレゼン資料作成	・商品の写真の自動生成 ・映画作成
製品デザイン（開発、設計）	・商品のデザインや機能を自動的生成 ・ファッションアイテムなどの生成	・インダストリアルデザイン ・ファッションデザイン ・建築設計
アート作成	・ポップな絵画や音楽作成	―
ゲーム	・ゲーム音楽、映像、ストーリー作成	・自然言語を使用して複雑なシーンを創出

出所：筆者作成

成AIを自社業務に幅広く活用する例をまとめています。ChatGPTを中心に生成AIが一般に注目され出したのは2022年以降のことであり、企業の事業への導入とその影響は今後本格化するでしょう。

8-2-2　ベンチャー経営へのAI活用

　前項で述べたことは、ベンチャー企業に限ったことではなく、大手企業にとっても既存中小企業にとってもほぼ同じ状況です。本項では、ベンチャー企業に特有の機会やメリット、課題、留意すべき点を説明します（**図表8-9**）。

(1) AIがベンチャーに与える4つのインパクト

　第一にAIは新技術であり、その開発・利用において多くのスタートアップが登場し、AIを利用した新事業や新しいビジネスモデルが構築されています。ベンチャー企業がAI自体を開発しなくても、自社業務に開発されたアプリを利用したり、製品・サービスに活用したりすることもあります。ベンチャー企業の事業ターゲットはニッチ市場であることが多く、そのような領域ではいち早くAIを活用することで競争優位を獲得しやすいと考えられます。

　第二に、多くのベンチャー企業は人的リソースが十分でない場合が多いので、AI活用によって人的リソースを補完することが可能です。従業員不足だけでなく、経営や監査に関わる人材を含みます。もう少し積極的な言い方をすれば、ベンチャー企業には若くて熱意のある人材が多いので、AIを単純作業の代替のみに利用するのではなく、企画・開発・マーケティングなど、AIと人材が協調できるように活用することが考えられます。大企業では既存人材の配置転換や再教育などに時間がかかり、すぐにAIを活用しづらい面がありますが、ベンチャー企業ではそのようなバリアーが低く、生産性向上、経営層の意思決定支援、リスクマネジメントにおいてすぐにAIが活躍する余地は広いと考えられます。

　第三に、ベンチャー企業は急速な成長が求められるので、ある程度リスクをとっても成長を重視する経営がなされますが、AIはリスクは大きくてもメリットはそれ以上の場合も多いと想定され、ベンチャー経営との相性はいいのです。AIのリスクを踏まえた上で、ベンチャーではAI活用による新たなビジネスモデルの構築や新産業領域への拡大を図れます。

　第四に、特に上場前のベンチャー企業では資金調達が重要な一方で、上場

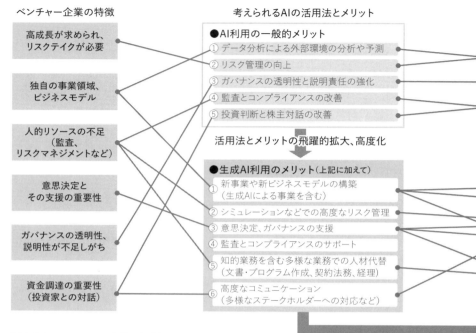

図表8-9　ベンチャー企業の経営にAIが与える影響
出所：筆者作成

企業に求められるガバナンスや情報開示が不十分で、透明性、説明性が不足する可能性があります。このような場合に、AIは投資家や顧客などのステークホルダーに対するコミュニケーションツールとして大きな役割を果たすと考えられます。特にベンチャー企業では資金調達が求められる場合が多く、最近では海外ベンチャーキャピタルからの資金調達も増加しています。海外の制度との相違があるとはいえ、AIの活用は資金調達のプレゼン、調達候補の探索、調達候補への印象向上などにおいてプラスに働く場合が多くなると考えられます。

(2) 生成AIの登場で拡大するインパクト

　生成AIの登場によって、前述した4つのインパクトはいずれも飛躍的に拡

●課題
① データセキュリティーとプライバシー
② データ偏りとバイアス
③ 透明性、説明可能性の不足
④ 技術の制御や投資の必要性
⑤ AIに関わる人的スキルの不足

新たな課題の増加、対応の必要性

●課題（上記に加えて）
① 知的財産権（インプット、アウトプット）
② 事実の誤認、フェイク
③ 人権、倫理に関わる懸念
④ 精度の問題などによる意思決定の誤り
⑤ 急激な技術革新で技術が未確立
⑥ 雇用喪失の懸念
⑦ 法規制、ガイドライン等が未整備

**AIによるベンチャー企業の
ガバナンスの改善**

（上場への準備、
海外ベンチャー
キャピタルからの資金調達、
売上や収益拡大、
企業価値向上、
少ないリソース対応、
新事業・新ビジネスモデル）

大します。従来型AIと比べた生成AIのメリットは、文書、静止画や動画、音声、プログラムなど多様なコンテンツ作成が可能になったことであり、コミュニケーションツールとして、また単純作業でなく知的作業の一部も行えるようになりました。これにより、ベンチャー企業にとっては顧客や株主など多様なステークホルダーとのコミュニケーションが可能となり、事業に関わる業務のみでなく法務や経理、経営や監査など、多様な業務への活用や意思決定の支援が可能になりました。一般的なデータのみでなく、自社や業界、また顧客に関わるデータを活用することで、自社独自のビジネスモデルを構築し、競争環境や市場予測も踏まえた意思決定支援を行うことも可能になりました。事業に関わるリスクマネジメントやコンプライアンス対応の点でも、不足する人材のリソースを補完し、リスクマネジメントを行った上で、より

積極的な経営支援を可能にします。

　現在は、個別の事業や自社の業務レベルで生成AIを活用する企業が多いと思いますが、今後は自社のバリューチェーン全体で、ガバナンス改善において生成AIを含むAI活用が可能かつ必要になり、そのための検討が求められます。

8-2-3　企業経営へのAIの懸念事項

（1）AI自体の課題

　企業経営にAIを活用するにあたり、まずAI自体の課題を整理します。**図表8-10**に従来型AIを含む「AI全般の課題」と「生成AIの課題」をまとめました。

（2）ベンチャー経営にAIを利用する際の懸念点

　図表8-10に基づいて、ベンチャーを含む企業経営という視点では、主に以下の5点に留意する必要があります。

①事実に基づかない意思決定や推測、偏見、悪用の懸念

　生成AIは、そのモデルの特性から事実誤認をし、その前提の上で解決法や推測、予測を示す可能性があります。そのため、最終的には人間が判断して意思決定することが必要です。また、意図的にインプットデータを偏向させ、事実に基づかない文章や動画を生成して流布するなど、悪意をもって生成AIを利用することで人々を欺き、社会的混乱を引き起こし、政治や人権に悪影響を与える事例もあります。自社の経営に活用する場合、また顧客やステークホルダーに対して活用する場合、こうした点に留意して利用する必要があります。

②雇用への影響

　AIは自動化や生産性向上に寄与し、ベンチャー企業における人材不足を補う可能性が高く、特に生成AIは知的業務や間接業務などの既存部門の業

図表8-10　AI全般および生成AIにおける倫理面などの問題点

項目	AI全般の課題	生成AIの課題
公平性	データセットの偏りなどで、AIの判断にバイアスや不当な差別、偏見などが含まれる可能性がある	データセットのみでなく、生成する文章などについて、公平性の問題が生じる可能性がある
透明性	入出力などの検証可能性および判断結果の説明可能性	大規模言語モデル（LLM）に起因するアカウンタビリティーの問題
プライバシー、個人情報利用	学習データに個人情報などが含まれる場合や監視への利用で、プライバシーが侵害される可能性	個人情報のみでなく、国家や企業の機密情報や未公開の研究情報、画像情報などが含まれることの懸念
尊厳・自律、自己決定	利活用において、人間の尊厳と個人の自律は尊重されない可能性	生成AIが自律的に作品などを生成する場合、その告知義務などが発生
セキュリティー	学習データに個人情報などが含まれ、適切な管理が必要	国家情報、機密情報の漏洩や誤用の恐れ
悪用可能性	有名人の名前の悪用による可能性など	ディープフェイクなどで偽造や悪用の拡大、虚偽の情報拡散の可能性
安全性	利用者および第三者の生命・身体・財産に危害を及ぼす可能性	既存のAI監査手続で対応できない可能性
著作権、知的財産権	利用するデータセットによる著作権侵害の可能性	生成AIで生成された作品の著作権や知的財産権の所有者が誰かを明確にする必要
教育、若年者の利用	アウトプットへのプロセス、根拠が不十分な可能性など	学習課題、レポートへの利用、ツールとしての是非

出所：筆者作成

務削減や人材代替に大きな影響を与えます。その際に懸念すべきは、雇用喪失です。ただこれは従来型AIについても言われていたことで、AI導入と同時に、本来人間が行うべき業務にシフトさせるメリットを忘れてはなりません。ベンチャー企業では教育や人材育成に利用できる可能性も高く、雇用への影響などを念頭に置きつつ、積極的活用を考えるべきでしょう。

③プライバシー、セキュリティーの問題

　AIをマーケティングや顧客満足度向上に利用する際、プライバシーなどのセキュリティーに留意する必要があります。従来型AIでもプライバシー

や個人情報は大きな問題でしたが、生成AIではアウトプットに個人名が出る可能性もあり、学習時に意図的に誤った情報を与えることの影響も含めて、より大きな問題になり得ます。テキストデータでは、一般的な個人情報のみでなく、企業秘密、未公開の研究情報、患者の医療情報、国家機密といった機微な情報を利用するリスクが指摘されています。画像データでは、医療現場で活用される際の医療画像などの機微データがそのままアウトプットされたり、個人の肖像権が侵害されたりする懸念も指摘されています。

④著作権、知的財産権に関わる問題

　知的財産については、従来型AIにおいてもどのような情報源で学習をしたかは問題になるのですが、生成AIではもとになった文章や芸術作品をベースにアウトプットを生成するので、インプット情報とアウトプット情報の双方に著作権・知的財産権の問題が生じ得ます。実際、生成AIによって生成された音楽や絵画が既存の著作物と酷似している場合、著作権侵害になる可能性があります。生成AIが自律的に作品を生成する場合、その作品がAIによって生成されたものであることを明確に示すなどの対応も必要になります。日本と海外で法規制が異なり、全般に日本より欧米の規制の方が厳しいことが指摘され、その点も踏まえることが必要です。

⑤アカウンタビリティーの問題

　生成AIは不正確な情報を生成することもあるので、そうした場合、誰がその責任を負うことになるのか、明らかにしておく必要があります。また、生成AIでは既存のAI監査手続ではうまくいかないことがあることも指摘されています。これらの問題に対処するために、AIの倫理的枠組みを策定し、AIの透明性・公正性・責任・プライバシー、そしてAIによって生成された作品のデータや品質に対する基準を明確化する必要が生じ得ます。

(3) ガイドラインや基準作成が進む

　生成AIは2022年後半からブレイクした技術であり、その成長性、潜在的可能性は非常に大きいものがあります。現在はOpenAIやデバイスを提供す

るNVIDIAに大きな注目が集まっていますが、市場性の大きさから、日本企業を含む多くの企業が自社の業務に利用し、また事業として参入し、アプリやサービスを含む応用開発も進められています。グローバルな視点でのルールづくりや、国ごとの法規制も徐々に進められつつある段階であり、企業の自主的なガイドラインや基準作成も進んでいます。

　以上に示したように、生成AIを含むAIはベンチャー企業にとって、事業に直接・間接的に寄与し、コンプライアンスを含むガバナンスにも大きく影響を与える技術です。AIのメリットを最大限に生かしつつ、生じ得るリスクや課題に対応して利用していくだけでなく、AIに関わる技術を開発して競争力を高めることは、ベンチャー企業にとって大きな機会とも言えるでしょう。

8-3

「AIガバナンス」と
「AIを活用するコーポレート・ガバナンス」

　AIは企業活動において実践される段階に来ていますが、ここまで見てきたようにリスクもありますので、それを活用し生かすための「ガバナンス」が大事になります。そうした領域で使われている言葉が「AIガバナンス」です。経済産業省は「我が国のAIガバナンスの在り方」（ver. 1.1、2021年7月）において、AIガバナンスを「AIの利活用によって生じるリスクをステークホルダーにとって受容可能な水準で管理しつつ、そこからもたらされる正のインパクトを最大化することを目的とする、ステークホルダーによる技術的、組織的、および社会的システムの設計および運用」と定義しています。

　本節では「AIガバナンス」に関わる動きを説明した後、「AIを活用するコーポレート・ガバナンス」について説明します。

8-3-1　AIガバナンス

　AIガバナンスを検討するにあたって、AI技術が社会に実装された時に起こり得る、社会・人間への影響や倫理的・法的・社会的課題（Ethical, Legal and Social Issues、以下「ELSI」）を見通すことは欠かせません。AI ELSIの論点（**図表8-11**）に対する主な取り組みとして、(1) AI原則・AI倫理指針の実践のための国際的活動、(2) AIガバナンスのフレームワーク（プライバシー・個人情報保護などのデータ保護に関する法改正、AIに対応した知的財産戦略を含む）が挙げられます。

(1) AI原則・AI倫理指針の実践のための国際的活動

　「人工知能に関するOECD原則」を実践段階に進めるための国際的な組織として「GPAI (Global Partnership on AI)」があります。

　欧州では、欧州委員会が2019年4月に公表した「信頼できるAIのための倫

図表8-11　AI ELSIの主要な論点

論点	説明
AI制御	AIは人間によって制御可能でなくてはならない
人権	AIは人権を尊重するように設計されるべき
公平性・非差別	AIの処理結果によって、人々が不当に差別されないように配慮すべき（主にAIが用いるデータやアルゴリズムにバイアスが含まれることに起因する差別）
透明性	AIの動作の仕組みは開示されるべきで、AIの動作の仕組みや処理結果は人々が理解できるレベルで説明可能であるべき
アカウンタビリティー	AIが事故などを引き起こした際に、その原因や責任の所在を明らかにできるべき
トラスト	AIは人々が信頼できるものであるべき（AIの動作を予想できるとか、処理結果を受容できるとかいったことを含む）
悪用・誤用	AIの悪用・誤用を防ぐような対策を考えるべき
プライバシー	AIの開発時・利用時に人々のプライバシーを侵害してはいけない（開発時の学習データの個人属性や、利用時の内面や機微な情報に立ち入る分析など）
AIエージェント	AIエージェントは、そのユーザーの個人データの管理代行をするが、ユーザーの意思に沿った処理（プライバシー保護も含む）を行わねばならない
安全性	AIはそのユーザーおよび他の人々の生命・身体・財産などに危害を及ぼさないように設計されるべき
SDGs	SDGsで掲げられているような環境・社会などの課題にAIによる貢献を目指す
教育	AIについての理解や倫理・リテラシーを含む分野横断・学際的教育が求められる
独占禁止・協調・政策	特定の企業や国によるAI技術やデータ資源の独占は望ましくない、人材・研究の多様化・国際化や産学連携、国際協調・開発組織間協調が望まれる
軍事利用	自律型致死兵器システム（LAWS）に代表されるAIの軍事利用を制限すべき
法律的位置付け	AIを法律的にどのように位置付けるべきか（例えばAIに人格権などを与えるか）
幸福（ウェルビーイング）	AIは人々の幸福のために用いる

出所：CRDS研究開発戦略センター「人工知能研究の新潮流2 ～基盤モデル・生成AIのインパクト～」（https://www.jst.go.jp/crds/pdf/2023/RR/CRDS-FY2023-RR-02.pdf）

理指針」から、2020年2月の「AI白書」を経て、2021年4月に「AI規制法案（AI Act）」を公表し、2023年12月に政治合意に至りました[※1]。この法案では、AI応用システムをリスクの大きさで4レベルに分け、そのレベルに応じて使用禁止や適合性評価の義務化など規制をかけています。

米国では、「2020年国家AIイニシアチブ法（National Artificial Intelligence Initiative Act of 2020）」を受けて、「AI権利章典のための青写真」（2022年10月公開）、「AIリスク管理フレームワーク（Artificial Intelligence Risk Management Framework：AI RMF）」（2023年1月）が発表されました。国立標準技術研究所（National Institute of Standards and Technology：NIST）から発表され、AIのリスクに対する考え方やリスクに対処する実務が示されています。

（2）AIガバナンスのフレームワーク

　AI原則からAIの実践へという動きにおいては、個々の企業・組織の現場での実践が重要になります。これに関して国内では「AIガバナンス」という言葉が使われ、AIの実践のためのフレームワークやガイドラインの整備が進められています。AIガバナンスの原則や実践作りの多くは、これまで巨大IT企業が主体となり形成されてきました。リソースの少ない中小企業やスタートアップ企業、ベンチャー企業は同様のガバナンスを実践することが難しく、国を中心とする動きに注意を払うことが求められます。

　経済産業省の「AI原則実践のためのガバナンス・ガイドライン」（Ver.1.1、2022年1月）では、企業ガバナンスとの親和性に配慮し、アジャイル・ガバナンスの考え方をベースとしていることや、法的拘束力のないガイドラインとしていることが特徴です。アジャイル・ガバナンスは、政府、企業、個人・コミュニティーといった様々なステークホルダーが、自らの置かれた社会的状況を継続的に分析し、目指すゴールを設定した上で、それを実現するためのシステムや法規制、市場、インフラといった様々なガバナンス・システムをデザインし、その結果を対話に基づき継続的に評価し改善していくアプローチです。その運用から受ける評価を速やかに反映するだけでなく、より大きな外部状況変化に対する環境・リスク分析によるゴール自体の見直しも行うものです。

　国は2023年5月からAI戦略会議を継続的に開催し、そこで示された「AIに関する暫定的な論点整理」を踏まえ、総務省・経済産業省が共同事務局として、「AI事業者ガイドライン（第1.0版）」を作成、2024年4月に公表しました。

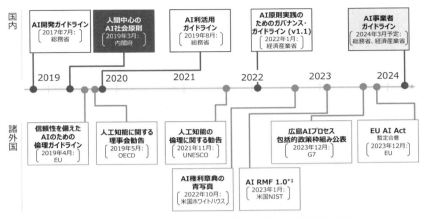

図表8-12　日本のAI事業者ガイドラインに至る海外を含むAIの諸原則の動向
出所：総務省、経済産業省「『AI事業者ガイドライン』案概要」（https://www.meti.go.jp/shingikai/mono_info_service/ai_shakai_jisso/pdf/20240119_3.pdf）

このガイドラインは、諸外国における各種規制やガイドラインの策定、議論を踏まえ、その諸原則や規制動向などとの整合が意識されています（**図表8-12**）。

　このガイドラインには、AIガバナンスの構築についての基本的な考え方が示され、アジャイル・ガバナンスとして、以下の内容を含めることが考えられています（**図表8-13**）。

- 原則・一律の事前規制ではなく、民間の知見を活用しながら機動的で柔軟な改善を可能とするガバナンスの在り方。
- G7デジタル・技術大臣会合において合意した、アジャイル・ガバナンス5原則（法の支配、適正手続、民主主義、人権尊重、イノベーションの機会の活用）。

　AI事業者が実施すべき行動目標を提示するとともに、それぞれの行動目標に対応する仮想的な実践例や、AIガバナンス・ゴールとの乖離を評価するための実務的な対応例（乖離評価例）を例示することも検討されました。

「AI事業者ガイドライン」の対象範囲

本編 | 別添
はじめに

- 広島AIプロセスでとりまとめられた高度なAIシステムに関する国際指針及び国際行動規範を反映しつつ、**一般的なAIを含む（想定され得る全ての）AIシステム・サービスを広範に対象**
- 実際のAI開発・提供・利用においては、本ガイドラインを参照し、**各事業者が指針遵守のために適切なAIガバナンスを構築するなど、具体的な取組を自主的に推進**することが重要

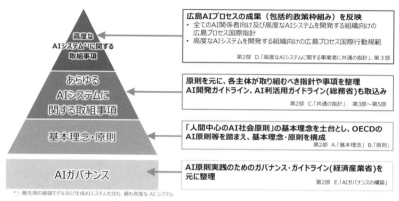

AIガバナンスの構築

本編 | 別添
第2部

- AIを安全安心に活用していくために、経営層のリーダーシップのもと、下記に留意しながら適切なAIガバナンスを構築することで、リスクをマネジメントしていくことが重要となる
  - 複数主体に跨る論点について、バリューチェーン/リスクチェーンの観点で主体間の連携確保
  - 上記が複数国にわたる場合、データの自由な越境移転の確保のための適切なAIガバナンスの検討
  - 経営層のコミットメントによる、各組織の戦略や企業体制への落とし込み/文化としての浸透

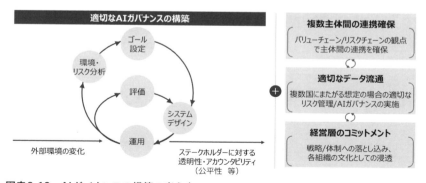

図表8-13　AIガバナンスの構築の考え方

出所：総務省、経済産業省「『AI事業者ガイドライン』案概要」(https://www.meti.go.jp/shingikai/mono_info_service/ai_shakai_jisso/pdf/20240119_3.pdf)

G7広島サミットの結果を踏まえ、2023年5月にG7関係者が参加して生成AIについて議論するための「広島AIプロセス」が立ち上げられており、その動向や政府の予算、規制動向などを踏まえることが、今後ベンチャー企業を含む企業には必要と考えられます。

　また、日本ディープラーニング協会に「AIガバナンスとその評価」研究会が発足し、2021年7月に報告書「AIガバナンス・エコシステム―産業構造を考慮に入れたAIの信頼性確保に向けて―」が公開されました。これまで、AIガバナンスは「1組織・1企業における内部ガバナンスの在り方」という限定的な意味で用いられてきましたが、日本におけるAIサービスは開発者、サービス提供者・運用者、利活用者などにわたるサプライチェーンが非常に長い構造を持つことから、「組織を超えたガバナンスの仕組みを考えていくべき」との提言がなされています（**図表8-14**）。日本ディープラーニング協会は2023年5月、各組織が生成AIの利用を進めるためのガイドラインのひな型として「生成AIの利用ガイドライン」※2を作成して公表しました。

　このようなエコシステムの形成は、企業が単独でできることではなく、国

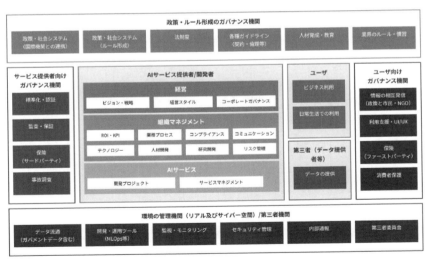

図表8-14　AIガバナンス・エコシステム
出所：一般社団法人日本ディープラーニング協会「AIガバナンス・エコシステム」（https://www.jdla.org/document/ai-governance-eco-system/#1-4）

や業界団体、さらにグローバルな取り組みが必要となります。実際、業界横断で日本のAIガバナンス・エコシステム構築に向けた議論を行う「AIガバナンス協会」が設立されています^{※3}。同協会は、「産業界としてのAIガバナンス行動目標の策定や、研究会などでのAIガバナンスの知見共有を行う業界横断での議論・共通理解の醸成を図る」としています。その他、新規政策へのパブリックコメントや認証制度、中長期的な枠組みの提案を含む、制度整備の在り方についての検討・政策提言を行うとしています。ベンチャー企業はこれらの動向を把握し、政策活用や外部との連携も行いつつ、AIガバナンスを実現することが必要と考えられます。

8-3-2　AIを活用するコーポレート・ガバナンス

　第3章で示したように「コーポレート・ガバナンス」とは、「会社が、株主をはじめ顧客・従業員・地域社会などの立場を踏まえた上で、透明・公正かつ迅速・果断な意思決定を行うための仕組み」とされています。具体的には、「経営に与える重要度や意思決定の迅速さなどを加味し、重要な業務を直接的に決定する業務執行と、業務執行をする経営陣を監督する、という2つの方法を駆使しながら、どのような体制や役割、ルールで執り行われていくべきかのグランドデザイン」であると考えています。企業がAIを活用するとコーポレート・ガバナンスは当然AIの影響を受け、それを踏まえたコーポレート・ガバナンスの策定、活用が必要になります。それを、ここでは「AIを活用するコーポレート・ガバナンス」と呼んでいます。

　前項で示した「AIガバナンス」との共通点は、どちらもステークホルダーの視点であることです。大きな相違点は「AIガバナンス」は企業におけるAIの開発や利活用に伴うリスクの最小化と正のインパクトの最大化に焦点を絞っていますが、「AIを活用するコーポレート・ガバナンス」は、AIの開発や利活用に伴う企業の経営者の意思決定、体制、役割、ルール全般の検討を含み、より概念が広く、企業の基盤に関わると言えます。「AIガバナンス」はAIの運用に関わる人材や従業員視点が中心となるのに対し、「AIを活用するコーポレート・ガバナンス」は従業員全般にも関わりますが、経営層によ

AIを活用するコーポレート・ガバナンスの影響

AIの活用 （生成AI含む）	コーポレート・ ガバナンスの項目	メリット	課題
	データ分析と 意思決定	経営陣や取締役会 の意思決定支援	事実や意思決定 内容の誤認
	リスク管理	予期せぬリスクの予 測、モニタリング	予測の誤り、新た なリスクの増加
	透明性、 アカウンタビリティー	データ分析や可視化 で説明可能性向上	元データや根拠 が不明な可能性
	監査、 コンプライアンス	監視の自動化やリス ク評価ツールの利用	新たな規制、リス クの拡大
	投資判断、株主 などとの対話	ステークホルダーと のコミュニケーション	フェイク情報や偏 向情報の増加

AIガバナンス
（AIの利活用による
効果とリスクを
ステークホルダーの
視点で最適化）

企業のステークホルダー
（株主、顧客、従業員、取引先、地域社会など）

コーポレート・ガバナンス
（ステークホルダーの視点を踏まえ、
透明・公正・迅速に意思決定する仕組み）

図表8-15　「AIガバナンス」と「AIを活用するコーポレート・ガバナンス」の関係
出所：筆者作成

り重点が置かれると言えます（**図表8-15**）。

　「AIを活用するコーポレート・ガバナンス」の在り方は、AIとの関係や事業特性などにより、事業者ごとに異なります。具体的に言えば、AIの開発事業者、AIの提供事業者、AIの利用事業者、AIを事業には利用しないが業務では影響を受ける事業者など、立場によって満たすべき規制や必要な対応は異なります。製造業者とサービス事業者ではAIとの関わり方は異なり、企業規模や企業特性によりAIを積極的に受け入れるかどうかも異なってくるでしょう。これらにより、「AIを活用するコーポレート・ガバナンス」の影響は異なったものとなります。

図表8-16 「AIガバナンス」と「AIを活用するコーポレート・ガバナンス」の比較（試案部分を含む）（太字は両者の関係を表す部分）

項目	AIガバナンス	
目的（AIの利用）	・AIの利活用によって生じるリスクをステークホルダーにとって受容可能な水準で管理 ・正のインパクトを最大化することも目的	
定義（ガバナンスの内容に関わる）	・AI利活用に伴う、ステークホルダーによる技術的、組織的、社会的システムの設計および運用	
対象企業	・AI事業者（AIシステム開発者、AIシステム運用者、AIシステム利用者）	
対象者	・作成時は経営層が関与しても、運用時は現場、利用者中心と考えられる	
法的位置付け	・基本的に事業者が自主的に作成（ガイドラインは存在）	
対象AI	・深層学習を含む機械学習を活用	
検討、記述が必要となる項目	・自社の位置付け（AI開発者、AI提供者、AI利用者、その他） ・自社にとってのステークホルダー ・自社にとっての外部環境 ・基本理念（サステナビリティー、ウェルビーイング、多様性確保など） ・指針（人間中心、安全性、公平性、プライバシー保護、セキュリティー確保、透明性、アカウンタビリティー、教育・リテラシー、公正競争確保、イノベーションなど） ・実践方法（AIリスクへの対応方法、AI便益の確保方法） **・コーポレート・ガバナンスとの関係**	
検討手順、強化方法	・環境・リスク分析 ・AIガバナンス・ゴール（AIポリシーなど） **・コーポレート・ガバナンス視点の検討** ・システムデザイン ・運用 ・評価	
海外との比較、整合性	・アジャイル・ガバナンス5原則（法の支配、適正手続、民主主義、人権尊重、イノベーションの機会の活用）は、G7で合意（共通点は上記のみ。欧米は法規制で対応増加、日本は自主対応）	
関連法規制、ガイドラインなど	・AI事業者ガイドライン（付属資料） ・AI原則実践のためのガバナンス・ガイドライン（経済産業省） ・項目に対応する法律（個人情報保護法など）	

出所：公表情報より筆者作成

AIを活用するコーポレート・ガバナンス
• AI開発、利用に伴う経営のリスクマネジメント、AIを攻めのガバナンスに積極活用 • AIにより企業が間違った判断をする可能性を最小化 • 個別のコーポレート・ガバナンス項目へのAI利用
• 業務執行や経営陣の監督に関わる、体制や役割、ルールのグランドデザイン • 会社がステークホルダーの立場を踏まえた上で、透明・公正かつ迅速・果断な意思決定を行うための 　仕組み（コーポレート・ガバナンスについての金融庁の定義で、AI利用に関わる公的な定義はない）
• AI事業者以外に、自社で直接AIを利用しなくても影響のある事業者を含む
• 経営層が策定し、経営層の利用が中心
• 上場企業では、コーポレート・ガバナンス・コード作成が必要（上場市場により異なる） • AI利用の法的位置付けはない
• 生成AI、識別AIを含めAI全般
• コーポレート・ガバナンスに関する基本的な考え方、資本構成、企業属性、基本情報 • 経営上の意思決定、執行および監督に関わる経営管理組織、その他のコーポレート・ガバナンス体制の状況 • 株主など利害関係者に関する施策実施状況 • 内部統制システムなどに関する事項（以上はコーポレート・ガバナンス報告書記載項目で、AIに関わる 　項目は必須ではない） • コーポレート・ガバナンス・コードに含まれる項目（AIとの関係検討） • **AIガバナンスを含むコーポレート・ガバナンスの構築（バリューチェーン視点、ステークホルダーとの連** 　**携、外部の専門家、3ラインモデルでのリスクマネジメントの活用）**
• 内部統制の強化 • CEOを含む取締役選任、解任ルール策定 • 社外取締役の活用 • 機関設計 • 責任と権限の明確化と周知 • 報酬制度の検討など • **AIガバナンスとの連携検討**
• 法規制、ガイドラインなどが異なり、基本的に国別の対応が必要 • 欧州では、コーポレート・ガバナンスへのAI活用の類型化、事例分析などが進展
• 会社法対応、金融証券取引法対応 • 内部統制（J-SOX、上場企業対象） • 全般的な法令順守 • コーポレート・ガバナンス・コード（東証上場企業のみが対象）

8-3-3　AIガバナンスとAIを活用する
　　　　コーポレート・ガバナンスの特徴

(1) 比較

　図表8-16に「AIガバナンス」と「AIを活用するコーポレート・ガバナンス」の特徴をまとめました。「AIガバナンス」も「AIを活用するコーポレート・ガバナンス」も、企業にとってリスク対応やコスト増のみを意味するものではなく、ステークホルダーとの関係を通じて企業に中長期的に利益をもたらすものです。ただ、AIガバナンスの方がややリスク対応的な部分が大きく、またAIの変化によるアジャイル・ガバナンスの重視も含めて短期での対応の必要性が高いのに対し、AIを活用するコーポレート・ガバナンスはより中長期的視点で、企業の成長や企業価値の拡大、収益向上というプラスの攻めの部分の比重が高いと言えるかもしれません。

(2) 検討事項

　「AIを活用するコーポレート・ガバナンス」は、「AIガバナンス」と連携して検討を進めることが必要と考えられます。なお、「AIガバナンス」は基本的に企業が自主的に作成するものであるのに対し、「AIを活用するコーポレート・ガバナンス」は会社法や東京証券取引所のコーポレート・ガバナンス・コードで縛られる部分があり、AIとの関わりについて具体的な記載を求められる可能性も一部あります（AIガバナンスについても、項目別に個人情報保護法など個別の法規制を順守する必要があります）。

　以下、①海外のルールとの整合性、②企業属性との関係、③対象となるAIについて示します。

①海外のルールとの整合性

　「AIガバナンス」は一部G7での合意項目があるのに対し、「AIを活用するコーポレート・ガバナンス」は準拠する法規制の相違もあり、国別にかなり異なるものになると考えられます。これは、「AIを活用するコーポレート・ガバナンス」が、海外子会社や海外事業、海外からの資金調達などで、国別

に個別に検討する必要性が高くなることを示唆しています。

②企業属性との関係

「AIガバナンス」はAI開発事業者、AI提供事業者、AI利用事業者を対象にしていますが、企業規模については明示されず、ベンチャー企業や中小企業でも大企業と同様に企業が自主的に検討するということで、相違はないと考えられます。「AIを活用するコーポレート・ガバナンス」は、上場企業か否かで会社法、内部統制（J-SOX）の対応、コーポレート・ガバナンス・コードでの縛りが異なり、AIとの関わりにおいても、未上場企業より上場企業で縛りがあると思われます。

③対象となるAI

「AIガバナンス」の対象は、深層学習を含む機械学習を活用するAIとされ、第3世代以降の識別AIや生成AIを含みます。「AIを活用するコーポレート・ガバナンス」の対象は、過去から今後までのAIで、さらに言えばセキュリティーやIT、ロボティクスなど先端技術全般の活用、影響を踏まえて検討することがよいと思われます。

(3) AIガバナンスを内包するコーポレート・ガバナンス

「AIガバナンス」は、「AIを活用するコーポレート・ガバナンス」に含めて検討すべきと考えられます。「AIガバナンス」は、企業によるAI指針の作成によるAI原則の実現という、コンプライアンス（法令順守）に関わるものに見えますが、サイバーセキュリティー確保（セキュリティーの原則）やシステムの透明性に対する要請（透明性の原則）など法的な権利義務とは対応しない要素が含まれ、CSR（企業の社会的責任）という領域に含まれています。さらに、コンプライアンスやCSR対応は、企業ではコストの面が強いと思われますが、先駆的企業では、AIガバナンスはサステナブル経営やESG対応という、ステークホルダー視点で中長期的投資の領域に入っていると考えられます[4]。

いずれにしても、コンプライアンスやCSR対応という守りのみでなく、ス

(3) AI ガバナンスの実践状況を非財務情報に位置付けて積極的な開示を検討する

行動目標4-3：AIシステムを開発・運用する企業は、AIガバナンス・ゴールの設定、AIマネジメントシステムの整備や運用等に関する情報を、コーポレートガバナンス・コードの非財務情報に位置付け、積極的に開示することを検討すべきである。上場会社以外であっても、AIガバナンスに関する活動の情報を積極的に開示することを検討すべきである。そして、検討の結果、開示しないと判断した場合には、その理由を対外的に説明できるようにしておくべきである。

コラム：コーポレートガバナンスにおける情報開示とAI倫理の取り組み

AIガバナンスをコーポレートガバナンスと切り離すことはできない。ここでは、AIガバナンスの文脈で、コーポレートガバナンス・コードの基本原則の1つである「適切な情報開示と透明性の確保」を取り上げたい。

図表8-17　「AI原則実践のためのガバナンス・ガイドラインVer .1.1」におけるコーポレート・ガバナンスに関する記述（一部抜粋）

出所：AI 原則の実践の在り方に関する検討会、AI ガバナンス・ガイドライン WG「AI 原則実践のための ガバナンス・ガイドライン Ver. 1.1」2022年1月28日（https://www.meti.go.jp/shingikai/mono_info_service/ai_shakai_jisso/pdf/20220128_1.pdf）

テークホルダーを通じた企業の中長期的利益や成長という攻めの視点が重要です。そのため、コーポレート・ガバナンスにおいてAIを活用することは、AIガバナンスを内包すると考えるべきです。

学習院大学の小塚 荘一郎氏は、AI原則の実施を各事業者がコーポレート・ガバナンスの課題として認識し、「AIガバナンス」として取り組むことが、コーポレート・ガバナンス理論においても正当化されるという見方をしています※4。また、「AI原則実践のためのガバナンス・ガイドラインVer .1.1」では、コーポレート・ガバナンスに関して**図表8-17**に示すような記述がされ、「AIガバナンスの実践状況を、コーポレート・ガバナンス・コードの非財務情報に位置付けて積極的な開示を検討すべき」であると提言されています。

8-4

コーポレート・ガバナンスへのAI活用

　ここまでAIによる経営への影響を中心に見てきましたが、ここからは、「コーポレート・ガバナンスへのAI活用」について掘り下げ、欧米を中心に海外の動向を示します。海外ではAIを取締役会に参加させ、取締役とみなして企業の意思決定に参加させることが試行されています。特に欧州では、生成AIの登場以前からEU全体でAIのコーポレート・ガバナンスの活用に関するレポートが出され、実態把握や将来の方向性検討結果が示されています。米国では、生成AIの開発、利用がいち早く進展し、スタートアップ企業も増加、さらに技術開発をコーポレート・ガバナンスに生かすこともいち早く進められています。

　法規制や商習慣などにより、日本と海外のコーポレート・ガバナンスの在り方はかなり異なりますので、ここで示したことを日本企業に短期的に生かすことは難しい面もあると思われますが、海外動向に基づく示唆は有益であり、それを踏まえた中長期展望は第9章、第10章で示します。

8-4-1　EUの考え方

　欧州ではEUにおいて、AIの法規制やAI原則、AIガバナンスの検討とともに、AIを企業経営、コーポレート・ガバナンスに生かすことも継続的に検討され、その結果も公表されています。EUのレポート[5]によれば、（AIの）「技術、機能のレベル」と「自律性のレベル」によって、コーポレート・ガバナンスへのAI活用が整理されており、以下にそれを紹介します。

（1）技術、機能のレベル

①標準AIツール（単純作業、認識・識別などに利用）

　幅広いタスクをサポートするために使用され、比較的シンプルで成熟した

広く普及している技術（例：画像およびビデオ処理、音声認識、自動文字起こしソフトウエア）。これらは、会社法で規制されるコンプライアンス手順のための文書や視聴覚資料の処理などで企業によって使用される可能性がありますが、既に成熟した技術で、規制環境に関する未解決の課題はほとんどないとされています。

②AIによる情報の検索と分類（分析、モデリングなどに利用）

　AIの重要な分野は、広範な非構造化データやその他の情報を柔軟に検索し、この情報を処理および分類することです。ソーシャルメディアのセンチメント分析（SNSやブログの投稿、音声、表情などのデータから対象者の感情を分析する手法）、スタッフの行動の監視、規制や市場状況の最新情報の検索、などが含まれます。

③AI主導の予測と推奨（予測、評価、推奨などに利用）

　AIシステムは、リスク分析、ビジネス予測、投資決定に関する推奨など、企業の意思決定をサポートするためにデータに対してより高度な分析を実行できます。

④意思決定者としてのAI（意思決定の支援やガバナンス自体に関与）

　AIの最高レベルの自律性には、第三者との契約やスタッフの管理など、会社に代わって意思決定を行う権限が含まれます。仮想取締役会メンバーとして会社のガバナンスに関与することもできます。

　現在既に①～③はAIの利用法として広く実用化していると考えられます。もちろん、このような利用でも既に示したように、AIガバナンス視点からメリット、デメリットを検討して、利用することが必要です。④は企業内でのリスク、およびステークホルダーや外部との関係を含むリスクがあり、法規制上困難で対応できない場合も含まれると見られます。しかし、生成AIも含めて、技術的には十分可能な領域になりつつあり、今後一層の技術開発が行われ、具体的な利用法の検討が必要になると考えられます。

(2) 自律性のレベル

コーポレート・ガバナンスにAIを活用するという点からは、自律性のレベルにおいて、以下の3段階があるとされています。

レベルⅠ：人間が行う決定への入力にすぎない
レベルⅡ：人間によるチェックと承認が必要
レベルⅢ：自律的に行われた決定が、自動的に行動に移されることが許可される

レベルⅢが最も高い自律性レベルになりますが、法規制環境、企業のビジネスモデル、その他の要因によって異なる場合があります。また、従来型AIと生成AIは自律性のレベルには直接関係しませんが、利用する人間の立場から、生成AIは従来型AIとの組み合わせも含めて、より高いレベルでの利用が可能になると考えられます。

(3) 活用可能性マッピング

「技術、機能のレベル」と「自律性のレベル」を軸に、コーポレート・ガバナンスへのAI活用は**図表8-18**のようにマッピングされます。

既に、「自律性のレベル」のⅠとⅡ、「技術、機能のレベル」の①標準AIツール、②AIによる情報の検索と分類、③AI主導の予測と推奨の領域ではAI活用は進んでおり、技術や法規制対応の点でも整備されています。一方で、④意思決定者としてのAIの利用は、海外のごく一部を除いてほとんど進んでいません。これは、技術や法規制なども含めて、検討・対応すべき点が多いためです。ただし将来このような活用も可能になるかもしれません。

生成AIが導入される前の2021年ごろのデータですが、欧州におけるコーポレート・ガバナンスへのAI活用状況を**図表8-19**に示します。「AIを活用」というのはほとんどの項目で16〜19％ですが、「企業経営者の指名」のみ6％となっています。6％は少ないと見ることもできますが、2021年時点で既にこの程度の企業が意思決定的なAI活用を行っているのはかなり多いと見ることもできるでしょう。将来的な利用計画は38〜50％とかなり高くなって

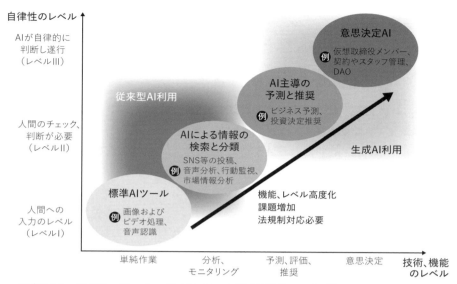

図表8-18　AIのコーポレート・ガバナンスへの活用可能性マッピング

出所：European Union, " Study on the relevance and impact of artificial intelligence for company law and corporate governance（https://op.europa.eu/en/publication-detail/-/publication/13e6a212-6181-11ec-9c6c-01aa75ed71a1/language-en）をもとに筆者作成

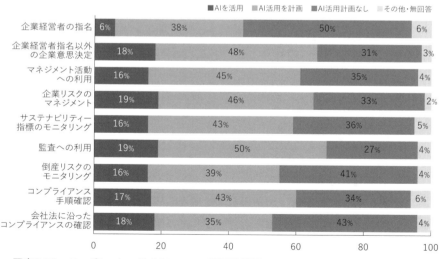

図表8-19　コーポレート・ガバナンスへのAI活用状況

出所：European Union, " Study on the relevance and impact of artificial intelligence for company law and corporate governance.（https://op.europa.eu/en/publication-detail/-/publication/13e6a212-6181-11ec-9c6c-01aa75ed71a1/language-en）を参考にして筆者作成

図表8-20　コーポレート・ガバナンスにAIを活用した場合のメリットや課題

利用法	AIの具体的利用法	AIの効果やメリット	AI利用の課題
会社役員としての参加や任命	・AIの取締役メンバー参加 ・ボードメンバー意思決定の支援 ・会社役員の任命	・取締役会内の集団思考に対抗（オーナー経営者など） ・客観性、多様性確保 ・情報分析機能	・法規制対応 ・取締役の受託者責任 ・取締役の理解力、株主への説明 ・透明性、プロセス問題 ・情報、判断の誤り
ビジネス戦略など意思決定支援	・財務報告書の作成、チェック ・ビジネス戦略とパフォーマンス評価 ・サプライチェーンマネジメント	・不正や事務的エラーの削減 ・ビジネス環境分析 ・サステナビリティーなど非財務、長期視点確保 ・原料調達、顧客管理（人権、環境など含む）	・取締役の受託者責任 ・情報、判断の誤り ・利害関係者の損害 ・外部との責任分担
マネジメント活動	・取引、契約の意思決定 ・サプライヤーリスク管理 ・投資決定支援 ・株主エンゲージメント	・エラー、詐欺、不正、汚職の防止 ・コンプライアンスチェック ・デューデリジェンス ・カスタマイズ情報、議決権プラットフォーム	・取締役の受託者責任 ・取引に伴う損害賠償責任の可能性 ・個人データ収集におけるプライバシー ・株主情報や投票管理が誤りの場合の訴訟
統合型リスク管理（ERM）	・AIベースのリスク評価 ・従業員、利害関係者の利益の監視と保護 ・企業リスクの網羅的検出	・不正行為の検出、不正取引のブロック ・従業員とのコミュニケーション支援	・AIが誤った場合の責任の所在 ・機密個人データ、言論の自由、相談の権利に対する脅威
持続可能性指標の管理	・環境保護、企業の社会的責任などのデータ収集、管理	・非財務データ分析評価 ・長期的指標の管理	・数値化、定量化の難しさ ・長期見通しの難しさ
監査機能	・インテリジェントAIによる監査書類の作成、チェック	・企業ニーズ対応（監査役支援、コスト削減、不正検出）	・従来の監査ルールとの整合 ・誤りの場合の責任
破産リスクのモニタリング	・金融リスクのモニタリング	・収益モデル活用 ・金融機関、公的機関支援	・誤りの場合の責任 ・債務者がローンや支払いを滞納する可能性
法令順守、コンプライアンスリスク評価	・コンプライアンス監視 ・コンプライアンスレポート作成	・会社の規則、手順、および活動の評価 ・エラー、不正削減	・誤りの場合の責任 ・AIによるレポートの妥当性、誤りの可能性
会社法への準拠確認	・コンプライアンスの検証・提出書類の確認	・事務ミス、不正削減 ・公的機関の支援、迅速なフィードバック	・誤りによる書類訂正の遅れ ・誤りの場合の責任

出所：European Union, " Study on the relevance and impact of artificial intelligence for company law and corporate governance." (https://op.europa.eu/en/publication-detail/-/publication/13e6a212-6181-11ec-9c6c-01aa75ed71a1/language-en) を参考にして筆者作成

おり、生成AIの利用や規制環境の変化などにより、AIの利用は一層拡大すると考えられます。

　具体的な利用方法ごとに、効果や課題を整理しました（**図表8-20**）。既に多くの利用方法があり、メリットが大きい一方で、法規制、取締役の責任、誤った場合の損害賠償や分担、株主やサプライヤーとの関係、個人データ収集でのプライバシーの問題など、対処すべき課題も多いと言えます。

8-4-2　OpenAI社のケース

（1）企業概要と動向

　OpenAIはChatGPTを開発した企業として有名で、CEOであるサム・アルトマン氏が来日して日本の岸田首相と面会するなど、CEO個人としても企業としても知名度が高いと言えます。そのアルトマン氏の解任劇が2023年11月に起きたのは記憶に新しいところです。

　図表8-21に同社の動向をまとめています。OpenAIは当初、「人類の利益のために安全で有益な汎用人工知能を構築する」ことを目的とし、人間より賢い汎用人工知能（AGI）を開発するミッションにより、2015年に非営利組織として設立されました。「効果的な利他主義」で、利益インセンティブの影響を受けないで技術開発を行うには、非課税構造が最良の方法であるという前提でした。しかし、2019年、計算能力増強のコストをカバーし、必要な人材を採用して維持するのに十分なサードパーティーの投資を呼び込むため、企業構造を再編し営利会社を設立しました。実際、2019年以降Microsoftから多額の資金を得て、その企業価値は現在では10兆円に及ぶとされます。

　一方、独自の組織構造や設立目的からCEOの解任劇が起こるなど、コーポレート・ガバナンスの面からは成功しているとはいいにくい部分があります。日本のベンチャー企業の視点では、OpenAIと同じポジションに就くのは簡単ではありませんが、ChatGPTなどを業務や事業に生かすことは十分に可能です。将来的な視点で言えば、同社がChatGPTの次、AGIにいかに近づくかも興味深いところです。

図表8-21　OpenAIに関わる動向

年月	動向	備考
2015年	サム・アルトマン氏、イーロン・マスク氏らがOpenAI Inc（非営利法人）設立	「人類全体に利益をもたらす形で友好的なAIを普及・発展させること」が目標
2016年	強化学習研究のためのプラットフォーム発表	GoogleのDeepMind社によるAI研究に劣る
2018年2月	イーロン・マスク氏が取締役を辞任、以後投資実施せず	イーロン・マスク氏はOpenAIを自ら買収しようとしたが失敗したとの見方がある
2018年6月	大規模言語モデル（LLM）GPT-1発表	―
2018年10月	GoogleがLLMであるBERTを発表	生成AIにつながるブレークスルーとなり、Googleが優位に立ったと見られた
2019年2月	GPT-2発表	―
2019年3月	制限付きの営利部門であるOpenAI LP設立	開発資金不足により、企業からのベンチャー投資を受け入れるためと見られる
2019年7月	Microsoftから10億ドルの出資を受け入れ、その資金でLLMのGPT開発	以後継続的にMicrosoftから出資を受け入れる
2020年5月	GPT-3（1750億個のパラメーター）を発表	パラメーター数15億個のGPT-2と比較して2桁大きい
2021年1月	画像生成AIのDALL-E発表	自然言語処理と画像生成モデルの組み合わせ
2022年4月	アップグレードした画像生成AI DALL-E2発表	拡散モデル導入
2022年11月	GPT3.5に基づいたChatGPTを発表	世界的に大反響、公開後5日で100万ユーザー突破
2023年1月	Microsoftから100億ドルの追加投資	1月末に、ChatGPTの月間アクティブユーザーが1億人超え
2023年2月	「AGIとその先に向けた計画」を発表	AGIの潜在能力、短期的な3点の原則などを説明
2023年3月	最新版のLLMであるGPT-4を発表	MicrosoftのAzure OpenAI ServiceにおいてChatGPTが利用可能になる
2023年4月	「AIの安全性に対する当社のアプローチ」というブログを公開	GPT-4公開に際し、トレーニング完了後、半年以上安全で整合性をとる作業を実施。外部専門家にもフィードバックを求める
2024年2月	テキストから動画を生成するAIのSoraを発表	最大60秒間のビデオを生成可能
2024年4月	アジア初となる拠点を4月中に日本で立ち上げる	日本の制度づくりに向けた議論への参加、日本の経済界との関係も深めるとされる

出所：公表情報より筆者作成

（2）組織構造

OpenAIの組織は**図表8-22**のようにかなり複雑で、非営利部門が営利企業に間接的に出資する構造になっています。

2019年時点のOpenAIの組織は、以下のような特徴を有していました[6]。

- 営利子会社は非営利のOpenAI Nonprofitによって完全に管理される。
- 非営利団体の理事会は使命であるAGIを推進する。営利子会社は利益を上げ、分配が許されるが、非営利団体の主な受益者は人類で、OpenAIの投資家ではない。
- 取締役会は過半数の独立性を維持、独立取締役はOpenAIの株式を保有しない。CEOアルトマン氏でさえ、直接株式を保有しない。
- Microsoftを含む投資家と従業員に割り当てられる利益には上限が設けられ、上限を超えて生み出された残余価値は、人類の利益のために非営利団体に返還される。

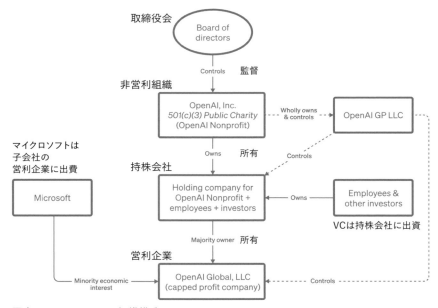

図表8-22　OpenAIの組織構造
出所：https://openai.com/our-structure　を参考に作成

・取締役会はいつAGIに到達したかを決定。AGIとは、最も経済的に価値の
ある作業において人間よりも優れたパフォーマンスを発揮する高度に自律
的なシステムを意味する。

　営利企業「OpenAI.L.L.C.」は2019年に設立されましたが、それとは独立
した第三者が過半数を占める取締役会をもつ非営利のNonprofitが唯一の
ジェネラルパートナーとして管理・支配しています。また、2019年からは、
Microsoftが、OpenAI.L.L.C.に出資しています。
　このような組織構造になった経緯を見てみましょう。当初非営利団体とし
て2015年設立された組織には、設立メンバー、投資家の中にサム・アルト
マン氏とイーロン・マスク氏が含まれていました。その後、OpenAIは取締
役会を拡大、新メンバーのほとんどは未来の超強力なAIが人類に敵対する
可能性を懸念していたとされます。一方、OpenAIの方向性を巡る確執など
から、イーロン・マスク氏は2018年に取締役を退任しました。2019年にな
ると、OpenAIは野心的かつ多額の費用を投じたAIの開発計画を推進するた
めに、必要な資金と従業員を集めるべく、営利目的の子会社を設立しました。
しかし、非営利団体の取締役会は、新たな規定でも営利事業への最終決定権
を維持したままでした。

(3) CEOの解任劇とコーポレート・ガバナンス

　2023年11月17日、OpenAIの取締役会に相当する理事会が、CEOのアル
トマン氏を突如解任しました。しかし、社員の大半が反旗を翻し、直後に
同氏がCEOに復帰します。結果として、OpenAIは最高意思決定機関の理事
会のメンバーを刷新しました。この経緯は、時価総額10兆円にも達し、ま
た生成AIさらにAGIを開発する同社の投資家や出資元のMicrosoftのみでな
く、一般社会にも影響があり、マスコミでも広く報じられました。2023年
12月には、米証券取引委員会（SEC）が新旧幹部に対し、内部記録の保存と
提出を求めました。具体的な事実は明らかにされていない部分がありますが、
これまでの経緯をまとめて分析しました（**図表8-23**）。
　この分析から、日本企業への示唆として以下が挙げられます。

図表8-23　OpenAI CEO解任劇についてコーポレート・ガバナンス視点での分析

項目	OpenAIの事例	事例からの示唆
取締役会の権限	ビジネスの遂行について法的責任を負うのはCEOではなく理事会（取締役会）	取締役会/経営陣の力関係、リーダーの役割を知ることがCEOには重要
CEOの監督	CEOと他の取締役のコミュニケーションに問題があった可能性	取締役会がCEOの業績を監視する受託者義務を組織の構成員全員に確認する重要性
意思決定の明確さ	CEOの採用と解任に関しては、取締役会の意思決定の質が不可欠	外部からの圧力に基づいて決定を覆すと、多くの場合、取締役会の信頼性が失われる
リスクのモニタリング	取締役会はCEOの開発戦略、AIの安全性について疑問を有していた	CEOなどの取締役会への報告義務
従業員の力、文化	CEO解雇に対するOpenAIの従業員の圧倒的な反対（結果としてCEOは復職）	取締役会の決定には、ステークホルダーの意向が必要（本件は従業員、株主中心）
利他主義の限界	当初、慈善目的で設立・運営された非営利法人で、金銭的利益目的でない	非営利法人により設立された営利法人で、設立元の影響を受ける
ミッションの混乱	非営利団体の理事は慈善活動を行う受託者義務が存在	取締役会は使命への奉仕において規律を正す必要
企業、組織構造の理解	非営利に基づいた企業構造と非営利理事会に与えられた権限	法人の選択とその影響、法人のガバナンス構造を設立前に十分理解確認する必要

出所：The CLS Blue Lion logo Sky Blog「Corporate Governance Lessons from the OpenAI Controversy.」(https://clsbluesky.law.columbia.edu/2024/01/26/corporate-governance-lessons-from-the-openai-controversy/）をもとに筆者作成

- CEOの意思決定は非常に影響力が大きい（本事例は子会社のCEOで弱い面もある）。
- しかし、取締役会（本事例では理事会含む）は、組織からの受託者義務があり、CEOの監督や解任、法的責任の面において決定権や義務を有する。
- 組織構造の選択は、意思決定の仕組みや企業の発展において重要である。

（4）AGI開発に関わる技術開発、研究開発の方向性

　OpenAIは汎用人工知能（AGI）を開発する目的で設立されました。AGIは、一般的には人間が行うことができるあらゆる知的作業を理解・学習・実行することができるAIとされます。ChatGPTは、人間の行う幅広い知的作業を

理解し、学習する能力を有しますが、まだAGIの初期段階であるとの見方が一般的です。汎用性はかなりあっても、自律性がまだ低いと見られているからです。

　CEOのサム・アルトマン氏は2023年2月24日、「AGIとその先に向けた計画」[※7]を発表しています。この計画では、不正利用、大規模事故、社会破壊などの深刻なリスクがあるとして、短期的に以下の3点の原則を掲げています。

- まず、現実世界での運用を行い、経験を得て、迅速なフィードバックを進めながら、漸次的に導入を進めること。
- 「初期設定」は制限し、ユーザーによる調整を可能にするなど、より現場に合わせた調整可能なモデルとして開発すること。
- 「システムの統治」「便益の公平な分配」「公平なアクセスの確保」の3つの課題に関して、世界的な対話を進めること。

　その上で、「ある時点で独立したレビューを受け、新たなモデル開発のスピードを落とすことが必要かもしれない」とし、長期的には「人類の未来は人類が決定すべき」であり、AGI構築には、多大な精査と、主要な意思決定に関わる市民との協議が必要としています。なお、同社には「Q*プロジェクト」と呼ばれる、極秘に進行しているプロジェクトがあるとされます。これは、AIが論理的および数学的推論を行う応用分野に焦点を当て、AGIにつながるとの見方があります。

(5) OpenAIのケースから得られる示唆

　OpenAIは組織構造などが特殊ですが、日本のベンチャー企業のコーポレート・ガバナンスの視点で見ても示唆に富む部分がありますので、以下にまとめます。

①企業の組織構造（機関設計）、ガバナンス形態の重要性

　非営利法人が営利法人の上部にあり、意思決定もできるような組織はあまり一般的ではありません。しかし、社会的影響の大きい生成AIの開発や、

公的主体の関与が大きい営利法人などでは、このようなガバナンス構造は全くないわけではありません。ちなみに、OpenAIの元従業員が2021年に設立したライバルAI企業のAnthropicは、取締役会はビジネスやAI以外の経験に基づいて選ばれた独立した評議員で監督されるなど、独自のガバナンス形態での模索をしていると言われます。法的面への対応はもちろん必要ですが、イノベーション型のベンチャー企業では、さらに新たなガバナンス形態が模索されるかもしれません。

②取締役会の役割の重要性

　OpenAIが非営利で設立された経緯・目的から、取締役会（理事会）が利益よりもAIの人類への貢献、安全性に主眼を置いた意思決定をするのはある意味理解できますが、会社のガバナンス構造から、この意思決定が営利法人のCEOの人選も決定してしまいます。また、外部の圧力から守るために考えられたガバナンスモデルは、内部の反対派と外部の投資家の監視から二重の攻撃を受けたのですが、事前にステークホルダーの意見や動向を把握し意思決定することはできなかったという面もあります。さらに、アルトマンCEOに解任を言い渡したのはビデオ会議とされ、コミュニケーション不足も示唆されます。これはガバナンス構造とともに、取締役の適性や質、構成人数の問題にも関わってきます。

③独立取締役の数と質の重要性

　2023年にアルトマン氏がCEOを解任要求された際、OpenAIの取締役は6人に減少し、多様性が減少していたとされます。6人中3人が独立社外取締役でしたが、その3人ともう1人の社内取締役が要求に賛成することで解任が可能になり、実際それが起こりました。OpenAIのような規模と影響力がある企業であれば、より多くの取締役が必要で、多様な専門の独立社外取締役で構成すべきとの見方があります。急成長した企業では起こり得ることですが、設立から成長するにつれてどのように規定を変えていくか、独立取締役が退任した時に迅速に適切にどう対応するかの規定や事前の想定が必要と考えられます。

④CEOの重要性、一方でそれを補完する人材や組織の必要性

アルトマン氏については、取締役会から開発するAIの安全性への懸念、コミュニケーション不足などが指摘され、それが解任要求につながったとされています。しかし、従業員や株主の解任要求反対でのCEO復職は、CEOのリーダーシップが発揮されたためとも言えるでしょう。一方で、OpenAIにはアルトマン氏に代わるような人材、後継者や補完的な人材とそれを育成する組織が不足していたという面も指摘できます。

⑤ステークホルダーの果たした役割

アルトマン氏のCEO解任要求に反対し、また解任要求を出した非営利法人の取締役解任を求めたのは、OpenAIの多数の従業員や株主でした。従業員の反対はCEOのリーダーシップへの信頼、株主の反対は企業価値の損失という点が中心と思われますが、ステークホルダーが役割を果たしたと言えるでしょう。

⑥大企業からの資金を得ることの得失

研究開発によるイノベーションを進めるベンチャー企業では、多額の資金が必要であり、その場合の重要な選択肢として大企業からの資金獲得があります。OpenAIの場合、Microsoftから100億ドル程度の多額の資金を得る一方、出資比率は50％には達しない49％程度と見られています。ただし、アルトマン氏がCEOを解任される場合、彼と大半の従業員はMicrosoftに移るとされました。このようなことはイノベーション型のベンチャー企業では起こり得ることで、それに対して契約やインセンティブなどでの方策が必要と言えるでしょう。

8-4-3　海外企業の事例

取締役としての意思決定支援や取締役選定支援にAIを活用した海外の事例をいくつか紹介します[8]。

2014年、香港のベンチャーキャピタルであるDeep Knowledge Ventures

は、AIプログラムのVITALを取締役会の6人目のメンバーに任命しました。VITALは、デューデリジェンスを自動化し、過去のデータセットを使用して分析する能力を保有し、企業が特定の企業に投資すべきかどうかについて投票する権利がありました。ただ、同社が行ったすべての財務上の決定について平等な投票権を与えられていませんでした。VITALは、香港の企業取締役の法的要件に基づく「自然人」としての資格を有せず、AIを会社の取締役に任命できるかどうか、任命時の有効性と課題の議論に大きな影響を与えました。

2016年、フィンランドのIT企業Tietoは、議決権を持つ経営陣にAIアプリケーションのAlicia Tを任命し、新しいデータ駆動型事業部門を率いることになりました。Alicia Tは会話型インターフェースを搭載し、直接質問が可能でした。しかし、経営陣の意思決定をサポートするAIツールとしてのみ使用し、自律的に意思決定を行ったり、戦略を実行したりするために使用されるものではありませんでした。Alicia Tの潜在的な用途には、持続可能性への影響の分析、CO_2排出量の追跡、レポートの作成、デューデリジェンスプロセスまたはコンプライアンスタスクのサポート、およびM＆A決定が含まれていました。

なお、企業の取締役会の各メンバーには受託者としての義務と責任があり、取締役会による決定は、企業、株主、従業員、顧客、一般社会などのステークホルダーに直接影響を与えます。これらの義務には、善管注意義務、忠実義務、誠実に行動する義務、関連情報を開示する義務などが含まれます。取締役会が経営上の意思決定を行うためにAIツールを使用する場合、適用法に合致するかどうか、各国法の相違を含めて判断する必要があります。

取締役の選定にAIを活用することも可能で、イケア、インテル、ボーダフォンなどの著名な企業は、人材の採用と育成にアルゴリズムによる意思決定コンピューターを既に採用しているとされます。また、2018年、米国カリフォルニアに本拠を置くソフトウエア会社SalesForceのCEOは、Einsteinと呼ばれるAIが毎週の従業員会議に出席し、取締役会のアイデアについてコメントすると述べています。

8-4-4　AIマルチエージェント技術の活用

　AIの活用方法に関して、本章の最後に、「AIマルチエージェント技術」を取り上げます。エージェント技術は、LLM（大規模言語モデル）にテキストを生成させる際、役割や人格を記述したプロンプトを追加で注入すると、それらにならった振る舞いをすることが知られ（Role-Play Prompting）ており、これを応用することで、複数のエージェントにそれぞれ異なる役割や人格を与える技術です[※9]。

ChatGPTを活用したソフトウエア開発企業ChatDev

　一例として、仮想企業においてAIのCEO（最高経営責任者）、CTO（最高技術責任者）、CPO（最高製品責任者）、プログラマー、デザイナー、テスターなどが自律的に役割分担を行ってゲーム開発を行うことができるようになっています。

　ChatGPTを活用した仮想的なソフトウエア開発企業「ChatDev」は、清華大学と北京郵電大学などによる共同研究の成果です。ChatDevの「CEO」に、どのようなソフトウエアが欲しいかを発注すると、ChatGPTが演じるCEO、CTO、CPO、プログラマー、デザイナー、テスターなどが議論を行い、実際の開発手順に沿って設計し、ソースコードを生成してテストを実施し、ドキュメントまでまとめてくれます。

　このソフトウエア開発では大規模言語モデル（LLM）が利用されており、LLMが起こしやすいハルシネーションの問題に以下のような方法で対応しています。

①役割特化（Role Specialization）

　ChatGPTに、CEO、CTO、プログラマー、デザイナーなどの役割を持たせ、複数のエージェントが議論をすることにより、仕様や作業を決定し、作業を実行します。議論により、合理的な結論に収束をしていくことが、ハルシネーション排除につながります。

②記憶の流れ（Memory Stream）

　議論した内容は記録され、記憶して維持されることで、エージェントたちの議論は過去の議論に基づき、合理的な結論に早く収束され、ハルシネーションが生まれる余地を減らしています。

③自己投影（Self-Reflection）

　エージェント同士の議論は、次の作業に進む終了条件を満たしても、それを認識できずに、延々と議論を続けてしまうことがありました。そこでエージェントのコピーを生成し、過去の議論から要約を生成して議論が終了条件に達していることを確認させています。

　この事例は、多彩な役割・人格を備えたAIエージェントにチームを組ませることで、単一のAIエージェントでは達成が困難なタスクでも、優れた成果を残せることを意味しています。AIエージェント同士の対話に人が入れば、AIと人とを融合させたチームビルディングも可能と言えます。

　このようなマルチエージェントの仕組みは、AIによる自律的な企業運営や取締役会の運営、取締役の補完や代替につながる成果と言えます。もちろん、法規制への対応などが必要であり、日本ですぐに実用化できるわけではありませんが、技術的可能性を示すもので、たとえ取締役の補完や支援の機能であっても、ベンチャーや中小企業には役立つ可能性が高いと言えます。

第9章

AI時代のリスクマネジメント

Venture Governance in the AI Era

9-1

本章の要点

　生成AIの急速な進展もあり、AI活用は社会のあらゆる面におよび、特にコーポレート・ガバナンスに関わる部分も含めて企業活動には多大な影響を与えています。AIのメリットを生かすことで、不祥事の発見・再発予防、AI監査や内部統制などのリスクマネジメントに活用できます。また、生成AIの導入により取締役会、取締役の業務を支援し、場合によっては一部代替することも可能になりつつあります。一方でAIにはリスクがあり、情報の誤りや悪用の可能性、公平性・透明性、機密保護・プライバシー、セキュリティー・安全性、著作権・知的財産権など多くの課題を生じます。

　AI技術を含む経営環境の変化はめまぐるしいものがあります。その変化を取り入れるか否かの判断だけではなく、競合他社が取り入れた際の影響を予測することや、サプライチェーンへの影響などを総合的に判断して検討することが求められます。経営環境の変化を捉えて対応していくことは経営者にとって重要なリスク管理であり、それらを担保するガバナンス・システムの有効性について随時見直す必要があります。極端にいうと、これほどの大きな技術革新が起きているのですから、それを事業に生かすこと、リスク管理に生かすことは当然であり、それらを検討すらしていないなら、取締役会は「外部環境の変化への対応という面で不十分だ」と判断されることも想像できます。

　このような背景から、自社でAIを導入するにしても、また導入しないにしても、生成AIを含むAIのメリット・効果と課題・リスクを把握した上で活用を検討し、またリスクマネジメントを行わざるを得ないと言えます。リスクマネジメントにあたっては、法規制やガイドラインを順守するだけでなく、自社での独自対応も必要になります。これは、特に生成AIにみるように、急速な技術進展と導入により、法規制やガイドラインに対応するだけでは思わぬリスクが生じ、不祥事や不正の発生につながってしまうためです。その

ため企業内では独自のガバナンスルール、活用ガイドラインの策定、利用が望まれ、アジャイルに迅速な対応が必要になります。一方で、生成AI自体がルールやガイドライン、マニュアル策定に活用できることも考慮に入れ、対応することが望まれます。

　具体的なリスクマネジメントの成果として、不祥事の発生防止、発見・検知、再発予防にAIを活用し、また今後生じ得るAIによる不正・不祥事の増加を防ぐことが考えられます。不祥事や不正は、企業業績に影響し、上場廃止、倒産といったことにもつながり、ベンチャー企業や東証グロース市場の企業にとってそのリスクは高いと言えます。いかに未然に不祥事や不正を抑えるのかが重要ですが、発生した不祥事をいち早く把握し、自ら適切に対処し、再発を防止し、二度と同じ過ちを繰り返さないことも重要です。それは、旧ジャニーズ事務所、ビッグモーターの事例を見ても、さらに言えば多くの自動車メーカー、政治家の問題を見ても、言えることです。AI時代にAIを活用することは重要ですが、最も重要なのは内部統制、ガバナンスのある組織体制であり、内部通報制度やコンティンジェンシープラン（緊急時対応計画）などを含めた体制を設計し、迅速にリスクに対応していくことが必要になります。

　本章では、不祥事対応へのAI活用について説明した後、リスクマネジメントへのAI活用について、そして最後に法規制などの変化について整理します。

9-2

不祥事対応へのAI活用

9-2-1　AIなど高度技術によるリスク管理

　現代は、AIなどの高度技術をリスク削減などのコーポレート・ガバナンスに活用できる時代です。リスクの発生に関わる要因や不祥事が発生した時の企業への影響を踏まえつつ、リスクの予防、発見・検知、制御にAIなどの高度技術を活用する方策を十分に認識して活用する必要があります（**図表9-1**）。以下では、不正発生の検知や証拠保全を行うデジタルフォレンジック

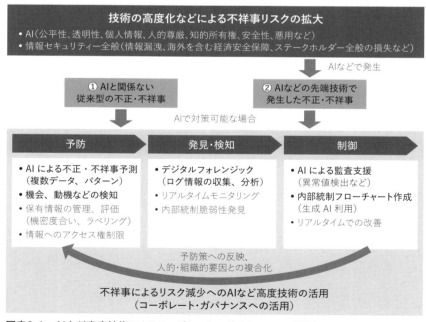

図表9-1　AIなど高度技術によるコーポレート・ガバナンスへの活用
出所：筆者作成

技術、またAIによる会計データの異常値検出を含む監査支援、生成AIを利用した内部統制フローチャート作成などを例にとって、不正・不祥事への高度技術利用の事例を示します。

　不祥事、不正とAIの関係については、以下のような類型化ができます。

①AIなど先進技術と関係なく生じたが、対応策にAIや先進技術利用が可能。
②AIなどの先進技術利用により不正・不祥事が発生、対応策へAI利用。

　①について、既にデジタルフォレンジックや、AIによる監査支援などが実施されつつありますので、これらをまず概観します。予測やリアルタイムモニタリングへの生成AIを含むAI活用は今後進展すると考えられ、後述します。

9-2-2　AIなど高度技術を活用した企業不祥事の 「発見・検知」

(1) デジタルフォレンジックの概要と活用

　不正・不祥事の証拠を集めて原因究明を行う「デジタルフォレンジック」は、欧米で1980年代に警察機関が犯罪捜査で採用したのが始まりとされ、2006年に米国の民事訴訟で当事者が証拠として全電子情報を提供する「eディスカバリー」制度が創設されたのを契機に、企業による活用が拡大しました。

　日本では人海戦術による、企業が保持する帳票や証憑類、ファクス、社員のノート、手帳などの紙ベースの調査が主流でした。それが、企業業務での電子メールやスマートフォンの利用でデータ量が増加し、人海戦術は限界を迎えました。一方で、膨大なデータを分析する技術やツールが開発され、利用できるようになってきました。

　AIを活用したデジタルフォレンジック調査を行う代表的な国内企業にFRONTEOがあります。同社は2003年にUBICとして設立、2007年に旧東証マザーズ上場、2013年には米国NASDAQに上場しています。2012年には自

図表9-2　FRONTEOのデジタルフォレンジックに関わる事業内容と事例

事業	含まれる事例	実施、その後の状況
復元	社用PCのデータを消去してしまったが、お客様とやり取りしたメールなどを復元	「証拠保全」「データ復元」「データ抽出（納品）」を実施
証拠保全	競合企業に転職した元社員の持ち出した営業秘密データの証拠保全	実施後、不正競争防止法事件に発展
情報漏洩調査	近日退職予定の社員による、社用PCおよび社用スマートフォンチェックに対する営業秘密情報調査	関連情報の完全削除をFRONTEOが対応し、情報漏洩を未然防止
横領・キックバック調査	販促物の請求額と支払額に齟齬（そご）。社内メールアーカイバーからメールを抽出、金銭授受を調査	対象企業、顧問弁護士らが事実関係を聴取、関係者を刑事告訴
労務問題	就業中に体調不良となり死亡した社員の過労について、タイムラインで就業内容をチェック	行動の詳細分析の結果、労災認定などは見送られた
セキュリティー事案	取引先からの不審メール問い合わせに対して、ウイルスが検出され、個人情報漏洩の有無など調査	ウイルス対策の是正処置、社員に対してトレーニングを実施し、再発防止対策を行った

出所：FRONTEO

社開発のAI（後のKIBIT）をリーガルテック事業で活用開始、KIBITは東芝の株主総会の運営をめぐる問題でも使われています。FRONTEOの不正調査の支援件数は1900件を超え、1200人以上のトレーニングを実施しています[※1]（**図表9-2**）。

　ストーンビートセキュリティー社も、デジタルフォレンジックを含む企業向けセキュリティーサービスを展開しています。サーバーなどに侵入してデータを暗号化し、復元する代わりに金銭を要求する「ランサムウエア」に対する中小企業からの受注が増加しているとされます。

　大企業だけでなく、規模の大きな未上場企業や急成長を目指すベンチャー企業においてもデジタルフォレンジックのような技術を検討対象として、リスクや財務状況に応じて適切に投資されるべきテーマであると考えます。

（2）東芝の不祥事事例におけるデジタルフォレンジックの活用

　デジタルフォレンジックを活用した例として、東芝の事例を見てみましょう。

東芝は2015年に不正会計が問題となり、2015年7月に第三者委員会調査報告書[※2]が出されました。2016年12月、米国子会社ウェスチングハウスに関して巨額の簿外債務が判明し、2020年1月には子会社での架空取引24件が発覚しました。2021年2月には弁護士報告書（監査委員会による依頼）、同年6月には調査者による報告書、同年11月にはガバナンス強化委員会報告書が出されました。その過程で、デジタルフォレンジック技術が活用されています（**図表9-3**）。

●**直接的原因**
① 経営トップらの関与を含めた組織的な関与
② 経営トップらにおける「見かけ上の当期利益のかさ上げ」
③ 当期利益至上主義と目標必達のプレッシャー
④ 上司の意向に逆らうことができないという企業風土
⑤ 経営者における適切な会計処理の意識または知識欠如
⑥ 東芝における会計処理基準またはその運用の問題

●**再発防止策**（直接的原因の除去）**の提言**
① 不適切な会計処理に関与等した経営陣の責任の自覚
② 関与者の責任の明確化
③ 経営トップ等の意識改革
④ 企業の実力に即した予算策定と「チャレンジ（業績改善の指示）」の廃止等
⑤ 企業風土の改革
⑥ 会計処理基準全般の見直しと厳格な運用

●**間接的原因**
① 各カンパニーにおける内部統制が機能せず
② コーポレートにおける内部統制が機能せず
③ 取締役会による内部統制機能（監督機能）が不十分
④ 監査委員会による内部統制機能（監査機能）が不十分
⑤ 会計監査人による監査
⑥ 業績評価制度
⑦ 人事ローテーション
⑧ 内部通報制度の活用が不十分

●**再発防止策**（間接的原因の除去）**の提言**
（ハード面）
① 強力な内部統制部門の新設
② 取締役会による内部統制機能（監督機能）の強化
③ 監査委員会による内部統制機能（監査機能）の強化
④ 内部通報窓口の活用

（ソフト面）
① 社外取締役の増員および構成員の見直し
② 適切な人事ローテーション

図表9-3　東芝の不祥事における原因と提示された再発防止策
出所：東芝「第三者委員会の調査報告書全文の公表及び当社の今後の対応並びに経営責任の明確化についてのお知らせ」（https://www.global.toshiba/content/dam/toshiba/migration/corp/irAssets/about/ir/jp/news/20150721_1.pdf）より筆者作成

第三者委員会調査報告書では、原因究明、再発防止策として社外取締役の充実などが提案されました。再発防止策では、直接的には経営者や関与者の責任明確化、企業風土や経営層の意識改革、企業の実力に即した予算策定、会計処理基準全般の見直しなどが提言されています。間接的原因の除去に関わる再発防止策では、取締役や監査委員会の内部統制機能の強化や強力な内部統制部門の新設、内部通報窓口の活用とともに、ソフト面として社外取締役の増員や構成員の見直し、適切な人事ローテーションなども提言されました。

　全般に経営層に直接関わるコーポレート・ガバナンス強化が多項目にわたって提示されました。デジタルフォレンジック技術は、以下で利用されているとされます[3]。

- メールやその添付ファイル、SMSを調査（50万件以上の電子メール、25万件以上の添付ファイルを分析）
- 調査者による効率的レビュー
- レビュー対象の絞り込みにおけるAI解析の活用
- 監視カメラ映像や携帯電話の通話履歴やSMSなどの復元の試み

　この件では、デジタル証拠の意義として以下があったとされています[4]。

- 事実認定の基礎としての、デジタル証拠の重要性
- デジタル証拠の保全・収集（復元を含む）への取り組み
- デジタル化により増大する、デジタル証拠のレビューにおける工夫
- デジタル証拠を意図的に残さない、消滅した場合のリスクへの対応

9-2-3　AIなど高度技術を活用した企業不祥事の「制御」「予防」

（1）AIによる監査の支援

　会社法や金融商品取引法で定められている外部監査は、公認会計士および

監査法人が実施する監査です。外部監査の目的は財務報告の信頼性確保で、外部監査へのAI導入は既に2015年ごろから進められています。

　具体的には、企業の過去の不正の傾向をAI・機械学習モデルに学習させ、監査人は監査先から財務データを入手、モデルにデータを投入して不正リスクの予測ができるといったものです。大手や準大手の監査法人では、AIを活用した効果的な監査が行われています[※5]。大手の監査法人では、過去の財務情報を用いた異常な取引の将来不正予測が既に導入され、さらに非財務情報を用いた将来不正予測も開発中とされます。

　一方、内部監査は法令で実施が求められているわけではなく、企業などが自主的に行う任意監査です。内部監査は、企業などの経営改善や業務改善を目指すもので、業務処理の正確性の監査だけではなく、経営目標の達成状況の監査や業務効率の監査なども含まれています。

　内部監査についてもAIの利用が進められていますが、ChatGPTのような大規模言語モデル（LLM）による生成AIを活用して、プランニング、リスクアセスメント、ドキュメンテーション、大規模データの分析など、内部監査のあらゆるプロセスでの自動化が進められているとされます[※6]。AIなどの高度技術の監査へのプロセス別利用と効果、今後の方向性について表にまとめました（**図表9-4**）。

　企業情報に基づくリスク評価、監査戦略の構築、観察や分析、突合を含む実証、監査報告書の作成など監査の多くのプロセスで、AIやデジタル技術などの高度技術の利用が可能で、既に生成AIを含めて利用が進められ、監査の省力化、精度向上、不正発見などの効果を上げつつあります。

　このような効果は監査人の業務の一部を代替するものですが、監査人は不正の発見やより高度な監査業務に集中できるという効果にも結び付きます。ただし、データやシステムの標準化、リアルタイムでの分析を含むプラットフォーム構築など、実現にはかなりの時間を要する部分もあるため、一気に監査業務のAI化やデジタル化が進むわけではありません。生成AI技術は、徐々に多くの監査業務で活用され、効果を上げていくことが想定されます（9-3-1で示します）。

プロセス	AI、高度技術の活用例（今後を含む）	効果、将来の方向性
企業リソース把握	• 企業内外の情報収集によるデータベース構築 • 他社との比較（強み弱み、課題などの把握）	• 生成AI活用、データフォーマットの標準化 • リスク評価情報などへの利用
リスクや内部統制の評価	• 過去の不正事例などに基づくAIリスク評価 • 内部統制の不備などの把握	• 生成AIの活用 • 内部統制フローチャート作成
監査戦略構築	• リスク、内部統制評価に基づく監査計画作成支援 • 業務プロセスごとの監査計画作成の支援	• AIによる監査計画の作成 • 会計検査の品質向上
実証（観察、確認）	• IoT、オンライン化（今後） • 契約書などの読み取りやサマリー作成	• リアルタイムの分析 • 生成AI利用
実証（分析、突合）	• データ間の整合性検討や異常値検出 • リスク、影響の大きい事象の集中的検討 • 企業内と企業外のデータの突合	• 不正の発見 • 情報漏洩リスクの低減 • 作業時間の削減
実証（仕分け、チェック）	• 不正可能性の高い取引の分析 • AIにインプットすることでの開示チェック	• 監査人の考察への利用 • 過去の開示事例との比較
監査完了（意見、報告書）	• 虚偽表示リスク、エラー、影響可能性の検討 • 監査報告書案の作成（今後）	• 定量的な評価の追加 • 監査報告書の精度向上
その他全般（環境構築）	• データの自動抽出、標準化 • データの一元管理が可能なプラットフォーム構築	• 標準化、デジタル化、AI化による精度向上、省力化 • 会計、監査の論点把握

出所：公表情報より筆者作成

（2）内部統制フローチャートの自動生成と異常値検出（生成AIの利用）

　会社法では内部統制という言葉は出てきませんが、会社法348条にある「取締役の職務の執行が法令および定款に適合することを確保するための体制その他株式会社の業務の適正を確保するために必要なものとして法務省令で定める体制」のことを、一般的に「内部統制システム」と呼んでいます。会社法では「業務の有効性および効率性」「事業活動に関わる法令などの厳守」「資産の保全」「財務報告の信頼性」という目的が含まれます。

　金融商品取引法における内部統制は「財務報告に関わる内部統制（J-SOX）」と呼ばれていますが、「財務報告の信頼性」のみを内部統制の主た

る目的としています。金融商品取引法に関わる内部統制業務では、業務記述書【文章】、RCM（リスクコントロールマトリクス）【表】、業務プロセス図（内部統制フローチャート）【図形】の3つの形式での文書化が必要で、高い専門性が必要とされます。このうち、業務プロセス図（内部統制フローチャート）は、企業や組織の業務フローを視覚的に表現した図で、業務の流れや手順、関連する人や部署、使用するシステムや資料などを明確に示し、業務の理解を深め、問題点や改善点を見つけ出すためのツールとして使用されます。

　業務プロセス図（内部統制フローチャート）の作成に手作業が必要であり、その負荷が重かったのですが、この作業をAIで自動生成する技術が開発されています[7]。この技術は、ベンチャー企業におけるIPO支援、内部統制業務、経営企画部門の業務支援、監査法人の業務支援などに活用可能とされています。また、試算表の月次推移を入力すると、AIが統計的な異常値を検出し、その原因と対策を分析した結果をまとめたレポートを自動生成する機能も開発されています[8]。異常値は従業員の不正行為や会計の間違いを示す可能性があり、会計部門の業務をAIが代替してくれるもので、今後不正検査レポート作成が可能になると考えられます。

9-2-4　企業不祥事、不正の類型別に見た AIなどの適用について

　企業不祥事、不正は**図表9-5**（**図表2-2**に追記）のように分類されます。既に企業不祥事、不正が発生した後、AI監査により発見・検知する、またデジタルフォレンジック技術を適用して証拠固めするといったことが行われています。AI監査は大手監査法人で適用され、生成AIの活用も進んでいますが、今後の可能性については9-3-1で説明します。生成AIをリスク分析などに活用することについては前述しましたが、今後不祥事、不正の予防も含めて適用が拡大すると考えられます。

大分類	分類	概要	含まれる事例	AIなどの適用可能性
不正（意図的不祥事）	不正会計、粉飾決算	財務会計情報の開示に関する問題	• 不適切会計 • 有価証券報告書等虚偽記載 • 架空売上、所得隠し、利益操作	• AI監査 • 生成AIによる内部統制 • 内部通報活用
	法令違反	独占禁止法、金融商品取引法などの法令違反	• カルテル、反トラスト、談合 • インサイダー取引、不正取引 • 不正融資、不正請求、不正受給 • 公的補助金不正	• AI監査が主 • 事前予防（データ分析、生成AI利用など） • 内部通報活用
	隠蔽・偽装	不都合な情報の非開示、事実と異なる情報開示など	• **実験、認証などのデータ改ざん** • 食品偽装、産地偽装 • 誇大広告、誤認広告	• デジタルフォレンジック技術 • 生体認証技術 • 事前予防（データ分析など）
その他（事故的不祥事）	製品不具合	自社の提供製品に関する問題	• リコール • 自主回収	• 顧客情報収集、分析など
	オペレーション不具合	製品製造過程やサービス提供過程における管理上の問題	• 工場事故、工場火災 • 有害物質の流出、環境汚染 • **情報漏洩** • 食中毒、不正アクセス	• デジタルフォレンジック技術 • 生成AI利用のリスク分析
	モラルハザード	社員の個人的犯罪	• 会社資金、商品などの着服・横領 • 窃盗・痴漢など • **営業機密情報漏洩、売却**	• デジタルフォレンジック技術 • 行動分析、予測 • 内部通報
	その他	外部要因による不祥事	• 多額の不良債権の発生 • 取引先の不正行為による損失発生 • **第三者の不正アクセスによる個人情報の流出**	• AIによる倒産などの予測 • サイバーセキュリティー技術

出所：筆者作成

9-2-5 最近増加している領域や注目事例におけるAIなどの適用可能性検討

　最近増加している不祥事、不正として営業機密情報漏洩があります。現在使われている防止策は、証拠保全を行うデジタルフォレンジック技術など不祥事発生後の活用が中心ですが、今後は予防策として、生成AIの適用増加が予測されます（**図表9-6**）。

図表9-6　営業機密情報漏洩などへの対応におけるAIなどの活用可能性

フェーズ	項目	具体的内容、効果など	AIなどの活用可能性
予防	想定される リスクや 手口検討	・情報漏洩などが起こるルート、技術利用、人的リスクなどを想定	・生成AI活用のリスク管理による予防
	保有する 情報の把握・ 評価・管理 体制整備	・自社の保有情報を把握し、機微度合いを評価、評価に応じたラベリング、それに応じた適切な管理体制整備 ・不正競争防止法適用3要件対応の検討（秘密管理性、有用性、非公知性）	・AIを含む3ラインディフェンス
	保有情報の アクセス権 管理	・アクセス権を付与する対象社員に潜むリスクを可視化・分析、アクセス権付与の是非や範囲決定 ・アクセス権の機微度に応じて期間や項目を設定	・生体認証技術適用（アクセス権、個人特定）
	対策の明示 ＝抑止力効果	・企業として対策を徹底している旨を明示し、産業スパイなどに心理的に強い抵抗感を与える ・自社ホームページや広報活動で対策徹底を示す ・事前に、個別の従業員・退職者との誓約書を交わすことも有効	・生成AIによる抑止力の高い方策抽出
発見・検知	内部通報 制度の拡充	・日本での制度と利用率は海外より少ないが有効 ・産業スパイなどへの心理的抑止にもつながる	・他のデータとの複合化による検討
	風評の収集	・金、思想信条、脅迫などの強制、自我（欲）などが情報漏洩の要因になる ・捜査の過程で、周囲の社員からの風評報告が多い ・退職後一定期間まで風評情報を保管	・生成AI活用のリスク管理
	各種ログの 収集・分析	・情報システムへのアクセスログ（プロジェクトの情報への過度なアクセス、勤務時間外のアクセス、アクセスファイルの早期削除など） ・勤怠状況やアクセス制限区画への入退室ログ、メールのモニタリング	・デジタルフォレンジック技術（発見検知、証拠保全） ・全般的なリスク管理で発生予防（生成AI活用）
	退職者の 動向調査	・退職者が情報を転職先で漏洩、その情報が流用されるケースが多い ・退職者自身や競合企業の動向、取引先からの風評に関する情報を収集し、自社の情報が漏洩していないか確認する必要	・対象退職者のリスク評価、個別の有効な防止策の提案（生成AI利用）
制御	対応体制の 整備	・ステークホルダーへの影響を想定し、複数の部門が協力して対応 ・あらゆるケースを想定し、調査体制や調査マニュアル、広報プロセス、捜査機関への相談基準や相談ルートの確保など、必要な事項整備	・対応マニュアルの作成（生成AI利用）
	証拠保全	・端末、サーバーなどに格納された被疑者のデータをデジタルフォレンジック（犯罪の立証のための電磁的記録の解析技術およびその手続）の手法によって保全し、一定期間保管 ・不正調査のスキル習得、信頼できるベンダー確保も有効	・デジタルフォレンジック技術（発見検知、証拠保全） ・ベンダーなどの信頼性評価（生成AI利用）

出所：公表情報より作成

9-2-6 AIなどの先進技術により引き起こされた 不正などに対するAIを含めた適用可能性検討

　次に、AIなどの先進技術により引き起こされた不正・不祥事、またはそれにつながる事象に対するAIを含めた対応可能性について、**図表9-7**にまとめます。多くの類型において、自社の生成AI利用で引き起こされた問題は、

図表9-7　AIなどの先進技術により引き起こされた不正などに対するAIを含めた適用可能性

AIなどの技術	不祥事につながる要因（推測を含む）	
対話型生成AI （ChatGPTなど）	・間違ったアウトプット生成 ・応答エラー ・不安を生じさせる文章作成 ・安全性や法的に問題のある提案 ・知的財産権に従わない情報収集 ・弱者などに対する、不適切、差別発言 ・悪意のある利用	
画像、動画生成AI	・ディープフェイク（虚偽画像生成） ・差別や悪意のある画像 ・著作権保護データの利用	
音声生成AI	・偽音声 ・プライバシーを侵害する音声収集	
AIのアルゴリズム	・意図的、もしくは誤りを含むアルゴリズム ・知的財産権を侵害するアルゴリズム ・問題コンテンツを含むアカウントへ誘導するアルゴリズム ・差別を生じるアルゴリズム	
チャットボット	・虚偽やあり得ない反応 ・法律を無視した反応 ・利用者の意図的な誘導に沿った反応 ・AI利用チャットボットでの機能の限界、未対応、誤り ・対話型生成AI利用チャットボットでの不適切な発言応答	
ロボット	・虚偽表示、法令違反の疑い	
自動運転車	・センサーやAIプログラムの問題 ・法令違反	

出所：筆者作成

アルゴリズムやモデル、学習データの見直しなどでかなり対応できると考えられますが、ある程度データの誤りや第三者の悪用などが生じる可能性があり、人間によるダブルチェックやAI＋人間での対応が必要と考えられます。

　一方で、自社のコンテンツや提供サービスに問題がなくても、ディープフェイクや悪意のあるソフト、モデルの脆弱性を突かれることなど外部の問題により、影響を受ける場合がかなり多くあります。この場合はセキュリティー

不祥事の事例	AIなどの活用可能性
・偽著者名、写真記事掲載 ・偽商品を本物以前に発売 ・エラーメッセージ付き商品 ・世論調査への不適切利用 ・安全性に問題のある食事提案アプリ ・ジャンクサイトで広告収入 ・知的財産権関連訴訟発生 ・メンタルヘルスケア支援での不適切発言 ・悪意のあるソフト開発	・生成AIなどによる法令チェック ・生成AI情報源の確認 ・検知技術、セキュリティーソフトの利用 ・人間によるダブルチェック ・迅速な削除
・送金詐欺 ・プロパガンダ的画像生成 ・トレーニングに著作権保護データの利用で訴訟	・検知技術、セキュリティーソフトの利用 ・迅速な削除
・送金詐欺 ・子供のプライバシー侵害で、米連邦取引委員会（FTC）訴訟、和解に3000万ドル支払い	・デジタルフォレンジック技術の活用 ・合言葉などの活用
・医療保険の支払い拒否（法的に必要な個別調査を数十万件実施しない事例） ・商品デザインの模倣疑惑 ・児童虐待コンテンツを含むアカウント ・求人広告アルゴリズムでの男女差別	・アルゴリズム、モデルの見直し、再学習 ・生成AI情報源の確認
・虚偽の割引（1ドルで自動車販売など） ・過大な請求、顧客罵倒 ・面接日程調整不可 ・AIドライブスルーの障害 ・メンタルヘルスケア支援でGPT-3利用のチャットボットが不適切な発言	・アルゴリズム、モデルの見直し、再学習 ・生成AIなどでの法令違反チェック ・人間によるダブルチェック、対応
・「世界初のロボット弁護士」が虚偽表示との疑いをかけられる	・生成AIなどでの法令違反チェック ・アルゴリズム、モデルの見直し、再学習
・横断歩道で歩行者発見も道を譲らず交通違反 ・「完全自動運転」を搭載した車両をリコール	・アルゴリズム、モデルの見直し、再学習 ・センサー、ブレーキなど見直し ・生成AIで法令違反チェック

ソフトや検知技術、デジタルフォレンジックの活用などが考えられますが、迅速に対応しないと風評被害や事業に大きな影響を受けることが考えられます。この点への対応は、いち早く検知対応できる方策を事前に想定しておくことが必要になります。AI利用では、悪意のある攻撃が多く、AIガバナンスや内部統制におけるITへの対応など、事前の準備、複数プランの検討が必要と考えられます。

9-3

リスクマネジメントへのAI活用

　AIのリスクマネジメントへの積極的活用領域として、AI監査と内部統制があり、この2点について、AIの具体的利用や、今後の展開可能性などを示します。

9-3-1　AI監査

　AI監査の活用は、監査法人などが既に一部実施していることは前述しました。ここでは、もう少し具体的に将来の可能性も含めて見ていきたいと思います。AI技術などを活用した監査の方向性を**図表9-8**に示しています。

　図表9-8を見ると、人海戦術による伝統的な監査手法から、過去情報に基

図表9-8　AI技術などを活用した監査の方向性

時系列	レベル	内容、用途例	手法、ツールなど
過去	人海戦術での監査	・別々の内部監査、外部監査	・人手、人間の勘に基づく
過去〜現在	コンピューター利用のデータ分析	・分析プログラムの活用 ・監査人の経験からのツール化 ・一時的分析から定期的分析	・標準化プログラムから、カスタマイズ、多様なプログラムへの展開
現在	データ分析の見える化とその活用	・データ分析の見える化 ・ダッシュボード機能利用で省力化 ・リスクアセスメントなどでの活用 ・外部監査と内部監査の対話	・データ分析、ビジュアル利用 ・一部対話型生成AI活用
現在〜将来	継続的なリアルタイムモニタリング	・異常値の自動検出 ・内部統制の脆弱性の発見、リアルタイムでの改善 ・外部監査と内部監査の連携	・対話型生成AIの活用
将来	AI活用の不正検知、予測	・不正やリスクの兆候検知、識別 ・複数データ、パターンからの検知、予測	・社内外の大量のデータ活用、独自のLLM構築などで生成AIなど活用

出所：PwC Japan有限責任監査法人ガバナンス・リスク・コンプライアンス・アドバイザリー部 吉澤豪「生成AIの最新動向と内部監査での活用」（https://www.ifra.jp/pdf/2023/1/178_web.pdf）より筆者作成

づく監査手法へと進展し、今後はAIを活用した予測分析への発展が生成AIの進展により加速されることが示されています。実際、公認会計士および監査法人が実施する外部監査において、既に2015年ごろからAIの導入は進められていたとされます。企業の過去の不正の傾向をAI・機械学習モデルに学習させ、監査人は監査先から財務データを入手し、モデルにデータを投入することで、不正リスクの予測を一部行うといった内容です。

　一方で、企業などが自主的に行う内部監査は、経営目標の達成状況の監査や業務効率が主な目的で、AIの導入はあまり進んでいなかったと見られます。しかし、生成AIを活用することで、プランニング、リスクアセスメント、ドキュメンテーション、大規模データの分析など、内部監査のあらゆるプロセスでの自動化、外部監査と内部監査の連携が進むと考えられます。社内外の大量データを蓄積し、大規模言語モデル（LLM）を構築することも含め、過去データの分析からリアルタイムでの分析、一時的分析から常時分析、またデータの予測が可能になることで、不正の検知から予測が可能になり、ま

図表9-9　データ分析アプローチによる経費の不正データなどの分析

アプローチ	アプローチの説明	事例	生成AIの活用可能性
ルールベースの分析	過去の不正事例や経験豊富な監査人が策定した不正・異常の兆候のある経費申請の抽出ルール利用	・申請者と承認者が同一の申請 ・二重計上 ・形式的な承認 ・経費架空請求（同一申請者、同一日） ・申請者別の金額・件数の分析	・生成AIで抽出ルールの策定・案出（およびデータ抽出処理自体も）が可能
探索的アプローチ	経費を取引先ごとに合計額・件数を可視化し、架空請求の有無を確認する仮説設定と検証を実施	・交際費の分析（異常に高額、異常に多い件数、少額だが頻繁な交際費の取引先の識別、検証）	・生成AIで、データの可視化や、仮説の構築が可能
機械学習（教師なし）アプローチ	経費申請ごとに他の経費申請との乖離度を測り、異常スコアを算定	・経費データの異常検知（異常スコアの閾値設定、閾値を超えた経費申請を自動抽出・調査対象とする） ・全経費申請の異常度をスコア化、高リスク申請から効率的・効果的なテストを実施	・生成AIにより、教師なし学習による異常検知が可能

出所：PwC Japan有限責任監査法人ガバナンス・リスク・コンプライアンス・アドバイザリー部 吉澤豪「生成AIの最新動向と内部監査での活用」（https://www.ifra.jp/pdf/2023/1/178_web.pdf）より筆者作成

た予測される監査データを目標設定、経営改善に利用することが可能になると考えられます。

監査におけるAIの活用範囲は広く、企業リソースの把握、リスクや内部統制の評価、監査戦略の構築、実証、監査報告書作成など多岐に及びます。内部統制フローチャートの作成、AIによる監査計画の作成などにも利用されつつあり、特に対話型生成AIの活用で、AIの活用範囲は拡大しています。具体的な一例として、データ分析アプローチによる経費の不正データなどの検知、分析例を**図表9-9**に示します。複数の手法を組み合わせることで有効性を増し、その複数の手法のいずれにも生成AIが活用可能であることを示しています。

内部監査の各プロセスにおける生成AIのユースケース例を**図表9-10**に示

図表9-10　内部監査の各プロセスにおける生成AIのユースケース例

プロセス	主なタスク	生成AIのユースケース例
計画の策定	・監査対象と目的の明確化 ・監査計画書の作成 ・リソースの配分 ・スケジュール作成 ・リスク評価の実施 ・ステークホルダーとの協議	・過去の業績などから監査対象拠点の選定、リスク評価 ・ビジネス、業務プロセス、システムなどをもとにしたリスク識別、監査項目策定、監査手続書ドラフト作成 ・リソース割り当てとスケジュールのドラフト作成 ・テンプレートや過去計画書に基づく監査計画書ドラフト作成 ・監査実施通知書、依頼資料リストのドラフト作成
業務の実施	・データ・資料収集 ・実地調査 ・インタビュー実施 ・分析手法の選定 ・文書化	・ミーティングAgenda、議事録作成 ・インタビュー翻訳、事前質問作成 ・リスクコントロールマトリクス、業務処理記述書、フローチャートのドラフト作成 ・社内規定類と業務プロセス、法規制、内部ポリシーなどとの整合性レビュー、契約書、注文書、申請書などの証憑のレビュー、帳票間の整合性チェック ・データ分析実施（前処理、抽出ルール作成、サンプリング、可視化、質問作成、異常検知、不正予測、質問事項作成、分析結果報告書作成）
結果の伝達	・発見事項の整理 ・フォローアップ事項作成 ・監査報告書の作成 ・経営者への報告 ・フィードバックの収集	・発見事項、要改善事項、推奨事項、フォローアップ事項、再発防止策などのドラフト作成 ・実施した内部監査に基づく、監査報告書ドラフト作成 ・クロージングミーティングAgenda、プレゼン骨子、議事録の作成

出所：PwC Japan有限責任監査法人ガバナンス・リスク・コンプライアンス・アドバイザリー部 吉澤豪「生成AIの最新動向と内部監査での活用」（https://www.ifra.jp/pdf/2023/1/178_web.pdf）より筆者作成

します。内部監査のタスクにおいては、文書作成や自然言語処理、データ分析など生成AIの得意領域が多く、利用領域が広いことがわかります。

ただし、生成AIにはリスクもあるため、それを分析した上で、ガバナンスルール、ガイドライン策定が必要とされます。これについては、既に述べたAIガバナンスや、AIに関わるコーポレート・ガバナンス全体の検討の中で、経営者を含めて議論され、検討・策定されることが望ましいと考えられます。

また、生成AIによる内部監査の未来の可能性として、リアルタイム化が進み、早期の不正発見による予防効果や、自律化進展でのAIの介入余地拡大が想定されますが、一方で専門家を含む人間との役割分担の検討も必要になります。

この点に関しては第10章で全般的な検討を行いますが、AIはあくまで人間のサポートの位置付け、もしくは最終的にはAIのデータや提案を踏まえての経営者の評価判断、さらに監査役や外部監査法人のチェックが、コーポレート・ガバナンスの視点からも、法制度上も必要と考えられます。

9-3-2　内部統制におけるAI活用

(1) 事例とその分析

海外の金融業では、顧客のリスク評価や顧客保護の点で、AIを内部統制支援に利用する企業が出現しています。例えば、英国のフィンテック企業であるAveniは、AIを用いてFA（ファイナンシャル・アドバイザー）と顧客の間の対話をモニタリングし、リスク評価、内部統制にも活用可能な「Aveni Detect」というツールを提供しています。このツールは、FAと顧客との会話やメールなどでの対話内容を利用し、顧客に関するリスクや、そのリスクに対応した行動支援に活用できます。金融機関が利用する場合、FAからの情報を、ビジネス部門、リスク管理やコンプライアンス部門、内部監査部門などと連携していくことも可能です。

この仕組みについて同社は、内部統制の枠組みである「3つの防衛線（three lines of defense）」から、「機械の防衛線（machine line of defense）」と呼ん

でいることが注目されます（**図表9-11**）。第一の防御線では、Aveni Detect
は顧客のフィードバックを収集して分析し、不満や脆弱性を評価し、商品と
サービスに関するフィードバックを提供しています。第二の防御線では、あ
らゆる顧客とのやり取りに対して機械による評価を提供し、人間の介入が必
要な優先度の高いケースを自動的にトリアージできるため、人間による監視
プロセスの効率化に役立てています。また、テーマやトレンドを特定するた
めに使用することもでき、ビジネスに役立つ実用的な洞察を提供しています。
自動レポート機能は、委員会が顧客の現場で何が起こっているかを理解し、
悪影響を与える問題に迅速に対処するために不可欠としています。

　第三の防御線は、透明性を高め、顧客とのやり取りについての理解を向上
させることに重点を置いています。データに基づいたテーマ別レビューを行
い、顧客ベースで何が起こっているかを理解し、潜在的問題発生時にそれを
強調表示できます。例えば、生活費の増加に関して、悪影響を受ける脆弱な
顧客、通常の支払いができない顧客の特定を可能としています。

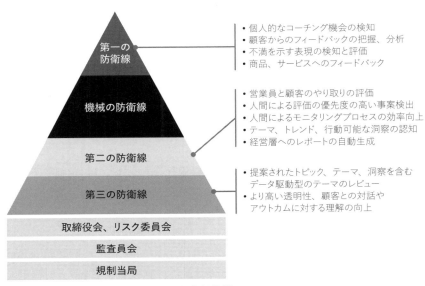

図表9-11　英国Aveni社のAIを用いた内部統制
出所：Aveni「Why a 'Machine Line of Defence' is critical to meeting the FCA's Consumer Duty」(https://
aveni.ai/blog/consumer-duty-of-care-2/)（2024年2月5日閲覧）をもとに筆者作成

このツールは、英国で2023年7月31日に、金融行為規制機構（FCA：Financial Conduct Authority）が導入した、金融サービスにおける消費者保護への要請に対応しているとされます。実際に同社は、規制当局に保証を提供するために必要なデータを監視、取得、分析できるようにするには、機械の防衛線に頼る以外に選択肢はほとんどないとしています。FAや金融機関のリスクを分析し、内部統制に活用することも可能で、不祥事や不正の防止、顧客満足度の向上への利用も考えられます。金融の領域は、内部統制がしやすい領域と考えられますが、他の業界での同様の用途にも活用されていくことも考えられます。

（2）事例から見た金融業におけるAI活用のリスク

　生成AIも含むAIの利用が進めば、新たなリスクが生じることも考えられ、その一般論は前章で示しましたので、ここでは金融業を例にとって考えてみます。

　第一にAI活用を含むいわゆるフィンテックの増加で、株価の乱高下やこれらのテクノロジー利用によって、顧客のリスク許容度に見合わない取引、過剰な取引が生じ、それが結果として金融機関のリスクの増加につながることが指摘されています。リーマンショックのような事態は個別の不祥事というより、業界全体に関わる大きなリスクと言えます。金融機関や投資アドバイザーがAIを活用して顧客に不適切なアドバイスを行った場合、その金融機関の業績に直接影響し、利益相反が生じれば、不祥事、不正ともいえる事態になってしまいます。

　また、金融機関にとって顧客のリスク評価を行えることは、金融機関のリスク管理のみでなく、顧客満足度の高い個別サービスの提供が可能となる一方、特定顧客への貸し渋りや信用供与の拒否につながり得ます。これは保険業界でも生じ得ますが、法規制により具体的な理由提供の必要性が生じる可能性があります。実際、米国のCFPB（Consumer Financial Protection Bureau、消費者金融保護局）は2023年9月、貸し手がAIなどをもとに信用供与を拒否する際、その具体的かつ正確な理由を提供する法的要求に関するガイダンスを公表しています。

金融機関ではユーザーへの質問に回答するAIチャットボットは広く利用されています。米国CFPBはこの点についても、2023年6月、苦情が増加するAIチャットボットは顧客からの信頼低下のみならず、法令違反につながる可能性もあるとするレポートを公表しています。生成AIの活用で、音声による「なりすまし」も拡大し、悪用により企業不祥事が増加する可能性も高まると考えられます。

以上に示したのは、AIの活用に伴うリスク拡大の一部であり、自社が直接関与していなくても、不祥事の発生、事業の損失につながる可能性が生じます。生成AIの技術進展が急速であり、どのようなリスクが生じるかを十分に把握できず、対応できないという状況も生じ得ます。AIリスクに対応する法規制の強化や見直しは日米欧他ほとんどの国で行われているのですが、技術進展に追いつかないという面があります。また法規制が施行されていたのに気づかずに対応していないことでの法令違反も生じ得ます。内部統制にAIを活用すると大きなメリットがありますが、同時に大きなリスクを生じます。法規制に対応する、法令を順守するという視点のみでなく、自社でリスク対応をすることも必要になります。

(3) 内部統制視点でのリスクマネジメントとAI活用についての検討

内部統制を整備・運用する際に欠かせない基本的要素には、①統制環境、②リスクの評価と対応、③統制活動、④情報と伝達、⑤モニタリング、⑥ITへの対応があります。ここまでの議論を受け、内部統制の6つの構成要素の視点から見た、リスクマネジメントの在り方とAI活用について**図表9-12**に示します。

図表9-12に示した項目のうち、AIなどの活用可能性以外の多くの部分は、平成5年4月の企業会計審議会「財務報告に係る内部統制の評価及び監査の基準並びに財務報告に係る内部統制の評価及び監査に関する実施基準の改訂について（意見書）」で出ていますので、詳細はそちらをご参照ください。

図表9-12および出所資料から、以下のことが指摘できます。

図表9-12 内部統制の視点でのリスクマネジメントとAIの活用についての検討

構成要素	構成要素の概要	
統制環境	・組織の気風を決定し、組織内のすべての者の統制に対する意識に影響を与えるとともに、他の基本的要素の基礎となる ・企業の倫理観、誠実さ、経営者の意向や姿勢、経営方針や戦略、組織構造や慣行など	
リスクの評価と対応	・組織目標の達成に影響を与える事象について、組織目標の達成を阻害する要因をリスクとして識別、分析および評価し、当該リスクへの適切な対応を行う一連のプロセス	
統制活動	・経営者の指示や命令が、社内において確実に実行されるための方針と手続 ・具体的には、権限および職責の付与、職務の分掌など	
情報と伝達	・必要情報が識別、把握、処理され、組織内外と関係者相互に正しく伝えられることを確保 ・受け手の正しい理解が重要	
モニタリング	・内部統制の有効、継続的な機能を評価するプロセス ・モニタリングにより、内部統制は常に監視、評価および是正	
ITへの対応	・組織目標達成の適切な方針および手続を踏まえ、業務の実施に組織内外のITに対応 ・IT環境への対応 ・ITの利用および統制 ・情報と伝達、モニタリングへの活用	

出所：企業会計審議会「財務報告に係る内部統制の評価及び監査の基準並びに財務報告に係る内部統制の評価及び監査に関する実施基準の改訂について（意見書）」(https://www.fsa.go.jp/news/r4/sonota/20230407/1.pdf) より筆者作成

考えられるリスクマネジメント例	AIなどの活用可能性
• 経営者の誠実性、倫理観 • 外部性の活用（社外取締役・監査役、外部専門家活用） • 組織構造選択（委員会の活用） • ステークホルダーとの協働 • 不正のトライアングル（機会、動機、正当化）への対応	• 対話型生成AIのコミュニケーションツールとしての活用 • CEOの評価 • 社外取締役探索、評価 • 不正の早期発見、再発予防（リアルタイムの内部監査など）
• リスク管理規定、リスク管理委員会、内部統制規定整備 • 財務状況、法的対応チェック • 業務記述書、フローチャート、リスクコントロールマトリクスの整備活用 • リスクの発生頻度、影響分析 • 優先順位の高いリスクの回避、低減、移転、受容 • 業務フローチャートの作成、活用 • リアルタイム、予測型の内部監査 • リスクの評価、可視化 • リスクによる人事評価	• リスクの識別、分類、分析、評価、対応へ活用
• 職務分掌規定、マニュアル整備、ワークフローなどの稟議手続の記録、是正指示書 • 相互けん制による職務分掌 • リスクの評価・対応との統合（虚偽記載リスクなどの低減） • 文書の維持管理、活用	• AIガバナンスの検討、対応 • 規定案の作成 • 各種文書案、議事録案の作成、活用 • 虚偽記載リスクなどのチェック、対応
• 法令による財務情報など開示 • 経営者の方針や社内規定、業務マニュアルの制定 • 財務報告の信頼確保に対する会計システムの構築 • クレーム管理規定などの整備 • イントラネットの活用 • 内部通報制度の活用	• 対話型生成AIの活用 • 内部通報制度、AIフォレンジック調査 • 情報の識別、把握、処理、伝達への情報システム活用 • AI利用会計システム
• 日常的モニタリング • 独立的評価（業務から独立） • 内部統制、評価プロセス評価 • 内部統制の問題報告 • 社外取締役や委員会の活用	• AI利用内部監査 • 内部統制の問題発見 • 評価プロセスの検討、評価、是正
• ITの浸透、利用、情報システムの安定度、状況把握 • 適切な外部委託の活用 • ITに対する経営者の関与 • ITに関する教育、研修 • 各種マニュアル化	• 生成AI利用への対応 • 社内外データベース化、LLM構築 • フォレンジック活用 • サイバーセキュリティーへの対応、プログラムの不正改ざん予防・発見

①AIの利用と社内外の経営者、人材などによる役割分担

　生成AIの利用と登場により、多くの要素でAIの活用が可能になっており、特に文書の作成やチェック、データ収集や分析などでその傾向は顕著です。とはいっても、AIやIT、情報システムでできることは限定されており、特に統制環境の整備や統制活動では、経営者の意思決定と人材の活用が重要と考えられます。

②経営者による内部統制の無効化への対応

　図表9-12では内部統制に関わる方策を中心に示しましたが、いくら対策を立てAIを活用しても、経営者が内部統制を無効化し、経営者自身が不正を働くと、内部統制は働かなくなってしまいます。本書の第6章ではポート社の例、第4章では内部統制の無効化の事例や対応策を示していますので、そちらも参考にしてください。内部通報制度のように仕組みがあっても形骸化し、活用されない場合もあるので、その障壁になっている要因を把握して対応することも重要で、そこにAIを活用することも考えられます

③内部統制とガバナンスおよび全組織的なリスク管理

　内部統制とガバナンスおよび全組織的なリスク管理は、一体的に整備および運用されることは重要です。また、これらの体制整備の考え方として、3ラインモデルなどがあります。この点については、前述した金融業の事例を参照してください。

④サステナビリティーやウェルビーイング、人権などの視点での対応の必要性

　サステナビリティーなどの非財務情報に関わる開示の進展、自社のみでなくサプライチェーン全体での企業の責任、原料調達も含めた外部調達における雇用における人権の問題など、企業が対応すべき責務、リスクの範囲はより拡大しています。この点については、改訂された内部統制でも今後検討すべき可能性が示唆されており、将来に向けて対応が必要になることも踏まえるべきです。これらの外部環境変化とその予測、リスク対応についても生成AIなどのAI活用が可能になりつつあります。

⑤コンティンジェンシープランの策定、不祥事の把握、自浄作用を働かせることの重要性

　ITへの対応などでシステムや外部インフラに障害が生じるといった思わぬ要因でリスクマネジメントが機能しなくなる場合があり、あらかじめコンティンジェンシープランを策定し、緊急時に実際に機能することの検証が必要です。第1章で示した例が示すように、起きた不祥事をいち早く把握し、自ら適切に対処し自浄作用を働かせることが、今後より一層重要になると考えられます。その際、生成AIを活用して複数プランを抽出し、そのメリット、デメリットを比較することも考えられます。

⑥新たな不祥事や不祥事に伴う負の影響への迅速な対応の必要性

　生成AIの利用拡大も含め、コンテンツの悪用や誤用、新たなサイバーセキュリティー、アルゴリズムを含むモデルの問題などに起因する新たな不正・不祥事や、外部からの攻撃による脆弱性のリスクがあります。今後人間の能力を超えるAIが出てくると、未知のリスクや不正・不祥事の発生とその影響も考えられます。これらについては、アジャイル・ガバナンスの検討や問題事例の把握、新たな法規制やガイダンス、ガイドラインへの対応とともに、発生をいち早く把握し、ネット上での拡散や風評被害をできるだけ防ぐことも必要です。

9-4

技術、法規制の変化

　本節では、生成AIなどの技術進展、日本の法規制変化とともに、海外の検討や研究例を紹介し、今後も含めたリスクマネジメントに関わる環境変化を示します。具体的には、生成AIのさらなる進展に伴う課題、2024年4月から適用される、日本の内部統制制度（J-SOX）変化対応の必要性、「AI事業者ガイドライン」などに対応するリスクマネジメント検討のプロセス例、米国COSOにより示されたAI利用における内部統制のガイダンスを紹介します。これらより、AIに関わる法規制の改正などに対応する必要性を示すとともに、それのみでは十分でない部分も把握し、自社独自にAI利用などに対応するコーポレート・ガバナンスが必要であることを示します。

9-4-1　生成AIの技術進展に関わる課題の検討

　2022年末から2023年にかけてChatGPTの一般利用が広まったことで、従来のELSI論点に加えた生成AIならではの懸念や、より深刻化しかねない懸念についての議論が活発化しました。生成モデルの構築（訓練）時、利用時に生じ得る問題のみでなく、利用しない人も含む社会全般に与え得る影響、さらに今後の技術発展次第で生じるかもしれない問題など、論点は多岐にわたります。2023年に入ると、ChatGPTの衝撃に端を発し、生成AI（基盤モデル）規制を巡る議論が沸騰し、既存の枠組みとの継続性を意識しながらも、新しい検討体制が模索されています。

　図表9-13にまとめたのは、生成AIの登場により深刻化するELSI論点と事例です。多くの項目は生成AIの課題として挙げられていたもので、実際に不祥事や不正の事例や重要性から、著作権・知的財産権、プライバシー、偽情報、偽コンテンツ、有害コンテンツなどで問題が生じています。一方、今は大きな問題となっていませんが、エネルギーや水の消費、モデル構築時の

労働問題などは、SDGs・ESG視点、ウェルビーイングや人権などの視点でリスクが拡大する可能性があります。

図表9-13から次のことが指摘できます。

第一に、生成AIを中心にしたAIは、今までの不祥事や不正と異なるリスクを企業に生じさせます。例えば、有害コンテンツや悪意のあるデータは、その作成者のみでなく、流通・配布・活用した企業においても、損失、風評被害、それを通じての企業業績悪化や企業価値の毀損を生じさせ得ます。また、AIの開発事業者、サービスや製品の提供事業者、利用事業者のどこで問題や責任が生じたかを特定しにくく、単独の事業者のみでなく、産業としてのバリューチェーン全体で、予防、対応をとる必要があることも指摘できます。

第二に、生成AIなどのAIは一般者も含めて利用者層が広く、企業は自社のステークホルダーを含めて社会全般に与える影響、逆に社会から与えられる影響を考慮しなければなりません。特に、生成AIの社会的なバイアスや雇用への影響の問題は広く論じられ、既に顕在化しつつあります。企業は、風評被害、波及的な影響も念頭に置いて対応する必要があります。

第三に、サイバーセキュリティーやデータの誤用・悪用は、今まで以上に大きな問題を生じ得ます。それは利用者が多くネット上からのアクセスが容易なうえに、単なる誤用か悪用かを判別しにくく、事実の認定、発生源の特定もしにくいという特性によります。特定の企業がターゲットとして狙われ、経済的損失やデータ流出などにつながるリスクへの対応も求められます。

図表9-13には示していませんが、AIと組み合わせて自動運転車、ドローン、ロボットなどを活用する場合、安全性の問題、現在の法規制への対応に関わる問題が多く生じます。実際、2016年に自動運転中のテスラの車が、信号のない交差点を通過していたトレーラートラックに衝突し、乗員が死亡、その後も歩行者の死亡事故など、かなりの件数の事故が発生しています。多くは認識のミスと見られ、人間の運転であれば回避できた場合が多いと見られますが、一方で人間の運転でもかなりの事故が生じていることも、また事実です。いずれにしても、AI＋車、AI＋ロボットのように、AIが物にも使わ

図表9-13　生成AI登場により深刻化するELSI論点と事例（グレーは事例発生が多いなど重要な論点、薄いグレーは新たに生じたと考えられる論点）

種類	論点	概要	備考（具体的事例や懸念など）
モデル構築（訓練）時の懸念	著作権、知的財産権の問題	AI生成物が訓練データに含まれる著作物と類似している場合、著作権侵害が生じる可能性	商品デザインが類似し告発された事例。ニューヨーク・タイムズによるOpenAIの提訴
	プライバシー侵害	訓練データにプライバシーに関わる情報が含まれる可能性	イタリア政府は、GDPR（一般データ保護規則）違反の疑いなどを理由にChatGPT使用を一時禁止。ChatGPTがバグにより個人データを漏洩
	自然環境へのインパクト	訓練時に大量の電力や水を消費することによる環境影響	生成AI用のGPUのデータセンターが増加し、特に立地の問題がある地域では大きなリスクになる
	意図的なアルゴリズム	自身に都合のよいアルゴリズムを作成し利用	医療保険請求の拒否や対象限定などで疑いのある事例が複数。法律違反の事例も存在
	モデル構築時の労働問題	有害データの除去など危険かつ集約的労働が関わっている可能性	人件費削減のために途上国や小児において労働を行えば、下請けを通じていても人権問題になる
モデル利用時の懸念①悪用	危険物・兵器の拡散	薬物や兵器の製造を容易にする危険性	AIとロボットやドローンの併用の事例。自社製品が利用されたり、攻撃を受けたりする可能性の存在
	サイバーセキュリティー	サイバー攻撃のためのコード生成が容易かつ巧妙になる可能性	コード生成の自動化による不正は、今後増加する可能性がある
	偽情報・プロパガンダ生成	フェイクニュースの生成やなりすましでの利用	ディープフェイクでCEOが2500万ドルを海外送金、ナチスの画像生成、偽著者名での記事作成でCEO解任など、事例多数
	有害コンテンツ生成	性的コンテンツ、ヘイトスピーチの生成など	多数事例がある。意図的ではないが、塩素ガスを生じる食事アプリ提案の事例など
モデル利用時の懸念②誤用	ハルシネーション（幻覚）	無意味または誤った内容が真実であるかのように生成される	存在しない記事をChatGPTが引用して法学部教授をハラスメント加害者として名指しした事例
	情動的介入・過度な擬人化	意識や人格を持っているような錯覚をユーザーに与える	チャットボットに促された自殺の可能性に関する報道が複数出ている
	情報漏洩（機密情報など）	生成AIへの入力（プロンプト）に含まれる機密情報の流出懸念	企業内情報や機密情報について、意図せざる漏洩の事例
	生成データや反応の誤り	誤ったデータ生成、音声や画像生成、反応により企業や個人に損失が発生	チャットボットの利用で、顧客に過大な請求や過剰な割引が発生（自動車など）、顧客を罵倒、摂食障害のユーザーに無許可の食事アドバイスした事例。誤データ含むジャンクサイトでの広告収益事例

種類	論点	概要	備考（具体的事例や懸念など）
社会への広範な影響	データ汚染	ネット上にAI生成物があふれることによる、言論空間の混乱など	ネット販売での商品エラーメッセージの急増
	社会的バイアス	学習データに含まれるバイアスが強化される懸念	「CEO」などの特定の社会的立場にひも付けて生成される画像のジェンダー・人種バイアスの事例
	教育への影響	教育方法への悪影響、教育現場に混乱をもたらす懸念	小中学校、大学などでの活用のメリットと課題に関する議論。学校別、教師別に対応が分かれている
	創作文化への影響	クリエーター市場への影響、著作権性の見直しも含む広範な影響	イラストレーターや漫画家などが、画像生成AIの適切な使用や法整備などを求める提言
	民主主義への影響	偽情報やAIによるノイズ情報が、選挙などの民意形成に及ぼす影響	選挙や戦争などにおいて多数発生
	労働経済への影響	労働者のAIへの置き換えなど	ハリウッドでの映画脚本家らによるストライキ発生
未知の影響	未知のAIがもたらすリスク	自律性を高めた今後のAIが、予期せぬ挙動をもたらす懸念	AGI (Artificial General Intelligence)、超知能 (Superintelligence) の問題として議論されてきた

出所：CRDS研究開発戦略センター「人工知能研究の新潮流2〜基盤モデル・生成AIのインパクト〜」（https://www.jst.go.jp/crds/pdf/2023/RR/CRDS-FY2023-RR-02.pdf）に、Partnership on AI「AI Incident Database」（https://incidentdatabase.ai/）の事例などを加筆して筆者作成

れるようになると、リスクや事故が増加するであろうことは、容易に想像でき、その際の責任の所在や新たな対応方法も求められます。AIと先端技術を併用することは今後増加し、リスクも拡大するため、今後対応の必要性が高まると考えられます。

　なお、生成AIを含めたAIの開発、普及は急速であり、既存の法規制等では対応しにくく、今後一層その傾向は加速すると考えられます。このことは企業にとっては、既存法規制に従うのみでなく、新たな法規制やガイドラインへ対応、さらに企業が自主的にAIガバナンスやコーポレート・ガバナンスとして対応する必要性を生じますが、この点については別途考察します。

9-4-2　日本の内部統制制度変化と対応の必要性

　ここから、2024年4月から改訂版が適用される、金融庁の内部統制報告制度（J-SOX）について示します。この点については、概要や不正に関わる内容を**2-4-2**にも示しましたが、以下ではITに関して構築すべき統制を中心に示します。

　金融庁による内部統制の目的は、業務の有効性および効率性、財務報告の信頼性、事業活動に関わる法令などの順守、資産の保全の4つを達成することです。今回の改訂の背景には、海外子会社での不正による相次ぐ決算の訂正や、内部統制報告書に訂正があった場合の内容が不十分、といったことがあるとされています。また、「経営者はIT環境の変化を踏まえて慎重に判断し、必要に応じて監査人と協議を行うべきである」と金融庁は指摘したとされています。

　内部統制を整備・運用する際に欠かせない基本的要素には、①統制環境、②リスクの評価と対応、③統制活動、④情報と伝達、⑤モニタリング、⑥ITへの対応があります。今回のJ-SOX改訂では、⑥ITへの対応において、クラウドやリモートアクセスなどの様々な技術を活用するにあたって、サイバーリスクの高まりを踏まえ、情報システムに関わるセキュリティーの確保について追記されました。ITに関する業務を外部組織に委託するケースもあり、ITの委託業務に関わる統制の重要性も追記されました。

　また、④情報と伝達として、大量の情報を扱い、業務が高度に自動化されたシステムに依存している状況では、情報の信頼性が重要であることが追加されています。従来のマニュアル型の統制からデジタル化、AIの利用に伴うシステム依存型の統制になりつつある中で、リスクや課題を検討し、システム開発や導入の段階からどのようにして財務報告に関連する情報の信頼性を確保していくのか、検討していくことが求められているのです。

　デジタル化やAI導入の前提として、改ざん、なりすまし、情報喪失防止、透明性、信頼性、セキュリティーの確保などが求められ、内部統制を適切に構築していく必要があります。また、AIの利用においては、AIの判断をどのように検証するのか、どのようにセキュリティーを確保するのか、予期せ

ぬ状況においても適切な処理が可能なのか、など内部統制上の課題が多くあります。課題への対処方法として、判断や処理に人が介在して検証することや、AIモデルの定期的な精度検証実施が挙げられます。またセキュリティーの確保に対しては、IT全般統制において防御統制を構築するなど、状況に応じて適切な内部統制を構築することが考えられます。

今回の内部統制報告制度の改訂は、AIをターゲットとしているわけではありませんが、その動向や事例に注目し、自社の取り組みに生かしていくことが望まれます。法規制への準拠、また企業リスクの軽減といった点から、具体的な内容や事例を注視し、自社業務や事業に生かしていくことが必要と考えられます。

J-SOXは財務報告の信頼性確保が目的とされていますが、米国など海外ではIT全般の統制やそのための基準検討も進んでおり、海外事業のみならず、国内の法規制変化にもつながる可能性があり、そこにも注目する必要があります。J-SOXの基準で具体的にITに関連した「構築すべき統制」には、「IT全般統制」と「IT業務処理統制」があります（**図表9-14**）。

図表9-14　J-SOXにおけるITに関して構築すべき統制

項目	IT全般統制	IT業務処理統制
統制の内容	• システムに不正や誤作動が起きないように開発や保守・運用体制、情報セキュリティー、外部委託先の管理において整備・運用する統制 • 職務分掌が確立しているか	• システムが正しく動作していることを保証する統制 • システムロジックに誤りがない • アクセス管理機能を持つ
具体的例	• 開発担当者と運用担当者を明確に分ける • プログラムの修正担当者と本番への移行する担当者を分ける • プログラムの改ざんを防ぐために、どの機能にもアクセス可能な「特権ID」の管理方法が確立している • 委託先の運用状況を確立している	• 入力したデータが正しいルールに沿って計算されているか • エラー処理を確実に実行できる例外処理やエラーがあった場合に、修正の記録を残す機能があるか • ERP（統合基幹業務システム）などのパッケージソフトを利用している場合、パッケージソフトの開発元が、IT業務処理統制が確立されていることを保証する文書を作成する

出所：公表情報より筆者作成

現状のJ-SOXは「財務報告」の適正性の確保が目的で、すべての情報システムではなく、社内の他部門や監査法人の公認会計士と協議して「財務報告に関係している」と判断したシステムに対して整備・運用します。そのため、どのシステムを対象にするかは情報システム部門が決めるのではなく、経営者や全社（グループ会社を含む）の内部統制プロジェクト責任者、自社の内部統制報告書を監査する監査法人の担当者などと協議して決定することになります。いずれにしても、情報システム部門ではなく経営者や全社の内部統制プロジェクト責任者が責任を持つ必要がありますが、今後生成AIの活用などが拡大すれば、対象となるシステムや必要な統制は拡大すると考えられます。

9-4-3 「AI事業者ガイドライン」などに対応する AIガバナンスの検討必要性

本項では、「AI事業者ガイドライン」などに対応するAIガバナンスについて、より具体的な検討の必要性と、AI活用に対応するリスクマネジメントの検討プロセスを示します。

AIの利活用によって生じるリスクを受容可能な水準とするAIガバナンスについては前章（8-3-3）で説明しました。AIガバナンスは、AI原則からAIの実践へという動きにおいて、個々の企業・組織の現場で実践するべきものです。ただし、経済産業省の「我が国のAIガバナンスの在り方」（ver. 1.1、2021年7月）、「AI原則実践のためのガバナンス・ガイドライン」（Ver. 1.1、2022年1月）、「AI事業者ガイドライン」（2024年4月）という流れの中で、法的拘束力のないガイドラインとはいえ、AIを開発、提供、利活用する事業者にとっては、ある意味義務化されつつあると言えます。

「AI事業者ガイドライン」は、諸外国における各種規制やガイドラインとの整合性も検討され、自社およびステークホルダーのリスク、グローバルなリスクへの対応といった点から、企業におけるリスクマネジメントに寄与すると考えられます。また、生成AIのような急進的なイノベーションによる変化は予測が難しく、既存の法や制度に基づく固定的なゴールに対してルー

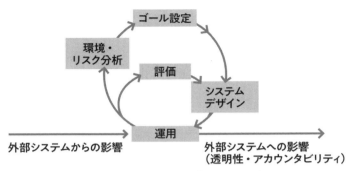

図表9-15 「アジャイル・ガバナンス」の基本コンポーネント
出所：経済産業省「GOVERNANCE INNOVATION Ver.2:アジャイル・ガバナンスのデザインと実装に向けて」
2021年7月（https://www.meti.go.jp/press/2021/07/20210730005/20210730005-1.pdf）

ルや手順を設定していく従来のアプローチによる統制は適さないため、統制手法としてアジャイル・ガバナンスが適するとの見方にも対応しています。

　アジャイル・ガバナンスでは、常に変化する環境とゴールを踏まえ、最適な解決策の見直しを続ける方針を採用しており、経済産業省の定義では、「環境・リスク分析」「ゴール設定」「システムデザイン」「運用」「評価」「改善」といったサイクルを、マルチステークホルダーで継続的かつ高速に回転させていくガバナンスモデルとしています（**図表9-15**）。

　また、アジャイル・ガバナンスでは、内側の現場レベルでのフィードバックサイクルと、外側の経営層レベルのフィードバックサイクルの「二重ループ」になっていることも特徴です。AIを利用する場合、AIシステムがもたらすリスクや影響を評価し、運用しながらフィードバックを行うのが内ループです。一方で、AIに関わる環境・リスク分析を行い、ゴール設定を行いつつ、現場レベルでの評価や対策を実施するための組織や体制などを評価し改善するのが、外ループです。コーポレート・ガバナンスとの関係では、後者の外ループの役割が経営層の果たすべき役割として特に重要です。

　AIのリスクマネジメントや便益を踏まえ、行動目標をするにあたっては、以下の点を検討する必要があります。

・自社の位置付け（AI開発者、AI提供者、AI利用者、その他）

図表9-16　行動目標一覧

項目	ポイント
1.環境・リスク分析	1-1 便益/リスクの理解 1-2 AIの社会的な受容の理解 1-3 自社のAI習熟度の理解
2.ゴール設定	2-1 AIガバナンス・ゴールの設定 **2-2 コーポレート・ガバナンス・ゴールの設定**
3.システムデザイン	3-1 ゴールと乖離の評価および乖離対応の必須化 3-2 AIマネジメントの人材のリテラシー向上 3-3 各主体間・部門間の協力によるAIマネジメント強化 3-4 予防・早期対応による利用者のインシデント関連の負担軽減
4.運用	4-1 AIマネジメントシステム運用状況の説明可能な状態の確保 4-2 個々のAIシステム運用状況の説明可能な状態の確保 4-3 AIガバナンスの実践状況の積極的な開示の検討
5.評価	5-1 AIマネジメントシステムの機能検証 5-2 社外ステークホルダーの意見の検討
6.環境・リスクの再分析	6-1 行動目標1-1 〜 1-3の適時の再実施

出所：経済産業省、総務省「AI事業者ガイドライン案 別添（付属資料）」2024年1月（https://www.meti.go.jp
/shingikai/mono_info_service/ai_shakai_jisso/pdf/20240119_2.pdf）

- 自社にとってのステークホルダー
- 自社にとっての外部環境
- 基本理念（サステナビリティー、ウェルビーイング、多様性確保など）
- 指針（人間中心、安全性、公平性、プライバシー保護、セキュリティー確保、透明性、アカウンタビリティー、教育・リテラシー、公正競争確保、イノベーションなど）
- 実践方法（AIリスクへの対応方法、AI便益の確保方法）
- AIガバナンスを含むコーポレート・ガバナンスの構築

　図表9-16に、AIガバナンスを含むAIに関わるコーポレート・ガバナンス・ゴールの行動目標を設定するための検討一覧を示します。この一覧は、基本的にはAIガバナンス策定を念頭に置いていますが、AIリスクへの対応、AIの便益活用の視点を含めて、コーポレート・ガバナンスの視点を踏まえた検討をすることが必要です。

図表9-17　経営層レベルと現場レベルの二重ループで必要な対応の検討例

プロセス	経営層レベル	現場レベルでの対応
分析、評価	●経営層レベルのリーダーシップ、コミットメント ・AI利用の目的、自社のAI習熟度、リソース等の理解などの明確化 ・AI原則順守、「AIポリシー」のような形での対外宣言 ●ガバナンス体制の設計と実装 ・AIに関わる環境・リスク分析 ・AIガバナンスの体制整備（組織全体の方針、プロセスの検討） ●コーポレート・ガバナンス視点での検討 ・バリューチェーン視点でのガバナンス検討 ・外部のステークホルダーとの連携、情報共有などの検討 ・外部の専門家、3ラインモデルでのリスクマネジメントなどの活用	●影響評価の実施 ・ステークホルダーへの利益とリスクのマッピング ・AIインシデント、不祥事などの事例参照 ・リスクの影響度検討（重大度×発生確率、ストレステストなどの実施） ・ステークホルダーとの対話などによる問題点抽出や社会受容性の検討 ●リスクへの対応 ・選択肢の検討（保有、軽減、移転、回避） ・リスク軽減のための技術的措置、リスク回避のためのアルゴリズムなどの検討 ・開発者、提供者、利用者の連携での対応（契約でのリスク回避や軽減を含む）
運用、改善	●モニタリングと評価 ・定期的なモニタリングの実施 ・第三者認証などの活用 ●ガバナンス体制の評価、改善 ・目的・目標達成状況の確認 ・ガバナンス体制の改善	●モニタリングと評価、改善 ・データやアルゴリズムの説明可能性の検討、改善など ●記録と開示、ステークホルダーとの対話 ・ステークホルダーへの報告の視点を含む記録と開示

出所：公表情報より筆者作成

　以上を踏まえ、前述した二重ループで、具体的に経営層レベル、現場レベルで対応すべきことをより具体的に検討して示した例が**図表9-17**です。

　図表9-17の検討項目や検討などはあくまで例示であり、実際には企業は自社の規模やリソース、事業の概要、置かれた外部環境やその変化に対応し、個別に企業別に検討する必要があります。AI利用に関わるコーポレート・ガバナンスの視点では、以下の点に特に留意する必要があると考えられます。

　第一に、基本的なことですが、AIガバナンスに関しては現場レベルでの対応が中心に見られがちですが、経営層レベル、全社レベルでの対応が不可

欠なことです。これは生成AIなどによるAIの重要性の高まり、不祥事の発生予防やリスク対応とともに、AIのプラス効果を積極的に取り入れることが求められるためです。法規制やガイドラインの変化への対応、AIポリシーの策定、自社に合ったガバナンスルールの策定、社内での活用ガイドラインの展開なども経営層が主導的に行うことが望まれます。

　第二に、AI、特に生成AIでは、自社単独で対応することに限界があり、AI開発事業者、AI提供事業者、AI利用事業者がバリューチェーンとして連携して対応し、また広くステークホルダー視点に立ち、対応することが重要です。この点も、全社レベル、経営者レベルで対応しなければなりません。

　第三に、アジャイル・ガバナンスということで、経営層レベル、現場レベルの二重ループでの対応になっているのですが、現場レベルでの対応の妥当性や組織ごとの対応の整合性や連携などについては、全社レベルでの対応が求められることです。現場レベルでの迅速な対応も必要ですが、より中長期的視点での体制整備や組織的対応は非常に重要です。また、生成AIなどのAIや先端技術を全社的視点で導入し、リスク予防やリスク対応に活用することも考えられます。

　こうしたアジャイル・ガバナンスのアプローチによって、企業が生成AIを最大限活用することを支援するツールとして、リスク管理マトリクスが紹介されています（**図表9-18**）※9。リスク管理マトリクスは、生成AIに関連する機会・リスクと、生成AIのエコシステムを構成するステークホルダーを軸とし、生成AIに関連する各情報が企業の統制目標のどの部分に影響を与えるかを可視化するものとされています。リスクへの対応内容を詳細に検討することが目標ではなく、必要な専門性を特定し、リスクへの対応内容の検討をリードすべき者と関与すべき者を明確にすることで、個別の検討によって対応内容の詳細が定まった後、必要に応じてマトリクスにフィードバックすることが目標とされています。その際、以下の3点を明確化することが重要とされています。

①リスクの全体像の整理

カテゴリ	自社内の利用*1	自社サービスの提供*2	政府・当局による規制	第三者からの影響
イノベーション ビジネス （機会）	生産性の向上 従業員満足度向上 セキュリティ対策等への生成AI活用	品質向上、新規性 劣位な市場の逆転	補助金等の可能性 DX銘柄等	協業先の品質向上 競合の品質向上 優位な市場の逆転
倫理・社会 説明責任	不正確な出力による混乱、ミス[11] 不適切なコンテンツの作成 説明可能性の欠如 デジタル格差	不正確な出力による混乱、損害 社会的バイアス、不公平の増強 不適切なコンテンツの公開 学習データの透明性	過剰な発展への懸念 不適切なコンテンツの学習・生成に関する規制 ポリティカルコレクトネス 国・地域間における方針のギャップ	社会的バイアス、不公平の増強 他社起点の社会的混乱への巻き添え
著作権 ライセンス	他者の著作物を不作為に利用 自社の著作物が外部のAIモデルに学習される ソフトウェアライセンス違反	他者の著作物を不作為に外部提供 ユーザーの著作物を意図せず学習・外部提供 ソフトウェアライセンス違反	生成AIの特性を踏まえた著作権法等の対応 著作権に関する海外規制対応	自社の著作物が第三者のAIモデルに利用される 利用しているAIモデルに著作権法違反が発覚
プライバシー	他者の個人情報を不作為に利用 自社の個人情報が外部のAIモデルに学習される	他者の個人情報を不作為に漏えい ユーザーの個人情報を意図せず学習、漏えい	生成AIの特性を踏まえた個人情報保護等の対応 GDPR等海外規制対応	自社の個人情報が第三者のAIモデルから漏えい 利用しているAIモデルにプライバシー侵害が発覚
セキュリティ 安全性	自社の機密情報が外部のAIモデルに学習される	自社の生成AIサービスの脆弱性を侵害される 自社の生成AIサービスが悪意ある利用をされる 他者の機密情報を不作為に外部提供	生成AIの特性を踏まえたセキュリティ規制対応 海外規制対応	サイバー攻撃者が生成AI技術を悪用 偽情報の拡散・ディープフェイク 自社の機密情報が第三者のAIモデルから漏えい 利用しているAIモデルに脆弱性が発覚

*1 グループ会社等での利用を含むことも想定される　*2 他社向けの受託サービス等を含むことも想定される

■：機会　■：リスク

図表9-18　生成AI管理マトリクス例

出所：一般社団法人日本サイバーセキュリティ・イノベーション委員会（JCIC）「企業が生成AIの奔流を乗り越えるためのアジャイルリスク管理」（https://www.j-cic.com/pdf/report/Generative-AI.pdf）

②検討責任者・検討に参加すべき者の確認

③カテゴリー軸に対応した分析、施策の検証（妥当性・網羅性）

9-4-4 米国COSOによるAI利用における内部統制の ガイダンス

　ここでは、J-SOX検討のもとになっている米国COSOにより示された、AI利用における内部統制のガイダンスを紹介します。2021年9月、米国COSOが、「AIの可能性を最大限に引き出すためのガイダンス（AIの実装と拡張に役立つCOSOフレームワークと原則の適用）」[※10]を公表しています。発表の時期から生成AIを考慮に入れていないと考えられますが、参考資料として概要を示します。COSO（Committee of Sponsoring Organizations of the Treadway Commission、トレッドウェイ委員会支援組織委員会）は、内部統制に関する国際的フレームワークを策定する組織で、内部統制を全社的リスクマネジメント（ERM）に不可欠な一部分、全社的リスクマネジメントはガバナンスの一部分と位置付けています。

　同ガイダンスでは、AIがもたらすリスクについて以下を例示しています。

- 不適切または不十分なデータによるバイアス（偏り）および信頼性の低下。
- AIモデル（アルゴリズム）による意思決定プロセスのブラックボックス化。
- 不適切なデータ利用。
- データの不正入手やAIモデルの不正操作を目的とした攻撃に対する脆弱性。
- AI技術の急速な適用と変化による社会的ストレス。

　このガイダンスでは、公平性、堅牢性（けんろう）、プライバシー、安全性、説明責任、透明性などの要素を含むフレームワークを紹介しています。AIとしては、深層学習（ディープラーニング）や、決定木、クラスタリング、回帰などの非深層学習も想定し、生成AIや識別AI以外も含めています。

　本ガイダンスの概要を図表9-19に示し、ポイントを以下に列挙します。

- AIの導入戦略は、組織の上層部からの統制とする。
- 企業戦略策定の際に、AI導入や活用で、どの程度リスクをとるかを検討

図表9-19　米国COSOによるAI利用における内部統制のガイダンスの概要

項目	概要
Governance and Culture （ガバナンスおよび文化）	・組織のピラミッドの頂点からAIへの統制をかけることが必要（AIの導入や活用に関して、経営層が積極的に関与できる体制になっている組織は多くない） ・画一的なAIリスクマネジメントフレームワークは存在しないが、COSO-ERMを補完するフレームワークとして採用することが望ましい
Strategy and objective-setting （戦略および目標設定）	・企業戦略を策定する際、AI導入や活用に関する戦略やリスク選好（リスクをどの場面でどこまで積極的に取るかなどの方針）も併せて検討する必要がある ・AIモデル（AIのアルゴリズム）や利用対象となるビジネスごとにリスク特性も変わる可能性が高く、それぞれで戦略やリスク選好を検討することが望ましい
Performance （パフォーマンス）	・AIモデルや活用するビジネス別のリスクアセスメント実施が望ましい ・リスクアセスメントには、リスク特定や分析・評価を助けるリスクマネジメントフレームワークなどを活用することが望ましい ・AIのリスクアセスメントやリスク対応の結果を、リスクや課題の大きさ、管理の進捗状況などで情報をまとめ、経営層に報告できるようにすることが望ましい
Review and Revision （レビューおよび修正）	・AIのリスク対応のモニタリング、リスクマネジメントの在り方や運用の仕方のレビューを行い、継続的改善につなげられる仕組みを確立することが望ましい ・どのようなリスク分類でリスク認識や管理を進めるのがよいか検討し、継続的改善を図っていくことが望ましい
Information Communication and Reporting （情報、コミュニケーションおよび報告）	・AIに関するリスク情報やリスク対応結果、課題などについてどのように組織内外とコミュニケーションをとるか明確化することが望ましい ・AI情報の受け手の感情に留意する点も加味したコミュニケーションプロセスの確立が重要 ・風評リスク顕在化などの危機発生時のクライシスコミュニケーションや危機対応、危機管理についても検討し、確立しておくことが望ましい

出所：COSO「REALIZE THE FULL POTENTIAL OF ARTIFICIAL INTELLIGENCE (APPLYING THE COSO FRAMEWORK AND PRINCIPLES TO HELP IMPLEMENT AND SCALE ARTIFICIAL INTELLIGENCE)」(https://www.coso.org/_files/ugd/3059fc_e17fdcd298924d4ca4df1a4b453b4135.pdf) より筆者作成

する。

- AIモデル（アルゴリズム）でリスクが変わりビジネス別の検討が必要である。
- リスクや課題の大きさ、リスクマネジメントの進捗状況を経営層に報告する。

- モニタリング、運用をレビューし、継続的改善につなげる仕組みを確立しておく。
- リスクに関する組織内外とのコミュニケーション方法を確立しておく。
- 風評被害など、AIによる情報の受け手の感情も含めたコミュニケーションプロセスを確立しておく。
- 危機発生時の危機対応、危機管理の事前対応を確立しておく。

9-4-5　法規制の活用と、法規制にのみ頼らない対応の必要性

　AI、特に生成AIの技術変化の速さ、それに伴う利用法の拡大、一方でリスクの増加については既に示したとおりです。そのため、数年もかかる法規制への対応のみでは遅く、より迅速な対応が必要で、9-4-3で示した企業におけるアジャイル・ガバナンスの策定、実施が望まれます。

　海外と比較すると、日本は現在のところEUと異なり、AIを包括的に規制する法制度はなく、また生成AIの活用は著作権の点から比較的行いやすいという見方もされています。ただし、これらの点は技術革新や国際的な整合性などから急速に変化しており、AIに関わる法規制を理解して順守しつつ、その変化や限界も認識して、企業の意思決定を行う必要があります。実際に、既存の法規制を順守していても企業におけるリスクや不祥事が増加し、その傾向が今後加速する可能性もあります。**図表9-20**は以上の視点でのAIに関わる法規制の活用とその限界、および今後の変化の方向性などを示したものです。

　ここに示した法規制は最近改正されるか、今後法改正が進む可能性があるものが多く、最新の状況をチェックし順守し、活用する必要があります。一方で、9-4-3に示したアジャイル・ガバナンスのような形で、企業独自の対応を行うことも必要です。特に留意すべき点として、AI、特に生成AIの特性から、事象や出力が確率的で、また関連事業者が不明確、ソフトウエア主体で、責任や欠陥が不明確な場合が多いことがあります。このことは、法制度上は損害賠償責任が問われにくくても、道義的、倫理的、社会受容性の面

関連法など	考えられる利用法、生じ得る問題点	利用が考えられる法規制、対応・検討の方向性
個人情報保護法	学習段階、サービス提供段階での順守	• チャットボット利用、海外転送利用などで留意
	個人情報保護とデータ利用の両立	• 「匿名加工情報」などの活用
	医療分野などでの匿名加工情報の利用	• 次世代医療基盤法などの活用、細かい検討必要
不正競争防止法	データやアルゴリズムの活用	• 営業秘密の侵害やコピー商品販売に該当しないことを確認
	地図データや機械稼働データ、人流データ活用	• 営業秘密に当たらない「限定提供データ」活用（2018年改正）
著作権法	著作物のAI学習データ利用	• 2017年の法改正での利用可能性。2024年の文化庁の考え方や事例の参照 • 海外ではより法規制が厳しく、留意必要
規制分野での法規制	自動運転での活用	• 改正道路交通法（2023年）への対応。記録や形式認証の必要性。損害賠償責任や保険適用、製造物責任の問題
	金融分野での活用（クレジット会社での与信判断）	• アルゴリズムを使った与信額の判断は可能（2021年の割賦販売法改正による）
	医療分野での活用（AI活用画像診断など）	• 「プログラム医療機器（SaMD）」による承認 • 医療行為自体のAI利用には、医師法などの順守必要
	法務分野での活用	• 契約作成、契約レビューサービスは弁護士法に違反せず利用可能（法務省による2023年8月指針）
アナログ規制	分野横断的なAIによる代替（目視義務、実施検査義務、定期検査義務、常駐規制など）	• アナログな方法でのコンプライアンスや方法を定めた法令や通達は1万件以上とされる • 「デジタル手続法」（2023年6月）による改正 • アナログ規制に代わる技術を掲載したテクノロジーマップ公表（2023年10月）、その利用を検討
民法上の不法行為	雇用差別などでの損害賠償責任	• 民法709条適用の可能性 • AIは確率的で人間のコントロールが難しく、責任の所在も不明確なため、損害賠償となるか不明確 • 生成AIでは、男女差別、雇用差別などの出力可能性
製造物責任法	AIと一体化したもの（自律走行ロボット、自律走行ドローン等）での損害賠償	• AIのみではソフトウエアで対象にならず、AIの欠陥も判定しにくいが、今後損害賠償などの可能性はある
公正競争に関する法律	AIをもつ一部の事業者に支配的な力が生じ、競争のひずみが生ずる（AI利用での検索順位決定の主要事項開示などの必要性）	• デジタルプラットフォーム取引透明化法（2020年）で、関連事業者に対し、取引条件などの情報開示や公正性確保、運営状況の報告などを義務付け • 公正取引委員会での検討もあり、今後留意が必要

出所：公表情報より作成

などから責任が問われる可能性を意味します。特に今後AI利用のロボット、AI利用の自動運転などが普及してくると、製造物責任で損害賠償が問われるといったことが増加する可能性があります。いずれにしても、法規制のみでなく、企業が自主的に、またステークホルダーや社会を含む視点で、ガバナンスを検討し、実行する必要があると考えられます。

AI時代のベンチャーガバナンス

第 10 章

Venture Governance in the AI Era

10-1
AIの将来と コーポレート・ガバナンスへの活用

　最終章では、本書で示したベンチャー企業にとってのコーポレート・ガバナンスの分析を踏まえ、将来の見通しを含めたAI時代のベンチャー経営にとってのガバナンスを考察します。特に、不祥事の未然防止や企業価値の継続的な上昇を目指す上で、ガバナンスとして特に注力すべきポイントを示します。将来見通しや今後のあるべき姿は現状の延長ではなく、推測、予測が必要であり、その視点を踏まえて検討します。本章前半の内容は主に米国の文献から情報を得ていますので、日本の状況や法制度と異なる面もあると考えられますが、先進的な検討例として参考になるとの判断から紹介し、著者独自の判断を一部加えています。

　本節では、生成AIの活用の可能性が広がる場合、会社組織、取締役の役割変化などにどのような影響があるのかを紹介します。次いで、人間と同等かそれ以上の機能を有するAGI（汎用人工知能）が実現した場合の検討例を紹介します。これらを受けて、技術的な進化、自律性、汎用性という視点でのAIのコーポレート・ガバナンスへの活用可能性について示します。

10-1-1　生成AIのコーポレート・ガバナンスへの活用

　図表10-1に示しているのは、コーポレート・ガバナンスにおいて生成AIの活用・リスクと、求められる取締役、監査役、各種委員会の対応です。この表をもとに以下に5点指摘します。ただ、生成AIの技術進化は速く、法規制やガイドラインの変化も想定され、現段階での一つの見方として捉えてください。個別の企業でどう対応すべきかは、それぞれの企業で検討していただく必要があります。そのためには、経営者は生成AIの有効性、課題を適切に把握するなど、リテラシーを向上する必要があります。

図表10-1　生成AIにより可能になる機能と求められる取締役などの対応

担当（例）	生成AIの活用、リスク	担当組織、人材の役割（例）
取締役／取締役会、監査役	取締役の意思決定、職務、活動への活用	• 取締役の受託者責任の履行は継続 • 善管注意義務が必要
	財務報告や有価証券報告書作成、チェックなどへの活用	• 取締役会は、企業が財務報告の内部統制および開示管理と手順に関連する生成AIの機能使用を経営陣に確認する必要
	監査人、コンサルタントなどからの情報における生成AIの利用	• 生成AIの使用と依存に関連するリスクに留意する必要
	機密情報を含むデータのトレーニングデータとしての活用	• 社名や他社固有の情報、個人を特定する情報、非公開情報に言及しないこと
監査役／監査委員会、	財務諸表の作成と監査における利用	• 生成AI使用の理解、企業の内部統制システムに対する生成AIの役割と影響の分析、対応に対する理解とチェック
	生成AIのリスクを含むガイドライン、憲章	• 生成AIで作成し、他の取締役会、委員会にも同様の措置を推奨可能だが、基本的な考え方の検討は人間が行う必要
指名委員会、ガバナンス委員会、	取締役候補者を特定、精査、提案	• 外部を含むCEO候補などの抽出、選定のための情報収集、提案、1次評価
	取締役のスキル、経験の評価	• スキルマップの作成、経営戦略実現のためのスキルギャップの確認
報酬委員会	取締役の報酬の独自な設計	• 会社、取締役会の規模、業界などのパラメーターに基づいて、取締役の給与に関する情報および推奨事項をAIが生成、最終的に取締役会で決定
	報酬設計、評価などにおける外部コンサルでの生成AI利用	• 外部コンサルの生成AIの利用などについてのチェックが必要
	従業員の給与、人的資本の管理	• 従業員の雇用、評価、報酬に関連して偏見や不公平な決定をもたらす可能性を検討。十分な法規制のチェック、自社利用での妥当性検討が必要
全体／リスク／戦略委員会、取締役会	多様なリスクの把握、評価	• 業界、企業に影響を与える規制、訴訟、気候、サイバー、人的資本、政治、サプライチェーンなどのリスクを総合的に評価する必要
	潜在的な脅威、リアリティーの検討	• 格付け会社、競合他社などの動向の評価、予測、リアリティーのチェックを実施

出所：Lawrence A. Cunningham, Arvin Maskin and James B. Carlson, Mayer Brown LLP, 2023「Generative Artificial Intelligence and Corporate Boards: Cautions and Considerations」(https://corpgov.law.harvard. edu/2023/06/21/generative-artificial-intelligence-and-corporate-boards-cautions-and-considerations/) を参考に筆者作成

（1）取締役会、取締役での活用

　生成AIは、企業の取締役の根本的な受託者責任を変えないと考えられます。取締役会の意思決定にAIを使用または組み込むことは、受託者責任を履行する従来の手段に代わるものではありません。例えば、取締役は注意義務に従い、十分な情報に基づいて必要な注意を払い、企業とその株主の最善の利益になると誠実に信じて行動しなければなりません。また、企業の取締役は、企業情報の機密性を保護するなど、忠実に行動する必要があります。生成AIが企業のポリシーや有効性に課題を提起する一方で、重大なリスクを検知できるツールに変化した場合、関連する監督機能が企業取締役会の受託者責任の範囲内に収まると考えるのが合理的と考えられます。そのためには、取締役会が誠意を持って行動し、経営陣が生成AIに対する適切な制御システムを維持するように努め、合理的な注意を払う必要があります。

　生成AIの活用について、取締役が留意すべき点として、以下が挙げられます。

①生成AIの機能、位置付けの理解

　生成AIは人間ではなくツールであり、コーポレート・ガバナンスや経営管理など、いかなる分野においても専門知識、経験、資格を保有せず、取締役とは異なり、生成AIは受託者責任を負わないことを理解する必要があります。

②生成AIの不正確、不完全、偏った情報の可能性への留意

　生成AIは一般に入手可能な事実情報を入手し、アイデアを生成し、問題を特定し、リストを作成する貴重なツールとなりますが、少なくとも現時点では、正確性、完全性、偏見、説明可能性などについて課題があり、アウトプットの信頼性の精査は人間が行う必要があります。

③機密情報、プライバシー、サイバーセキュリティーのリスクの考慮

　生成AIは、ユーザーのデータややり取りをトレーニングデータとして処理して保持し、これを出力の品質向上に利用します。そのため、機密情報や

データの意図しない開示を含む、プライバシーとサイバーセキュリティーのリスク、それに伴う法的リスクの考慮が必要になります。企業の機密情報や、顧客の個人情報を含まないか、それらを適切に処理して活用しているかの検討、対応は必須です。

　生成AIにまだ対応していない企業の場合、取締役会は経営陣に生成AIに関するハイレベルな初期報告書を求め、この件について経営陣との話し合いを検討することが必要です。できれば生成AIの使用法とリスク管理を行う管理責任者を配置することが望まれます。具体的には、生成AIツールが競争力、革新性、戦略性などの機会をどの程度創出するか、および運用面での破壊的影響、コンプライアンス、財務上のリスクがどのようなものかを評価することが必要です。

　AIのミッションが重要で、規制順守/安全リスクに関連している米国企業の場合ですが、取締役会は以下を考慮することが提案されています。

- 取締役会メンバーはAIの専門知識を習得、またはトレーニングする。必要に応じて外部のコンサルタントまたはアドバイザーを使用する。
- 主にAIの監督とリスク責任を負う上級管理者を選定する。
- 会社にとって重要なAIリスク、およびAIリスクに対処するためのリソース、利用可能性や割り当てなどを担当する関連取締役の役割を明確化する。
- 定期的な更新、重大なAIインシデントの報告、調査の管理などに関わる取締役会を実施する。
- インシデント対応、内部通報プロセス、AIベンダーリスクなどの主要領域をカバーし、実際に機能するポリシーと手順を検討、コンプライアンス/リスク管理、および監視するための適切なシステムを保有する。

(2) 監査委員会と監査役での活用

　上場企業の監査委員会、監査役は、財務、法的、規制上のリスクを特定、監視、評価する責任を負い、生成AIによるリスクが含まれるか判断する必要があります。監査委員会は、独立監査法人と緊密に連携し、財務諸表の作成と監査において、生成AIがどのように使用されているかを理解するとと

もに、企業の内部統制システムに対する生成AIの役割と影響に関連して経営陣と協力する必要があります。

(3) 指名委員会、ガバナンス委員会での活用

　上場企業の指名委員会やガバナンス委員会も、コンサルタントや他のアドバイザーがプロセスや分析で生成AIをどのように使用しているかを理解する必要があるかもしれません。これは、アドバイザーがコーポレート・ガバナンスのベストプラクティスを特定する方法から、採用担当者が取締役候補者を特定、精査、提案する方法まで多岐にわたります。

　指名委員会とガバナンス委員会にとって生成AIは様々なタスクに役立つ可能性があり、その一つは企業戦略の推進のために、現在の取締役のスキルと経験を評価することです。現在のスキルと理想的に持つべきスキルのギャップを特定し、それを埋めるための模索は骨が折れますが、生成AIはそれを軽減できると考えられます。例えば、取締役会によって企業戦略が明確化されると、生成AIは関連するスキルセットと経験を明確化し、生成AIに取締役などの既存のスキルセットと経験の概要を与えると、ギャップに関するステートメントを受け取ることができます。このような方法は取締役会の判断に代わるものではありませんが、追加の有益な情報が得られる可能性があります。

(4) 報酬委員会での活用

　報酬委員会は、報酬モデルの開発や提案において、コンサルタントなどが生成AIをどの程度使用しているかを認識する必要があります。さらに、一部の報酬委員会では、人的資本管理やその他の人事慣行にも生成AIの考慮がますます重要になりつつあります。米国ニューヨーク市および米国連邦EEOC（雇用機会均等委員会）による最近の規制イニシアチブによると、提案されている規制では、従業員の雇用、評価、報酬に関連して偏見や不公平な決定をもたらす可能性のある生成AIの適用を一般に禁止する予定とされます。採用されれば、関連する規制が企業の人事および管理慣行の標準機能となる可能性があります。

生成AIは、ボードが直面する最も厄介なタスクの一つである、独自の報酬設定に役立つ可能性があります。今までは回避できない利益相反を引き起こす可能性があり、米国ではこのような取締役会の決定は、公平性を図るために厳しい司法審査を受けてきました。

報酬委員会または指名およびガバナンス委員会は、取締役会や委員会の規模、会社の規模と業界、会議の頻度などの一連の指定されたパラメーターに基づいて、取締役の給与に関する情報および推奨事項を生成するAIを使用できます。取締役は情報を検討して最終決定を下す必要がありますが、AIを適切な方法で使用することで、他の方法では難しいプロセスにある程度の独立性を加えることができます。

(5) リスク/戦略委員会または取締役会全体の役割

必須ではありませんが、取締役会は、リスクや戦略などの分野、またはサイバーセキュリティーやテクノロジーなどの特定の分野を監督することを目的としたリスク管理委員会を設置している場合があります。このような委員会を設置している取締役会では、生成AIによる応用やリスクが取締役会やリスク管理委員会の検討範囲内に含まれる可能性があります。また、委員会を設立していない企業にとっても、生成AIは非常に幅広い応用とリスクが想定されます。

急速に変化し増加する生成AIはリスクと機会の両方をもたらし、より効率的かつ効果的にする方法を取締役会全体で検討することが有益です。取締役会は、気候変動、サイバーセキュリティー、人的資本管理、サプライチェーン監視、そして生成AIなど多様なリスクを予測し、対処することが、株主、従業員、顧客、サプライヤー、規制当局、地域社会など、多数の強力かつ重要なステークホルダーから求められています。企業は、リスク管理、事業機会、運営のいずれの観点においても、将来的に自社に関連すると予想される分野での「早期警告」システムの構築および維持をますます求められています。取締役会は効果的に、コスト効率よく、適時に状況を確認、分析、修正できるように、従業員を律する内部統制、および経営陣を律するコーポレート・ガバナンスの使命を追求することで、企業価値が向上し競争上の優位性

も生まれます。

　生成AIは、意思決定を改善し、リスクのレベル検討、構造的なインセンティブ付与、社内ポリシー策定の手順と管理、緊急時への備え、コミュニケーション戦略推進、リソースの投入検討、ビジネス目標の調整などに役立つ可能性があります。

　例えば経営者や管理者は、生成AIを用いて次のことができます。

- 業界に影響を与える動向や戦略的な質問を生成AIに提起する。
- 業界に影響を与える規制、訴訟、またはその他のリスクについて質問する。
- 企業や業界が、気候、サイバー、人的資本、政治、サプライチェーンなどの様々な特定のリスクにどのように立ち向かい、対応するかを尋ねる。

　生成AIに対して批判的な目は必要ですが、注意深く慎重に使用すると効果的で、次のような別の一連の視点を生み出すことができます。

①脅威プロファイルの作成と意思決定の支援
　生成AIは、企業における進行中の脅威プロファイルを作成し、影響を与える可能性のある関連ニュースや地政学的な出来事を把握し分析できます。格付け会社、競合他社、その他の関連グループなどの独立した情報をフォローし、それを評価分析したり、データを意思決定者向けの戦略的および運用上のオプションに変換したりするプロセスです。

②規制動向、業界動向、クレームなどの評価、フィードバック
　生成AIは、アナリストが大量のデータを照合して問題領域を評価するのに役立ちます。例えば、規制当局や議会の動向分析、企業や業界の製品や事業に対する評価やクレームを監視する効果的なツールとして、ウェブサイト、ブログ、投稿、訴訟の傾向、法案や規制案、政府調査からの間接的なフィードバックを得られる可能性があります。

③競合を含む現実に関わるリアリティーチェック

　生成AIは、顧客、規制当局、競合他社、有識者などの意見を聞くためだけでなく、企業に現状を確認させ、競合他社が潜在的な脅威をどのように予測し準備しているかの分析を提供できる場合があります。企業に地球規模の脅威を含む外部環境の全体像を作成できる情報を提供し、企業リスクをすべての戦略的および運用上の意思決定に織り込むことをサポートできる可能性があります。

④潜在的な脅威の発見、予測

　企業のリスク管理は複雑なプロセスで、潜在的な脅威を予測するには、政治、技術、気候、サイバーセキュリティー、社会、規制、経済、法律、競争、テロリズムなど、幅広い情報を考慮する必要があります。生成AIはこのような現在の問題すべてに対する洞察を提供し、取締役会が困難な使命に対処できるよう支援できる可能性があります。

10-1-2　AGIの出現とそれに伴うリスク

　前項では、生成AIをコーポレート・ガバナンスに活用するメリット、リスク、利用法について説明しました。本項では今はまだ存在しませんが、人間と同等かそれ以上の知能を有する汎用人工知能であるAGIの利用が可能になった場合について考えます。AGIについて、その実現性や実現に際して考えるべきことを検討している研究論文がGoogle（ディープマインド）から出ていますので、それをベースに以下に示したいと思います[※1]。

　この論文では、既存のAGIの定義や原則から6段階のAIのレベルを示すために、以下のような検討が行われています（**図表10-2**）。

- AGIモデルの機能と動作を分類するためのフレームワークを提案。
- フレームワークは、自動運転のように、AGIのパフォーマンス、汎用性、自律性のレベルを導入し、モデルを比較し、リスクを評価。
- フレームワーク開発のために、AGIの既存の定義を9事例から分析し、メ

図表10-2　AIのレベル（狭い領域のAIとAGI）

レベル （AIの名称）	レベル、 能力の概要	狭い領域のAI（明確に 範囲が定められた狭い タスクまたは一連のタスク）	AGI（新スキルの学習などの メタ認知能力を含む、一般的で 広範な非身体的タスク）
レベル0 （AIなし）	非AI	計算ソフトウエア、コンパ イラ	コンピュータープログラムと人 間の知能の組み合わせ （例：Amazon Mechanical Turk）
レベル1 （新興AI）	未熟な人間と同 等か、それよりも 若干優れる	単純なルールベースのシ ステム	新興のAGI（例：ChatGPT）
レベル2 （有能なAI）	有能な成人の少 なくとも50％のレ ベル	Siri（Apple）、Alexa （Amazon）、Google Assistant（Google）	有能なAGI （まだ達成されていない）
レベル3 （エキスパート AI）	熟練した成人の 少なくとも90％ 以上の専門家	Imagen、DALL-E2（2022 年）などの生成画像モデ ル	エキスパートAGI （まだ達成されていない）
レベル4 （名人AI）	熟練した成人の 99％以上の名人	Deep Blue（2002）、 AlphaGo（2016、2017）	名人AGI （まだ達成されていない）
レベル5 （超人AI）	超人レベル（人 間の100％以上）	AlphaFold（2021）	人工スーパーインテリジェンス （まだ実現されていない）

出所：Meredith Ringel Morris（Google DeepMind）etc「Levels of AGI: Operationalizing Progress on the Path to AGI」（https://arxiv.org/html/2311.02462v2）を参考に筆者作成

カニズムではなく機能に焦点を当て6つの原則を検討。

- エンドポイントに焦点を当てずに、AGIへのパスに沿った段階を定義。
- 機能（パフォーマンス）と幅広さ（汎用性）に基づく「AGIのレベル」を提案。
- AGIの自律性やリスクなどの考慮事項について説明、高度機能AIシステムを安全に導入するために、人間とAIの相互作用パラダイムの慎重な選択を強調。

　この論文では、AIの機能（パフォーマンス）でレベルを0～5まで6段階で示し、同時に幅広さ（汎用性）の点から、狭いAIと汎用性の高いAGIに分けて検討しています。狭いAIのレベルでは、現状で最も高いレベル5が存在していますが、ChatGPTのような新興のAGIはまだレベル1であり、レベ

ル2以上のAGIは存在していないとしています。なお、生成AIでも画像生成AIは狭いAIのレベル3（エキスパートAI）に位置付けています。人間の能力との比較では、レベル2の有能なAIで一般人と同等レベル、レベル3は専門家レベルの位置付けです。狭いレベルの名人AIとしてレベル4に位置付けられるDeep Blueはチェス専用で当時のチェスの世界チャンピオンを倒し、AlphaGoは囲碁で名人を倒したAIです。また、狭い領域の超人AIとしてレベル5に位置付けられるAlphaFoldはタンパク質の構造予測を行うAIで、既に実用化しています。

　図表10-3は、AI単独でなく、システムとしての自律性のAIのレベルを示しています。

　レベルに応じてAIと人間の役割が変わります。レベル1のAIは単なるツール、レベル2は人間をAIが支援、レベル3はAIと人間が対等、レベル4はAI主導で人間が補完、レベル5は完全自律型AIとなります。この場合、現在のChatGPTの自律性はレベル2 〜 3となり、ある程度人間とAIが対等で業務ができる部分を含むことになります。

　以上は、自動運転のレベルと同様にAGIの自律性を規定する見方であり、いつ実現するかといったことを明確に論じているわけではありません。しかし、レベル4やレベル5の自律性は技術的には既に可能性があり、第8章の最後に示したマルチエージェントモデルの研究例からも示唆されています。

　本書のテーマであるコーポレート・ガバナンスの領域では、企業経営における経営者の主体性、非常に幅広い経験や専門性などの必要性、法制度面からすぐにそれが実用化できるわけではありませんが、将来の可能性として頭の片隅に置くことは必要と考えられます。ベンチャー企業の視点では、少ないリソースでの優位性構築、新たなビジネスモデルの構築、リスクマネジメントへの活用といった点からも、将来的な可能性はあると考えられます。

　もちろん、このような自律性、汎用性の高いAGIが可能になった場合でも、それを活用することが妥当かどうか、妥当な範囲はどの程度か、といった点を十分に考慮、検討する必要性はあります。当然、有用性、社会受容性の点などからのガイドラインや法規制の検討も進んでいくでしょう。

　グローバルにみれば、日本で実用化が進まなくても、特定の規制の緩い国

図表10-3　AIの自律性のレベルと対象システム、AI、リスクの例

レベル （名称）	レベル、 能力の概要	システム例	AIのレベル （狭いAIかAGI能力）	リスクの例 （人間）
レベル0	人間がすべて を実施	・アナログアプローチ （例：紙に鉛筆でス ケッチ） ・非AIデジタルワークフ ロー（例：テキストエディ ター入力、ペイントプロ グラム描画）	・AIなし	・なし（現状維持 のリスク）
レベル1 （ツール AI）	人間はタスクを 完全に制御し、 AIを使用して日 常的なサブタ スクを自動化	・検索エンジンを使用し て情報検索 ・文法チェックプログラム で文章を修正 ・機械翻訳アプリを使用 して読み取り	・新興の狭い領域のAI （レベル1） ・有能な狭い領域のAI （レベル2）	・既存産業でのス キル低下 ・過剰依存
レベル2 （コンサル タントAI）	人間が必要と した場合のみ、 AIは実質的な 役割を果たす	・文書要約のための言語 モデル活用 ・コード生成モデル使用 コンピュータープログラ ミング高速化 ・推奨システムを通じて、 エンターテインメントを 利用	・有能かエキスパート で狭い領域AI （レベル2、3） ・新興のAGI （ChatGPTなどレベ ル1）	・過剰信頼 ・事実誤認や悪用 ・過激化 ・標的を絞った操 作
レベル3 （コラボ レーター AI）	人間とAIの同 等なコラボレー ション目標とタ スクのインタラ クティブな調整	・チェスをプレーするAIと の対話と分析を通じた チェスプレーヤーのト レーニング ・AIが生成した人格との 社会的相互作用を通じ たエンターテインメント	・新興か有能なAGI （ChatGPTなどレベル 1か2） ・エキスパートの狭い 領域のAI（レベル3）	・擬人化（例：準 社会的関係） ・急速な社会変化 ・現実と仮想の境 界喪失
レベル4 （エキス パートAI）	AIはインタラク ションを推進。 人間がガイダ ンスとフィード バック提供、サ ブタスク実行	・AIシステムを使用して 科学的発見（タンパク 質の折り畳みなど）を 推進する	・エキスパートAGI （レベル3） ・狭い領域の名人AI （レベル4）	・社会規模の無気 力 ・大量労働移動 ・例外主義の衰退
レベル5 （エージェ ントAI）	完全自律型AI	・自律型AI搭載パーソナ ルアシスタント	・名人AGIかASI （Artificial Superintelligence； 人工超知能） （レベル4、5）	・精神的な問題 ・社会的受容性、 妥当な範囲など の検討が必要

出所：Meredith Ringel Morris（Google DeepMind）etc「Levels of AGI: Operationalizing Progress on the Path to AGI」（https://arxiv.org/html/2311.02462v2）を参考に加筆して筆者作成

や企業で利用が進み、それに対応しなければいけないという事態さえ生じるかもしれません。現状ではまだまだ先の遠い未来のようにも聞こえますが、生成AIやAGIに関わる技術進展、潜在的な利用性を考えると、意外に近い未来に検討が必要なテーマと言えるかもしれません。

10-1-3　AI活用可能性のマッピング

　AIがベンチャーを含む企業のリスク管理やモニタリング、監査、コンプライアンスチェックなどに活用できることは第9章でも示しました。さらに**図表10-4**に示すように、企業における意思決定にも活用可能です。この図表は、欧州での検討をもとにした**図表8-18**に、前項**10-1-2**でのAGIの検討を加えて作成したものです。自律性のレベルや表現の相違はありますが、生成

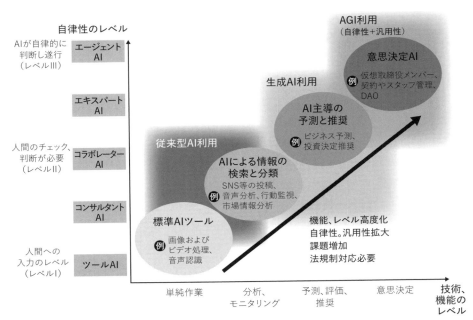

図表10-4　AIのコーポレート・ガバナンスへの活用可能性の考え方
出所：公表情報から筆者作成

AIからAGIに進展して自律性に加えて汎用性も高まることで、企業における意思決定やコーポレート・ガバナンス領域への利用可能性が増し、同時にリスクや課題も増加して対応が必要になることが想定されます。

図表10-4の横軸は、AIをコーポレート・ガバナンスのどの領域で活用するかを示しており、基本的に右に行くほど高い機能が要求されることになります。一方、縦軸は自律性のレベルを示しており、低いレベルではAIはツールで人間が主導、次いでAIがアドバイスを与えるレベル、人間とAIは対等だが最終的に人間が判断するレベル、AIが人間の専門家と同等以上のレベルになり、さらにAIが自律的に判断し遂行するレベルになることを示しています。

横軸で見た場合、AIがコンプライアンスやリスクを把握するのは分析、モニタリングにあたり、この部分は従来型AI活用を含め、十分実用化されていると言えます。予測・評価・推奨についても、顧客対応に利用するAIのチャットボット活用をみれば、実用化していると言えます。問題となるのは意思決定であり、取締役にアドバイスを与えるのみでなく、取締役の一員として意思決定に関与するか、意思決定して自律的に遂行するレベルになります。

実際には縦軸と横軸は連関しており、生成AIは従来型AIと比較して高機能、高レベルの位置付けになり、AGIでは自律性に加えて汎用性も高まり、幅広い意思決定への活用が期待されます。

実際このような意思決定へのAI活用の試みは第8章で示したように、海外では生成AIの登場以前からありますし、取締役会でアドバイスを与えるレベルは一部で活用が進んでいます。生成AI、さらにAGIの発展は、このような企業の意思決定やコーポレート・ガバナンスへの活用を加速させる可能性があります。

もちろん、法規制的な面、もしくは社会受容性の面などから、AIが自律的に判断して遂行するレベルでは、現在は事業や業務の一部に限定され、経営自体やコーポレート・ガバナンスの領域での活用は当面難しいのですが、技術的には可能な部分が拡大し、それによって生じるメリットやリスク、法規制などへの検討、対応も、長期的には必要になる可能性があります。

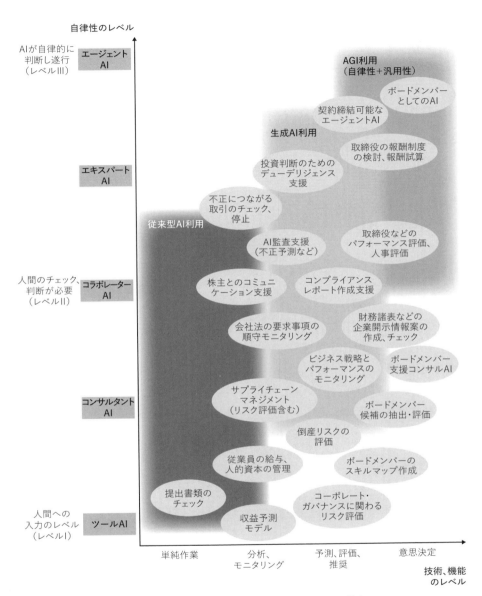

図表10-5　AIのコーポレート・ガバナンスへの活用可能性マッピング例

出所：筆者作成

なお、AIの位置付けは前項で示したように、AI自体のレベル、自律性、汎用性という軸でマッピングすることが可能です。そのレベル分けは確立していませんが、汎用性と自律性の軸を踏まえておおまかにマッピングした例を**図表10-5**に示します。ここにマッピングしたコーポレート・ガバナンスに関わるAIの個々の活用については、次節で説明します。

10-2

意思決定などへのAI活用

　会社の意思決定は経営者が実施するのが基本ですが、生成AI、さらにAGIの出現により、AIがサポートし、さらにボードメンバーの一員となることも技術的には考えられます。そこで、AIが経営者の意思決定をサポート、また代替する機会、リスク、課題などを含めて、以下に示します。

　これらについては、欧州では生成AIの活用以前から検討されており、従来型の識別AIでの活用例や活用検討例を含みます。

10-2-1　会社役員の任命などへのAI活用

　会社役員の任命などへのAI活用として、①CEOなどボードメンバー候補をAIが抽出、評価する、②ボードメンバーがAIツールとして活用する、③AI自体がボードメンバーとして参加する、④AIが自動的に意思決定する、ということが考えられます（**図表10-6**）。このうち③④の試行事例はありますが、会社法との関係などがあり、短中期での実現は難しいと考えられます。一方、①②は最終的には人間が決定するので、現在でも実現可能です。どの事例においても、取締役の責務との関係、株主に対する透明性確保、誤ったAI出力の可能性や悪意のある第三者の攻撃などによる利害関係者への損害賠償などの問題がある可能性があります。そのため、最終的な判断、チェック、業務執行は当面人間が行う必要があると考えられます。

図表10-6　会社役員の任命へのAI活用

機能	利用が想定される場面などの概要		AI利用の機会	AI利用のリスク、検討課題
会社役員などの任命	取締役、監督機関（執行役員、非常勤役員）、管理者、監査役の選任	AIがボードメンバーの候補を抽出、評価	・独自で客観的な候補の抽出（社外の候補も抽出可能） ・後継者候補抽出、育成にも使える可能性	・対象企業の特性への適合、評価視点（対象企業の特性の十分な把握。評価視点の妥当性。後継者に求める能力とのマッチング）
		ボードメンバーがAIツールを利用	・AIの分析機能は、取締役会がより多くのデータと客観的な分析に基づいて意思決定を行うのに役立つ（AIの分析機能による取締役会の活性化。AIは取締役会内の集団思考に対抗）	・取締役が完全には理解していないAIの推奨事項に影響された取締役会の決定（取締役会の受託者責任の順守に関わる問題。内部規制されていない場合、株主や利害関係者に対する透明性の欠如） ・誤ったAI出力により、意思決定を通じて会社または利害関係者に損害が発生し、責任の所在が不明確になる可能性
		AIのボードメンバー参加	・AIの分析機能は、取締役会がより多くのデータと客観的な分析に基づいて意思決定を行うのに役立つ（AIの分析機能による取締役会の活性化。AIにより取締役会の独立性が向上。AIにより取締役会の多様性が高まり新たな視点がもたらされる）	
	取締役会メンバーまたはマネジャーへの委任	責任の委任	・AIエージェントに契約締結の可能性/能力を委任する（AIエージェントに意思決定とアクションを実行する能力/可能性を委任）	・AIへの責任の委任が明確に伝達されず、内部規制されていない場合、株主に対する透明性の欠如（AIが自律的に行動し、企業やステークホルダーに損害を与える場合、責任の所在が不明確になる可能性がある）

出所：公表情報を参考にして筆者作成

10-2-2　開示情報の書類作成やビジネス戦略などの検討へのAI活用

　開示情報の書類作成やビジネス戦略などの検討へのAI活用として、レポート作成やチェック、ビジネス戦略パフォーマンスのモニタリング、サステナビリティー関連分析、サプライチェーンマネジメントに利用することが含ま

れます。AIによるレポート作成は最終的に人間によるチェックが必要と考えられますが、他の活用は既に実用レベルと言えます。ただ課題として、誤ったAI出力の可能性や悪意のある第三者の攻撃などによる利害関係者への損害発生と責任の分担など、コーポレート・ガバナンスの視点からの妥当性が挙げられます。そのため、最終的な判断、チェック、業務遂行は当面人間が行う必要があると考えられます。(**図表10-7**)。

図表10-7　開示情報の書類作成、ビジネス戦略などの検討へのAI活用

機能	利用が想定される場面などの概要		AI利用の機会	AI利用のリスク、検討課題
開示情報の書類作成、ビジネス戦略などの検討	財務諸表報告書およびその他の企業開示義務の作成および承認（財務および非財務）の	AIによるレポート作成	・AIが自律的に財務諸表やその他の企業の開示または報告義務を作成	・誤ったAI出力により会社または利害関係者に損害が発生し、責任の分担が不明確な可能性
		AIによる書類チェック	・AIによるレポートの事務的ミスやその他のエラーのチェック ・AIによる該当要件への準拠レポートのチェック	・誤ったAI出力により企業または利害関係者に損害が発生し、責任の所在が不明確になる可能性 ・AIの使用が受託者責任や優れたコーポレート・ガバナンスに抵触するか不明確
	ビジネス戦略と企業の利益の定義。長期的なパフォーマンス、持続可能性への影響分析	ビジネス戦略とパフォーマンスのモニタリング	・ビジネス環境（規制、市場、テクノロジー、競合他社を含む）をAIで監視、ビジネス戦略の適切性を継続的に検証 ・AIは競合他社と比較した企業の長期的なパフォーマンスを監視	
		サステナビリティーリスクとマイナス影響の分析	・企業自身の事業およびビジネスサプライチェーンにおける持続可能性リスクおよび内部・外部の悪影響を特定	
		サプライチェーンマネジメント	・AIを使用して生産、保管、輸送中のすべての供給を追跡し、上流と下流のサプライヤー関係における透明性と信頼性を確保	

出所：公表情報を参考にして筆者作成

10-2-3 マネジメント活動へのAI活用

　マネジメント活動へのAI活用として、取引・契約の承認などの意思決定、サプライヤーリスクの管理などを行う第三者の選定、デューデリジェンスを含む投資決定支援、株主とのコミュニケーションに関わる株主エンゲージメントに利用することが含まれます。いずれも本来人間が行う業務であり、最終的には人間が関与しないと難しいと考えられ、AIのみで実施した場合、情報や判断の誤り、悪意のある第三者の攻撃、損害賠償責任、受託者責任、訴訟、個人情報保護、などのリスクがあります。そのため、最終的な判断やチェック、業務遂行は当面人間が行う必要があると考えられます。（**図表10-8**）。

図表10-8　マネジメント活動へのAI活用

機能	利用が想定される場面などの概要		AI利用の機会	AI利用のリスク、検討課題
マネジメント活動	取引、契約の承認または他の意思決定		・AIを使用して企業の取引を承認し、エラー、詐欺、汚職を防止	・取引停止または取引が誤って承認された場合の損害賠償責任の可能性 ・受託者責任や優れたコーポレート・ガバナンスにAIの使用が必要か不明確 ・AIが個人のデータを収集して分析する場合のプライバシーに関する懸念
	第三者の選定	サプライヤーのリスク管理	・サプライヤーのリスクを管理するためにサプライヤーに関する情報を収集し分析	・受託者責任や優れたコーポレート・ガバナンスにAIの使用が必要か不明確
	投資決定	デューデリジェンスの手順	・AIによって実行されるコンプライアンスチェック、デューデリジェンスプロセス	
	株主エンゲージメント	株主とのコミュニケーションをサポート	・AIは、カスタマイズされた情報を必要な形式および範囲で株主に提供 ・AIは議決権プラットフォームを操作し、議決権とその適切な行使を監視	・カスタマイズされた株主情報が不完全または不正確な場合、訴訟の可能性 ・投票手続の管理に誤りがあった場合には訴訟の可能性

出所：公表情報を参考にして筆者作成

10-2-4 監視およびコンプライアンス活動へのAI活用

　監視およびコンプライアンス活動へのAI活用とは、第9章で示した領域に近く、リスクマネジメント、コンプライアンスチェックやモニタリングの領域です。既に利用されているか、実用化が近い領域がほとんどで、統合型リスク管理（ERM）やAIによる監査支援では、経営者や従業員の不正行為検出、不正取引防止に役立つと考えられます。一方、課題は多様で、多くの領域で誤った出力の可能性とその場合の責任の所在が挙げられますが、他に機密個人データの活用や従業員の権利保護、利用するアルゴリズムによるバイアスの問題もあります。今後はサステナビリティー、人権、企業の社会的責任といった領域の重要性が高まり、そこでAIが活用できる機会が拡大する一方、AI利用によるリスク拡大の懸念も高まり、検討・対応が必要と考えられます。（**図表10-9**）。

利用が想定される場面などの概要		AI利用の機会	AI利用のリスク、検討課題
統合型リスク管理（ERM）。従業員の権利およびその他の利害関係者の利益の監視と保護	AIベースのリスク評価および管理システム（ERM）	・AIは、企業に対する脅威/リスクをより迅速かつ包括的に特定 ・多様なリスクおよび個々のインシデントの確率とコストを分析 ・AIシステムがスタッフの不正取引やその他の不正行為を検出し、疑わしい取引をブロック	・AIの出力が間違っていた場合の責任の所在が不明確
	従業員の権利その他の利害関係者の利益の監督と保護	・AIシステムが従業員やその他の関係者とのカスタマイズされたコミュニケーションを管理	・機密個人データの保護に対する脅威 ・言論の自由と従業員の情報取得、相談の権利への脅威
持続可能性指標とデューデリジェンスプロセスのモニタリング	非財務報告	・AIは、非財務報告（環境保護、企業の社会的責任など）のために分散型企業データを収集および処理	・今後重要性が高まるが、データが不十分で、AIが適切な分析、判断を行えない可能性
監視と制御の一環としての監査活動	企業の監査機能をAIで支援	・インテリジェントな監査にAIを使用する企業のニーズ評価	・AIの出力が間違っていた場合の責任の所在が不明確 ・AIが利用可能な場合、従来ベースの監査アプローチが合理的な保証の概念に準拠しているか不明確
	公的機関を支援するAI	・国家データセットと公共情報を接続するAIが公的機関を支援 ・公的に保持されているデータにアクセスして分析し、公的機関の協力をサポート	・特定の種類の企業が不利になるアルゴリズムのバイアス ・公的機関がAIに依存する場合の任務、義務、および責任の順守
破産のリスクに関する関連パラメーターのモニタリング	AIによる金融リスクのモデリング	・AIによる収益予測モデルの実行	・AIシステムの使用が必要か不明確 ・債務者がローンや支払いを滞納する可能性を予測
法令順守、デューデリジェンスプロセス、報告義務、株主に対する取締役の責任/説明責任などのコンプライアンス手順	AIがコンプライアンスを監視	・AIを使用して、会社の規則、手順、および活動が適用される会社法に準拠しているか調査	・AIが誤った判断をした場合、責任の所在が不明確になる可能性
	コンプライアンスに関するAIレポート作成	・コンプライアンスに関する自律型AIによるレポート作成、またはAIによるレポート作成の支援	・AIによるレポートの事務的ミスやその他のエラーのチェック ・AIの出力が正しくない場合、責任の所在が不明確になる可能性
会社法の要求事項の順守状況のモニタリング	提出書類の確認	・公的機関がAIを使用して事務ミスやその他のエラーについてリアルタイムのフィードバックを提供	・誤ったAI出力が企業の報告を妨げたり、公的機関でミスが発生したりする可能性

出所：公表情報を参考にして筆者作成

10-2-5　会社の設立/登録/申請へのAI活用

　会社の設立/登録/申請へのAI活用は、コーポレート・ガバナンスよりは事務に近い領域ですが、AIの活用可能性は高いと考えられます。特にAIによる事務書類案の作成、人間が作成した書類のAIによるチェックは広く活用されつつあります。また、最終的な判断は人間がするにせよ、法的コンプライアンスのチェック、リアルタイムでのフィードバックにも利用されつつあります。一方、誤った出力の可能性とそれに伴う問題が課題と言えますが、機密個人情報の活用、アルゴリズムの妥当性なども対応すべき課題と考えられます。(**図表10-10**)。

図表10-10　会社の設立/登録/申請へのAI活用

機能		利用が想定される場面などの概要	AI利用の機会	AI利用のリスク、検討課題
会社の設立／登録／申請	会社設立・登記の流れ	提出前に文書に事務上の誤りがないかチェック	・弁護士または公証人が、新会社設立に関する書類に事務上の誤りがないかチェック	・誤ったAI出力への依存は、会社の創設者に損害を与える可能性
		提出前の書類のコンプライアンスチェック		
		取締役、株主、重要な支配力を有する人物のチェック	・弁護士または公証人が、取締役、株主、重要な支配力を持つ人物または法人をチェック	
		提出された書類の確認	・企業はAIを使用して登録し、事務上のエラーやその他のエラーについてリアルタイムのフィードバックを提供	・誤ったAI出力により、混乱、遅延、会社の創設者に損害が発生する可能性
		法令順守の確認	・企業はAIを使用し、選択された法的コンプライアンス問題についてリアルタイムのフィードバックを提供 ・AIを活用した会社登記、新会社設立に伴う提出書類の法令順守チェック支援	
		取締役、株主、重要な支配力を有する人物の検証	・取締役の適格性に関するリアルタイムのフィードバックを提供するAI ・株主や重要な支配力を有する人物を特定するためのサポートツール	・AIが機密個人情報の取り扱いに準拠しているかどうかが不明確

出所：公表情報を参考にして筆者作成

10-3
ベンチャーの
コーポレート・ガバナンスへのAI活用

10-3-1　ベンチャーを取り巻くAIに関わる外部環境と SWOT分析

　次に、ベンチャー企業、東証グロース市場の企業が、コーポレート・ガバナンスの視点で、AIのメリットやリスクを判断していかに対応するか、またより積極的にコーポレート・ガバナンスにAIをいかに活用するかという視点で考えたいと思います。ここまでの検討により、生成AIを含むAIはコーポレート・ガバナンスに対して大きなリスクを与える一方、コーポレート・ガバナンスの構築にAIを活用することで、取締役を補完するのみでなく、機能的には代替も考えられるような大きな影響を与えることがわかりました。ただ、これは必ずしもベンチャー企業や東証グロース市場の企業ばかりを対象にしたものではなく、まずその視点での検討が必要になります。

　第8章でAIのベンチャー企業経営に与える影響を検討しましたが、**図表10-11**は全般的な外部環境結果を示しています。政治（P）、経済（E）、社会（S）、技術（T）のいずれにおいても、生成AIを中心としたAIとの関わり、波及効果は大きいと言えます。コーポレート・ガバナンスの視点では、一般社会への影響や問題点も多く、企業視点での検討、対応が必要と考えられます。

　次に、大企業を比較対象とした場合のベンチャー企業のAI活用に関するSWOT分析を示します（**図表10-12**）。

　ベンチャー企業は大企業に対して人材や資金のリソースや信用力、ガバナンスで弱みを有しますが、法的な縛りが少なく、可能な機関設計・組織形態、イノベーションに関わる組織風土などで強みを有すると考えられます。

　機会については、生成AIの導入可能性、少ないリソースでの新たなビジネスモデルの可能性、リスクをとってもAI活用での成長機会の獲得などが考えられます。経営者や後継者の育成においても、AIを生かす人事制度や

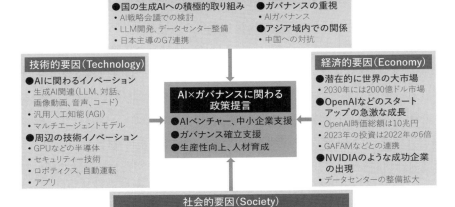

図表10-11　AIのベンチャー企業経営に与える外部環境分析
出所：筆者作成

強み　Strength	弱み　Weakness
●**多様な組織形態の選択可能性** ・取締役会、社外取締役、各種委員会 ●**法的な縛りなどの少なさ** ・会社法、金商法（J-SOX） ・コーポレート・ガバナンス・コード（東証） ●**イノベーションを実現する組織風土** ●**創業経営者は、資産、報酬大** ●**AI関連スタートアップ、ベンチャーの多さ**	●**リソース不足** ・人材（AI関連の専門家、経営人材） ・資金（海外を含む資金調達等の必要性） ・エコシステムの必要性 ●**信用力の不足** ・特にスタートアップ企業 ・グロース企業でもスタンダードやプライム企業 　ほど信用力がない ●**AIガバナンス、コーポレート・ガバナンスの不足**
機会　Opportunity	脅威　Threat
●**生成AIの活用可能性** ・新たなビジネスモデル ・マルチエージェントモデルの活用 ・少ないリソースでのガバナンス構築 ・不祥事発生防止、再発防止のAI活用 ●**AGI（汎用人工知能）の活用可能性** ・自律型AIの活用 ●**経営者、後継者へのインセンティブ制度**	●**生成AIに関わる海外企業の強さ** ・LLMモデル、プラットフォーマー ●**不祥事、不正の発生リスク** ・創業経営者によるワンマン経営など ●**高リスク成長重視による失敗の可能性** ●**イノベーション実現の規制改革必要** ●**AIガバナンス、AI活用のコーポレート・ 　ガバナンス対応が遅れる懸念**

図表10-12　ベンチャー企業のAI活用に関するSWOT分析（太字：AI関連）
出所：筆者作成

報酬制度が大企業より柔軟に行いやすい可能性があります。一方、脅威としては、有力なベンチャーを含む海外企業との競合、創業経営者のワンマン経営でAI導入を拒否したり判断を無視したりする可能性、ガバナンスの緩さによるAI利用での不正・不祥事の発生などが挙げられます。ガバナンスが強化できれば、ベンチャー企業が大企業に対して優位性を構築しやすい領域も存在すると考えられます。

10-3-2　ベンチャーでのAI活用の例示

前項の分析を踏まえ、不正・不祥事を防止するリスクマネジメントの視点や、企業価値を向上させる攻めのコーポレート・ガバナンスの視点など、ベンチャー企業におけるAI活用の視点を10個列挙します。

（1）取締役会、取締役の支援や機能補完、機能代替

10-1で示したように、生成AIの活用は、取締役会や取締役の支援、機能補完、機能代替につながります。CEOをコアとした取締役会、取締役の役割は、企業のコーポレート・ガバナンスの中核を占め、非常に重要です。そこでのAIの活用は、ボードメンバーの支援、適切な人材候補の探索・評価などに加え、実質のボードメンバーにAIを加えるという試行までされています。取締役会の役割は取締役を中核にした事業計画や執行であり、会社法などの規制により、AIが自律的に代替することは難しいと思われます。ただし、ベンチャー企業では独自のビジネスモデルの構築、人材不足、多様なアイデアの抽出といった点から、生成AIを含むAIの重要性は高まり、AGIの開発が進めばその可能性を一層高めると考えられます。ベンチャー企業では、創業経営者の独善的な判断がなされたり、他の取締役が意見を述べにくかったりする場合があり、AIが独自の客観的な判断を示すことは意味があると考えられます。

（2）不正・不祥事防止につながるリスクマネジメントへのAI活用

ベンチャー企業や東証グロース市場では、創業経営者による不正が多く、

上場廃止や倒産につながることが多いのが実情です。現在、不正・不祥事防止の先端技術としてデジタルフォレンジックや情報セキュリティー、認証などの技術が使われていますが、今後は生成AI技術が不正・不祥事予防において利用が進むと考えられます。対象範囲は、情報持ち出しや金融系の不正のみでなく、内部監査や内部通報なども含めて活用する方向に進むと見られ、人的リソースが少なく、経営者の不正が多いとされるベンチャーでもAI活用が有効と考えられます。

　なお、第9章の英国Aveni社で説明したように、人的な3ラインの防衛線にAIを含む機械の防衛線を加える方法は、不正・不祥事防止に加え、顧客満足度向上や顧客支援につながり得る部分もあり注目されます。

(3) 監査へのAI活用

　ベンチャー企業の不正・不祥事の抑止、制御を強化するには、監査役や監査委員会の人事、組織、機能を強化する必要があると考えられます。そこで、それらの機能の代替や補完の意味からも、AI活用は重要と考えられます。また、監査報告書などの書類作成やチェックは生成AIの得意とする部分であり、最終的には人間のチェックが必要ですが、人的リソースの少ないベンチャー企業にとっては、利用できる部分があると思います。法制度的な視点ではベンチャー企業での必要性は低いとも考えられますが、外部の監査法人を利用しなくてもAI活用でコストを抑え、またベンチャー企業が弱いとされる内部監査へのAI活用は有効な可能性があります。

(4) CEOの後継者育成へのAI活用

　ベンチャー企業や創業経営者により急速に成長した企業では、後継者の育成が非常に重要です。CEOの後継者育成にAIを直接活用することは難しいのですが、自社や社外から候補を探索して後継者として望まれる項目やその評点の作成、後継者に適した報酬設計案の作成などは、生成AIの活用が可能です。なお、後継者育成に関わるAIの活用は、指名委員会での検討が中心になると考えられます。社外取締役の探索や評価でも、AIの活用余地は広いと言えます。

(5) CEOや取締役、従業員の報酬設計へのAI活用

　ベンチャー企業のCEOや中核的な取締役に対する報酬設計は重要な意味を有します。CEOの給与は、業績連動や株式報酬の増加が見られ、短期評価のみでなく、中長期の評価が重視されつつあります。報酬設計は会社、取締役会の規模、業界などのパラメーターに基づいて、取締役の給与に関する情報および推奨事項を生成AIが作成することが可能で、米国ではかなり利用が進んでいるとされます。報酬委員会を通じ、最終的には取締役会での決定事項になり、創業経営者であるベンチャーなどの経営者には独自視点での報酬設計も必要ですが、検討すべきAI活用法と考えられます。一般にベンチャーの創業経営者は、保有株式からの所得なども多いと考えられ、インセンティブ確保、後継者の育成・採用などについては第7章の事例で示したような独自の検討が行われており、AI利用でもその点を踏まえた検討が必要と考えられます。

(6) 人材育成、人事評価へのAI活用

　ベンチャー企業にとって人材は生命線であり、特に女性を含めた多様な人材の活用は重要と考えられます。人材採用、人事評価、人材育成プログラムの作成、報酬設計などAI活用は可能ですが、偏見、誤った情報による評価など、使い方によりリスクがあり、それ自体が不祥事や不正の発生につながってしまう可能性もあるため、十分な検討が必要と考えられます。実際、従業員の雇用、評価、報酬に関連して偏見や不公平な決定をもたらす可能性のある生成AIの適用を禁止する規制の検討も海外では進められ、間違ったAIの活用はそれ自体が不祥事や不正と見なされる可能性もあるので、この領域でのAI活用は慎重に検討するべきです。

(7) 株主、ステークホルダー視点でのAI活用

　未上場企業は情報開示の必要性が限られ、株主も限定的な場合が多いのですが、これから上場を目指すベンチャー企業や、東証スタンダードや東証プライムを目指す東証グロース市場の企業は、企業価値の向上の視点から株主重視は重要です。ステークホルダーは株主だけでなく、資産運用会社、将来

を含む従業員、顧客、サプライヤー、規制当局、地域社会など多種多様であり、それらの視点での検討も必要です。生成AIを活用することで、多様なステークホルダー視点の情報を収集し、情報開示資料の案を作成したり、チェックしたりすることは十分可能です。海外から資金調達を行うことを想定している企業では、プレゼンテーション資料の作成やビジネスモデルの構築において、AIを活用できる可能性は高いです。ただし、誤った情報によって資料やモデルが作成される可能性もあり、場合によっては不祥事にもつながるので注意が必要です。株主との関係では、事実や判断における透明性の確保が重要である一方、生成AIなどのAIはその点で課題が存在し、訴訟などに至らないよう留意が必要です。

(8) 外部環境の把握、戦略策定へのAI活用

ベンチャー企業は独自のビジネスモデル構築で成長する場合が多いのですが、競合との比較などによる競争優位戦略の構築、その前提となる将来を含む市場や経済、社会環境変化、政治、規制動向の分析、予測が不十分な場合が多々見られます。このような面での分析、予測、戦略仮説案作成は、生成AIを含むAIの適用分野であり、その活用が望まれます。ただし既に繰り返し述べたように、事実誤認や判断の間違い、現状延長での予測精度、などの課題があり、AIのみに依存しないことはもちろん必要です。

(9) サステナビリティー、ウェルビーイングの視点でのAI利用

企業におけるサステナビリティー重視の視点は顕著であり、ESG投資の動向を見ても、資金調達や企業価値の向上の視点から、重要性が理解できます。ただし、環境問題をとってみても、廃棄物、リサイクル、温暖化抑制への対応、生物多様性と対象が拡大し、かつ自社のみでなく川上・川下全体のサプライチェーン全体を含めた対応が求められつつあります。今後重要性が高まると考えられるのは、ウェルビーイングの視点で、自社従業員のみでなく、ステークホルダーやサプライチェーン全体での対応が求められる可能性があります。

このような点に対応するのは大企業でも難しいのが実態ですが、一方で中

長期的な企業成長、企業価値の向上という点から、ベンチャー企業にも重要な視点と考えられます。実際、本書で紹介した企業事例の中にもサステナビリティー、ウェルビーイングを重視する企業があり、また欧州では非常に重要な項目と見られています。

(10) M&A、グループ化、海外展開などにおけるAI活用

　ベンチャー企業においても、グループ化による成長、海外展開、海外からの資金調達という点からもコーポレート・ガバナンスは重要で、この面でのAI活用としてリスク把握とリスクマネジメント、情報収集と分析、戦略活用、不正・不祥事防止などが考えられます。海外では投資決定に関わるデューデリジェンスにAIを活用することが多く、また、子会社、特に海外子会社は大企業でも不正や不祥事が発生しており、それを防ぐコミュニケーションツールや企業風土の醸成にAIを活用することが考えられます。

　以上、(1) ～ (10) で示した点をまとめると**図表10-13**のようになります。

10-3-3　法規制やソフトローへの対応とその改革への提案

　AIが企業のコーポレート・ガバナンスにどのように活用できるか、またAIが有するリスクに企業がどのように対応するかは、法規制がどのように変化するかとも関連しています。現在のコーポレート・ガバナンスに関与する法規制としては、会社法、金融証券取引法などがあり、ソフトローとしては東京証券取引所によるコーポレート・ガバナンス・コードが代表的です。一方で、生成AIの急速な進展に対して、新たな法規制やソフトローが検討され、改革が進展している途上にあります。企業はその状況を把握し、新たな法規制やソフトローに関する要請に対応することが、AI自体を活用し、AIのリスクに対応する以外に求められます。AIに関する法規制やソフトローは検討途上にあり、今後大きく変化すると予想されますが、以下のような点について、あくまで例示ですが、政治や行政側の対応が望まれます。

図表10-13　ベンチャー企業のコーポレート・ガバナンスにおいてAIの活用が考えられる項目別の概要、意義、留意点

項目	AI活用可能性	AI活用の意義や留意点
取締役会、取締役の支援や機能補完、機能代替	・ボードメンバーの支援 ・AIがボードメンバーとして参加 ・ボードメンバーの探索、評価 ・AIの分析、提示が経営者に独自の視点を提示	・AIがボードメンバーとして参加する試行あるが、法的に困難（第8章の事例参照） ・他は、人的リソースの少ないベンチャー企業では有効
不正・不祥事防止につながるリスクマネジメント	・不祥事発生のための生成AI活用 ・3ラインディフェンスへのAIの付加 ・デジタルフォレンジックや内部通報制度などとの併用	・ベンチャー企業では経営者の不正多く、それに対応 ・英国Aveni社のAI活用の3ラインディフェンスの事例参照（第9章）
監査へのAI活用	・特に金融関連の不正防止 ・監査資料案作成やそのチェック ・生成AIの活用は今後	・AIの活用は大手監査法人で進展するが、ベンチャー企業向けも求められる ・特に内部監査への活用、不正の発見や予防へのAI活用が重要
CEOなどの後継者探索、育成	・外部人材を含む後継者候補の抽出、評価 ・CEOや取締役に必要なスキルなどの要件の明確化	・ベンチャー企業では後継者育成、そのための報酬制度が重要 ・指名委員会、報酬委員会で活用
CEOや取締役、従業員の報酬設計	・業績連動や株式報酬、中長期視点での報酬設計 ・パラメーターから生成AIが案を作成	・ベンチャー企業のCEOなどの報酬設計はインセンティブ付与の点で重要 ・大企業と異なる視点での検討が必要 ・報酬委員会で活用
人材育成、人事評価	・人材採用、人事評価、人材育成プログラム作成、報酬設計などで利用可能	・ベンチャー企業でのニーズは大きいが、人材採用への活用は、個人情報、誤情報、偏見、規制などから利用は難しい ・人材育成での活用可能性はある
株主、ステークホルダー視点	・有価証券報告書などの開示情報案の作成やチェックへの活用 ・ステークホルダー視点の分析 ・株主とのコミュニケーション支援	・企業価値向上の視点 ・誤情報や検討プロセスの不透明性が問題になり得る
外部環境の把握、戦略策定へのAI活用	・PEST分析、競争優位戦略構築のためのデータ収集、分析 ・上記に基づく戦略案の構築	・ベンチャー企業では不十分な場合が多く、ニーズは大きいと考えられる ・予測、将来の姿も重視 ・独自な領域やビジネスモデルでの検討は難しい可能性がある
サステナビリティー、ウェルビーイングの視点	・サステナビリティー、ウェルビーイングに関わる情報収集、分析 ・上記を生かした対応案の提案	・中長期視点での企業価値、業績の向上に貢献 ・自社のみでの対応が困難で、サプライヤー、顧客などとの連携が必要
M&A、グループ化、海外展開の視点	・M&A、資本参加などに伴うコーポレート・ガバナンス戦略の見直し ・海外ベンチャーキャピタルからの資金調達、海外展開に伴う開示資料案作成やチェック	・グループ企業、海外子会社などで不正、不祥事が多い ・ベンチャー企業でも重要性高まる

出所：筆者作成

①生成AIやAGIのコーポレート・ガバナンス利用に対応する法規制改革

　第1章や本章でも示したように、マルチエージェントで自律型のAIが増加しており、取締役を含めた各役職の人材の役割をAIがかなり代替できるようになり、この傾向はAGIの開発が進むと一層顕著になります。もちろん、経営やリスクマネジメントなどの意思決定は取締役会、取締役が実施すべきものですが、一部をAIに代替可能とする法規制改革も、じっくり時間をかけて実施すべきと考えられます。これは、DAO（分散型自律組織）の議論と類似している部分もあり、同時に検討するとよいかもしれません。

②コーポレート・ガバナンス・コードに対する基準の見直し（東証グロース市場）

　東京証券取引所では、プライム、スタンダード、グロースの市場別に基準が策定されています。ベンチャー企業が主な対象となるグロース市場は基準がやや緩く、プライムやスタンダードを狙う企業はより厳しい基準を望む声もあります。より厳しい基準をクリアすることが、単なるコストではなく、成長につながる先行投資となれば、当該企業の株主からも評価されて企業価値が高まり、企業不正も減少し、結果としてグロース市場の価値を高めることにつながると考えられます。

③上場前のスタートアップ企業に対するコーポレート・ガバナンスの指針作成

　本書の企業事例で見たように、未上場企業でも自主的に厳しいコーポレート・ガバナンス体制を敷いて運用し、それが評価されて海外投資家などから資金を調達している場合があります。このような志向を有している企業は存在すると見られ、未上場企業に対するコーポレート・ガバナンス指針の策定、先進企業のケーススタディ作成と公表が望まれます。

　上場を機に対応を始めるのでは遅く、成長するためならスタートアップも経営体制や経営の脆さに目を向け、ガバナンスへの投資を行うのが望ましく、企業側の努力とともにそのようなスタートアップ、ベンチャー企業を支援する制度が必要かつ有効と思います。

④AIインシデントおよびAIによる対応策のデータベース整備

　AIやロボットなどに関連する世界の事件や事故の情報を収集しデータベース化している「AIインシデント・データベース」が、非営利組織「パートナーシップ・オン・AI」により運営され、情報公開されています。網羅性や事実関係の問題はあり得ますが、AIによるリスクや不祥事の分析には活用可能です。日本でも、生成AIの普及やAGIの開発・利用に伴い、今後リスクや不祥事の発生が考えられ、公的機関によるデーベース化と公表、もしくは第三者機関によるデータベース化とその支援が求められます。

　一方で、本書でも示したようにAIは不祥事や不正の発見、予防、防止にもつながるため、それに関わる技術開発、提供企業、有効だった事例のデータベース化も求められます。

⑤AIを活用した不正・不祥事防止などを手掛けるベンチャー企業の支援

　デジタルフォレンジックやサイバーセキュリティーなどに関わるツールやサービスを提供するベンチャー企業が存在し、当該企業の事業拡大とともに、AIやデジタル技術による不正や不祥事の発見、予防に役立っています。このようなベンチャー企業を支援することは、ベンチャー支援とコーポレート・ガバナンス支援の両面で効果があります。そのため、技術開発支援、投資や融資の支援、公的機関などでの導入支援など、多様な方法での支援が求められます。

⑥AIを活用したモデル事業での実証とそれに基づく制度の検討

　AIをコーポレート・ガバナンス関連で活用した場合、どのような効果や課題があるかといったことは、まだ十分検討されていません。さらに今後生成AIの利用やAGIの開発が進められると、メリットも急速に拡大する一方で、思わぬ不祥事や不正も発生する可能性があります。一方で、海外では生成AIやAGIの開発に携わり、コーポレート・ガバナンスへの活用や考慮を行う企業が急成長することも考えられます。

　基本的には、AIのコーポレート・ガバナンスへの活用は企業が独自に行うべきことですが、ベンチャー企業にとっては実証の場やエコシステムが必

要と考えられます。実証で効果、課題を把握し、アジャイルに対応することはベンチャー企業に求められますが、同時に政府や行政の制度設計、政策実現にも必要と考えられます。そのため、特定領域や地域でコーポレート・ガバナンスに関わるAIの実証を行え、その成果を生かせるようなサンドボックス的な特区制度、その成果を社会実装などで活用するAIのコーポレート・ガバナンス利用に関わる制度、またAIの不正・不祥事発生防止、リスク対応が可能な制度が求められます。

おわりに

　本書のユニークな点は、業務や事業の根幹にある企業統治に「AIをいかに活用していくか」「AIによるリスクにどう対応していくか」という問題に、企業としてどのように対応すればよいのかに焦点をあてていることです。想定するのはベンチャー企業、ここでは、東証グロース市場に上場している企業や、上場を目指す企業のことです。

　ベンチャー企業に注力している理由は2つあります。一つは、著者の丸山が東証グロース市場の上場企業でコーポレート・ガバナンスや内部統制を担当しているCGOですから、当事者の立場で経験や知見を語れるからです。もう一つは、上場企業に比してコーポレート・ガバナンスへの取り組み、また規制環境が緩いことで、不祥事や不正の発生、多くのコンプライアンス上の問題を生じているだけでなく、リスクをとって成長する基盤が損なわれていると考えたためです。

　本書を書き終えて読み返してみると、ベンチャーに限らず、より広い企業や読者の役に立つのではないかと考えています。実際、不祥事や不正は大企業やその子会社でも起きていますし、そのリスク要因としてAIがあり、逆にAIがその不祥事や不正を発見し、その予防に役立つようになってきています。本書はそのようなことに問題意識のある読者にとっても意味があり、また、大企業や関連制度に関わる政策担当者にも役に立つ部分があるのではないかと思います。

　生成AIを開発して関連事業を進めているのは主に米国のベンチャー企業であり、有力なプラットフォーマーとの連携が進んでいます。日本企業もこのような動向を知り、コーポレート・ガバナンス視点を踏まえつつ、AIの開発、導入、利用を進め、業務や事業に生かす必要があります。そういった意味での企業統治へのAI活用は、ベンチャー企業だけの問題だけではなく、大企業や行政とも大いに関係します。

　本書を書くのに苦労したのは、AI、ベンチャー、企業統治を関係付けて、読者にわかりやすく順序立てて示すことでした。以下、各章を書くのに苦労

した点や特徴と考えている部分をお示しします。

　第1章と第2章でビッグモーターや旧ジャニーズ事務所に焦点をあてたのは、社会的に注目され、両社とも創業経営者中心の未上場企業だからです。守りの企業統治、コンプライアンスの視点を中心に、両社を含めた共通的な問題を分析しています。ここでAIによる不正や不祥事、逆にAIの不祥事発見、予防への活用も頭出し的に述べ、AIに関する本格的な記述は将来の方向性も含めて第8章〜第10章にまとめています。

　第3章〜第7章は、コーポレート・ガバナンスに関わる基礎知識、動向、事例分析を中心に記述しています。企業事例は第5章〜第7章に、特に第6章は著者の丸山がCGOを務める企業の経験、知見から具体的に示しています。事例分析を踏まえた上で、第4章では無効化防止策、第6章ではCEOの役割、第7章では後継者問題を具体的に記述しています。データを含む事実、関連制度などを具体的に示しつつ、類書にはない著者独自の視点で執筆ができたと考えています。

　第8章〜第10章は、AIのコーポレート・ガバナンスへの活用やAI活用リスクへの対応を中心に述べています。独自の内容として、欧米におけるAI活用に関わる企業事例や関連論文の紹介、AIガバナンスとAIを活用するコーポレート・ガバナンスの関係の整理、AGIを含むAIの将来方向性検討などがあり、最後にベンチャー企業のコーポレート・ガバナンスに関わるAI活用、規制や行政施策などに関わる提案を示しています。生成AIやAGIの開発や利用は途上にあり、関連施策検討も始まったばかりで、海外と日本の相違も大きいため、著者の私見や見通しと異なる見解の方もいらっしゃると思いますが、ファクトの部分を参考にしつつ、読者独自の見解をもつための参考として役立てていただければ幸いです。

　本書は以上のような多岐な内容を含んでおり、広く読者の皆様のお役に立てればと考えていますが、本書の内容に沿ってさらにベンチャー企業統治へのAI活用や、AI活用に伴うリスクマネジメントの検討や実施を想定される場合の留意点などを次にお示ししたいと思います。

　第一に、AI、企業統治、ベンチャーというかなり内容の異なる領域を含

みつつ、書物のボリュームとしてはある程度コンパクトなものとしました。構成に工夫をこらし、図表を増やし、順序立てて理解していただけるよう努めましたが、どうしても専門用語や理解が難しい部分を含んでいるかもしれません。そのため、図表や最後の注釈に引用や原資料は示しましたので、それを参考にしていただければと思います。特に金融庁や経済産業省などの官公庁関連の資料は、時としてベンチャー企業よりは大企業を対象とした記述になっていますが、全体像把握、一般論の展開には役立つ場合が多いと考えています。

　第二に、生成AIに代表されるようにAI関連の開発、利用、規制対応は、日々進展しています。本書では執筆時点で最新の状況を把握し記述するように努めましたが、読者の方が読む時点で事実や状況が変わっている可能性があります。本書では短期的な対応よりは、中長期的な対応を中心に将来を捉えて記述することに主眼を置いていますので、この点は了解いただき、読者自身が属する組織の立場、視点で理解、検討していただければと思います。また、生成AIを含むAIの概要や動向、専門用語についてはわずかしかページを割けませんでした。関連書籍は多数出ていますが、著者自身による『ジェネレーティブAIの衝撃』（日経BP）をお読みいただくと、技術内容や有識者へのインタビューにより理解が進むと思います。

　第三に、本書の著者は現役のベンチャー企業のCGO、また海外企業の役員やコンサルティングファームの経験者で、学術的厳密性よりは、知見や経験を基にして、ベンチャー企業に役立つようにという意識で本書を執筆しております。そのため、法規制やAIの専門的な内容については、本書と併せて別の書籍や論文を参照いただければと思います。特に、生成AIやAGIなどの先端的AIの開発や利用は米国のベンチャー企業が先行し、関連研究やコーポレート・ガバナンスとの関わりも欧米の大学や公的機関が先行しています。ただし、マルチエージェント技術に関わるAI研究や利用などでは中国の先駆的研究も見られます。これらの海外動向は、日本のベンチャー企業や大企業にとっても、グローバルな競争という視点で十分に把握し、参考にして検討、対応すべきと考えられます。

本書執筆中にも機能性表示食品のサプリメントで健康問題が発生し、政党のガバナンスについても連日報道されています。一方で、生成AIに関わる報道が連日多数見られ、企業のみならず一般生活者も非常に注目するところになっています。AIの開発、利用普及の速度は当初予測を大きく超えて加速し、結果として企業での業務や事業のみならず、その根幹にある企業統治の在り方自体が変わらざるを得ません。汎用的かつ自律的なAGIの登場は、社会的受容性の点などから抑えられていますが、技術的には比較的短期に実現レベルに達する可能性があります。実際、イーロン・マスク氏は2024年4月初頭に「最も賢い人間より賢いのがAGIと定義するなら、来年末か2年以内だろう」という趣旨の発言をしたとされています。AGIなどの破壊的な技術革新が起こり、特定の国の規制緩和でビジネスモデルの革新が起これば、規格化や標準化が進んでグローバル標準となり、それが国際的な競争環境を一変させる事態にならないとは限りません。実際、インターネット、スマートフォンなどでは、そのようなことが起こり、ベンチャー企業があっというまにグローバルな大企業になりました。

　生成AIやAGIを含むAIはそのようなインパクトのある技術、ツールです。業務や事業のレベルのみでなく、その根幹にある企業統治のレベルでも活用、対応していくことが、ベンチャー企業にも求められます。しかも、AIをリスクや脅威として捉えるのみでなく、機会であり自社の強みを生かし成長するツールとして捉えることがベンチャー企業には求められます。そうでないと、自社に関係がないと思っても、外部環境変化により、またステークホルダーがAIと関係して思わぬリスクが発生し、競合にも負けるというマイナスのインパクトが残るだけになると思います。それがある意味での本書の結論です。

　本書の編集、発行、出版に協力いただいた方々、株式会社日経BP関係者の方に深く感謝を申し上げる次第です。本書が皆様の経営の一助となれば幸いです。

馬渕　邦美

注釈

第1章

※1 Partnership on AI「AI Incident Database」(https://incidentdatabase.ai/)

第2章

※1 一般社団法人GBL研究所　渡辺 樹一「第1回 企業不祥事の分類と件数の推移」(https://www.businesslawyers.jp/articles/794)

※2 一般社団法人GBL研究所　渡辺 樹一「第2回 企業不祥事の俯瞰的考察」(https://www.businesslawyers.jp/articles/817)

※3 日本エマージェンシーアシスタンス（株）取締役監査等委員 勝田和行「最近の企業不祥事に関する一考察」『日本経営倫理学会誌』第27号（2020年）pp35-48（https://www.jstage.jst.go.jp/article/jabes/27/0/27_article3/_pdf/-char/ja）

第3章

※1 金融庁「日本のコーポレートガバナンス － 過去・現在・未来」(https://www.ifra.jp/pdf/2021/1/121_web.pdf)

第4章

※1 経済産業省「コーポレート・ガバナンス・システムに関する実務指針（CGSガイドライン）」2022年7月19日（https://www.meti.go.jp/shingikai/economy/cgs_kenkyukai/pdf/20220719_02.pdf）

※2 経済産業省「社外取締役向けケーススタディ集」(https://www.meti.go.jp/press/2023/06/20230630011/20230630011-2.pdf)

※3 経済産業省「第17回CGS研究会　社外取締役の現状について（アンケート調査の結果概要）」(https://www.meti.go.jp/shingikai/economy/cgs_kenkyukai/pdf/2_017_04_00.pdf)

※4 ルーデン・ホールディングス「外部調査委員会の調査報告書受領に関するお知らせ」(https://kabutan.jp/disclosures/pdf/20221130/140120221130573319/)

※5 ルーデン・ホールディングス「改善計画・状況報告書の公表に関するお知らせ」(https://www2.jpx.co.jp/disc/14000/140120231101577027.pdf)

※6 東京証券取引所「上場廃止等の決定：ルーデン・ホールディングス（株）」2023年11月29日（https://www.jpx.co.jp/news/1023/20231129-11.html）

※7 テラ「第三者委員会の調査報告書受領に関するお知らせ」(https://f.irbank.net/pdf/20180913/140120180912406549.pdf)

※8 テラ「追加調査（2回目）となる社内調査報告書の公表に関するお知らせ」（https://www2.jpx.co.jp/disc/21910/140120220304500684.pdf）

※9 神田秀樹『会社法第24版』227頁＊5）2022年、弘文堂

※10 品谷篤哉「社外取締役の独立性基準」『立命館法学』2022年5・6号（405・406号）pp283-300（https://www.ritsumei.ac.jp/acd/cg/law/lex/22-56/014shinatani.pdf）

※11 IIA「IIAの3ラインモデル」（https://www.iiajapan.com/leg/pdf/data/iia/2020.07_1_Three-Lines-Model-Updated-Japanese.pdf）

第5章

※1 SmartHR CEO芹澤「SmartHRという『スケールアップ企業』について ～スタートアップにも大企業にもなれないわたしたち～」（https://note.com/smarthr_co/n/n5143cf05feec）

※2 SmartHR「代表取締役の交代に関するお知らせ」（https://smarthr.co.jp/news/24221/）

※3 BUSINESS INSIDER「「日本人男性だけで世界で勝てます？」メルカリ山田進太郎、熱弁60分」（https://www.businessinsider.jp/post-275054）

※4 BUSINESS INSIDER「メルカリCEO山田進太郎『僕は臆病すぎた』。新経営体制で意識し始めた『後継者』」（https://www.businessinsider.jp/post-275051）

※5 丸井グループ「コーポレート・ガバナンス報告書」（https://www.0101maruigroup.co.jp/pdf/cgr.pdf）

※6 GPIF「GPIFの国内株式運用機関が選ぶ『優れたコーポレート・ガバナンス報告書』」2022年3月15日（https://www.gpif.go.jp/esg-stw/20220315_corporate_governance_report.pdf）

※7 丸井グループ「コーポレートガバナンス報告書」（https://www.0101maruigroup.co.jp/pdf/cgr.pdf）

※8 DCON「将来世代の未来を共創すべての人が『しあわせ』を感じられる豊かな社会の実現を目指して」（https://dcon.ai/2023/after-message/message-marui/）

※9 丸井グループ「国際基督教大学でサステナビリティについて講義を行いました！」（https://www.to-mare.com/sustainable/2021/post-28.html）

※10 サントリー食品インターナショナル「サントリー食品と日立が協創を通じてAIを活用した生産計画立案システムを開発」

第6章

※1 一般社団法人GBL研究所 渡辺 樹一「企業不祥事から学ぶ企業変革・組織開発への施策 第14回 コーポレート・ガバナンスが問われた事例と企業の施策（第5篇）」（https://www.businesslawyers.jp/articles/1220）

※2 東京証券取引所「東証上場会社 コーポレート・ガバナンス白書 2023 データ編（図表19）」（https://www.jpx.co.jp/equities/listing/cg/tvdivq0000008jb0-att/cg27su0000007u5u.pdf）

第7章

※1 https://www.meti.go.jp/shingikai/economy/cgs_kenkyukai/pdf/20220719_03.pdf

※2 ラクスル「代表取締役社長CEOに対するロングタームインセンティブパッケージの内容確定に関するお知らせ」(https://www2.jpx.co.jp/disc/43840/140120231116591348.pdf)

※3 STOCK JOURNAL「投資家たちはどう見る? ラクスルの新CEO報酬設計は『雇われ経営者』ではなく『第二の創業者』を生み出すか」(https://journal.nstock.com/article/raksul_ceo_comp)

※4 ユーグレナ「第19期定時株主総会招集ご通知」(https://www.euglena.jp/ir/meeting/pdf/dai19_syoushu_euglena.pdf)

※5 ユーグレナ「ユーグレナ社、Co-CEO2名を中心とした新執行体制へ移行　執行役員陣も刷新し、新たな成長を目指します」(https://www.euglena.jp/news/20231222-2/)

※6 サイバーエージェント「新規投資家向け資料」(https://www.cyberagent.co.jp/ir/library/ataglance/)

※7 サイバーエージェント「代表藤田が『引き継ぎ書』から新入社員に伝えた、3つのこと」(https://www.cyberagent.co.jp/way/list/detail/id=28666)

※8 SmartHR「代表取締役の交代に関するお知らせ」(https://smarthr.co.jp/news/24221/)

第8章

※1 ジェトロ「EU、AIを包括的に規制する法案で政治合意、生成型AIも規制対象に」(https://www.jetro.go.jp/biznews/2023/12/8a6cd52f78d376b1.html)

※2 一般社団法人日本ディープラーニング協会「生成AIの利用ガイドライン」(https://www.jdla.org/document/)

※3 AIガバナンス協会ウェブサイト (https://www.ai-governance.jp/)

※4 学習院大学 小塚 荘一郎「AI原則の事業者による実施とコーポレート・ガバナンス」『総務省 学術雑誌情報通信政策研究』第4巻第2号(https://www.jstage.jst.go.jp/article/jicp/4/2/4_25/_article/-char/ja/)

※5 European Union「Study on the relevance and impact of artificial intelligence for company law and corporate governance」(https://op.europa.eu/en/publication-detail/-/publication/13e6a212-6181-11ec-9c6c-01aa75ed71a1/language-en)

※6 OpenAI「Our structure」(https://openai.com/our-structure)

※7 OpenAI「Planning for AGI and beyond」(https://openai.com/blog/planning-for-agi-and-beyond)

※8 Springer「Impact of Artificial Intelligence on Corporate Board Diversity Policies and Regulations」2022 (https://link.springer.com/article/10.1007/s40804-022-00251-5)

※9 Chen Qian, Xin Cong, Wei Liu, Cheng Yang, Weize Chen, Yusheng Su, Yufan Dang, Jiahao Li,Juyuan Xu, Dahai Li, Zhiyuan Liu, Maosong Sun「Communicative Agents for Software Development」(https://arxiv.org/html/2307.07924v4)

第9章

※1　FRONTEO「企業情報」（https://legal.fronteo.com/）

※2　東芝「第三者委員会の調査報告書全文の公表及び当社の今後の対応並びに経営責任の明確化についてのお知らせ」（https://www.global.toshiba/content/dam/toshiba/migration/corp/irAssets/about/ir/jp/news/20150721_1.pdf）

※3　東芝「会社法316条第2項に定める株式会社の業務及び財産の状況を調査する者による調査報告書受領のお知らせ」（（https://www.global.toshiba/content/dam/toshiba/migration/corp/irAssets/about/ir/jp/news/20210610_1.pdf）

※4　中本総合法律事務所　幸尾菜摘子「デジタルフォレンジックスからみた東芝事件」（https://www.jlf.or.jp/wp-content/uploads/2021/12/itsympo2021siryou5.pdf）

※5　金融庁「III．監査事務所の運営状況」（https://www.fsa.go.jp/cpaaob/shinsakensa/kouhyou/20230714/2023_monitoring_report_chapter3.pdf）

※6　フロンティア「LLM（ChatGPT等）のAIを活用した革新的な内部監査支援サービスの提供を開始（株式会社フロンティア、イノベーションズ）」（https://prtimes.jp/main/html/rd/p/000000004.000121694.html）

※7　ジュリオ「2時間かかる財務分析がたった5分に」（https://jurio.jp）

※8　ジュリオ「財務の異常を発見し、AIが原因まで分析！AIによる『異常値レポート』機能をリリース」

※9　JCIC「企業が生成AIの奔流を乗り越えるためのアジャイルリスク管理」（https://www.j-cic.com/pdf/report/Generative-AI.pdf）

※10　COSO「REALIZE THE FULL POTENTIAL OF ARTIFICIAL INTELLIGENCE (APPLYING THE COSO FRAMEWORK AND PRINCIPLES TO HELP IMPLEMENT AND SCALE ARTIFICIAL INTELLIGENCE)」（https://www.coso.org/_files/ugd/3059fc_e17fdcd298924d4ca4df1a4b453b4135.pdf）

第10章

※1　Meredith Ringel Morris(Google DeepMind)etc「Levels of AGI: Operationalizing Progress on the Path to AGI」（https://arxiv.org/html/2311.02462v2）

著者プロフィール

馬渕 邦美 （まぶち くによし）

グローバル コンサルティングファーム パートナー
一般社団法人Metaverse Japan代表理事
一般社団法人Generative AI Japan理事
一般社団法人日本ディープラーニング協会　有識者会員

大学卒業後、米国のエージェンシー勤務を経て、デジタルエージェンシーの
スタートアップを起業。事業を拡大しバイアウトした後、米国のメガ・エージェ
ンシー・グループの日本代表に転身。4社のCEOを歴任し、デジタルマーケ
ティング業界で20年に及ぶトップマネジメントを経験。その後、META社執
行役員を経てグローバル コンサルティングファーム パートナーを経て現職。
経営、マーケティング、エマージングテクノロジーを専門とする。

丸山 侑佑 （まるやま ゆうすけ）

ポート株式会社 取締役副社長CGO兼取締役会議長

1986年生まれ。2013年、26歳でポート株式会社取締役COOに就任し、事
業管掌取締役として事業グロースに貢献。2016年、取締役副社長COOに就
任するとともにコーポレート部門の統括責任者となり、財務・経理・法務・
労務・人事・内部監査などの部門を管掌する。2018年、財務責任者として
東証マザーズと福証Q-Boardへの上場を指揮。2022年より、取締役副社長
CGO兼取締役会議長に就任し、コーポレート・ガバナンスや内部統制の強
化にあたる。就任直後に監査等委員会設置会社への移行や内部統制システ
ムの再構築、指名・報酬委員会の再設計、コーポレート・ガバナンス・ガイ
ドラインの策定等を実行。スタートアップの社外取締役や経営顧問にも複数
社就任。ISO30414（人的資本開示）プロフェッショナル。

AI時代のベンチャーガバナンス

2024年6月17日　第1版第1刷発行

著　　者	馬渕 邦美、丸山 侑佑
編集協力	高畠 奈沙
発 行 者	浅野 祐一
発　　行	株式会社日経BP
発　　売	株式会社日経BPマーケティング
	〒105-8308　東京都港区虎ノ門4-3-12
装　　丁	bookwall
制　　作	マップス
編　　集	松山 貴之
印刷・製本	図書印刷

Printed in Japan
ISBN 978-4-296-20535-6